教师
思维力的提升

李爱霞　王　曦◎主编

知识产权出版社
全国百佳图书出版单位
—北京—

图书在版编目（CIP）数据

教师思维力的提升 / 李爱霞，王曦主编. —北京：知识产权出版社，2024.8

ISBN 978-7-5130-9271-5

Ⅰ. ①教… Ⅱ. ①李… ②王… Ⅲ. ①师资培养-研究 Ⅳ. ①G451.2

中国国家版本馆 CIP 数据核字（2024）第 030432 号

内容提要

优秀的教师思维品质是教学质量和教改成就的保证。本书主要分析在教学与反思、教育与管理、专业阅读与论文写作、课题研究、校本研修过程中，教师思维品质的重要价值、常见问题和提升路径，并结合案例分析提出针对性建议。本书论述系统、全面，既有相关理论探索，又具有针对性、可操作性。

本书可供教师培训者或指导者、中小学校管理者和一线教师参考。

责任编辑：安耀东　　　　　　　　　责任印制：孙婷婷

教师思维力的提升

JIAOSHI SIWEILI DE TISHENG

李爱霞　王　曦　主编

出版发行：知识产权出版社有限责任公司	网　　址：http://www.ipph.cn
电　话：010 - 82004826	http://www.laichushu.com
社　址：北京市海淀区气象路 50 号院	邮　编：100081
责编电话：010 - 82000860 转 8534	责编邮箱：anyaodong@ cnipr.com
发行电话：010 - 82000860 转 8101	发行传真：010 - 82000893
印　刷：北京中献拓方科技发展有限公司	经　销：新华书店、各大网上书店及相关专业书店
开　本：720mm×1000mm　1/16	印　张：13.75
版　次：2024 年 8 月第 1 版	印　次：2024 年 8 月第 1 次印刷
字　数：234 千字	定　价：88.00 元

ISBN 978-7-5130-9271-5

编 委 会

序 言

　　2018 年 1 月，中共中央、国务院颁布的《关于全面深化新时代教师队伍建设改革的意见》，提出"全面提高中小学教师质量，建设一支高素质专业化的教师队伍"，对教师的专业发展提出了明确的目标和要求。教师的专业发展是教育改革的动力，是提高教育质量的关键，是学生发展的根本保障。专业化教师队伍是时代发展的需要。

　　教师的专业发展速度与水平的关键影响因素之一是教师的思维品质。教师的思维品质是教师职业能力的综合体现，教师思维品质的高低决定了其专业发展的高度和广度，教师思维品质的提升是教师专业发展的重中之重。长期以来，我们一直重视开展教师思维品质的研究，取得了一定的研究成果，在此基础上，组织编写了本书，并进行了反复的研讨和修改。我们认为本书具有以下特征。

　　一是价值性。学生的思维能力、思维水平和创新能力取决于教师的思维能力与思维水平，受到教师思维品质的影响。随着《义务教育课程方案和课程标准（2022 年版）》的出台，课程改革进入了新阶段。《义务教育课程方案和课程标准（2022 年版）》与以往相比发生了很大变化。教师的教学革新能力是保证课程实施成功的最重要一环。面对各种教育教学问题时，教师需要根据实际情况，运用自身知识、经验与能力采用合适的方法、策略解决问题。其中分析、综合、应用与创新的高阶思维能力以及深刻性、创新性的思维品质至关重要。教师思维品质的提升对于学生全面素质、创新能力和实践能力的提升具有重要的现实意义，而本书提供了十分有益的借鉴。

二是完整性。本书内容有六大模块，分别为教师思维品质概述、教学与反思中的教师思维品质、教育与管理中的教师思维品质、专业阅读与论文写作中的教师思维品质、课题研究中的教师思维品质、校本研修中的教师思维品质，内容全面。每个模块的内容自成体系，相对独立完整。

三是系统性。教师思维品质研究经历了一个系统的研究过程，并形成了系统的研究成果。本书围绕教师思维品质主题，依据教师专业发展的要求，从教学、教育管理、论文写作、科研、教师研修等多个角度对教师思维品质进行了持续系统的探索，内容涵盖了教材分析、教学设计、教学实施、教学反思、班级管理、突发事件处理、专业阅读、论文写作、课题研究、教师研修等各个方面。本书通过文献梳理、教育教学实践，归纳总结，形成了对各个领域中教师思维品质的重要价值、存在问题及提升路径的分析，并通过对案例的深度剖析，体现相关的方法和策略，其过程与成果都具有系统性。

四是实用性。本书经过精心设计，在理论研究和实践研究的基础上，对成果进行归纳总结和提炼，兼具理论性和实践性，既有理论方面的阐述，帮助教师了解教师思维品质的相关研究成果，又有实践层面典型的、鲜活的案例，帮助教师在实践中更好地理解运用。本书提炼了教师思维品质的提升路径，结合案例提供了一系列实践策略，为教师的教育、教学、科研等提供参考，具有较强的实用性。总之，希望本书在帮助教师提升思维品质的同时，发现相关问题，并通过本书提供的方法、策略和路径，促进教师积极探索创新，推动教师专业发展。

目　录

第一章

教师思维品质概述

第一节 教师思维研究综述[*]

思维在教师的教育教学活动中的重要性不言而喻。约翰·杜威（John Dewey）说过：智慧的行为来源于良好的思维。[1] 对于教师思维的研究是教育研究中的一项重要内容。笔者以"教师"和"思维"关键词进行了文献检索，共检索出 11 万余篇相关文献，同时也查阅了一定数量的相关学术出版物。从对检索结果的计量可视化分析可以看出，学术界对于教师思维的关注从 20 世纪 80 年代开始，呈现逐年增长的趋势。尤其是近几年以来，教师思维研究更是备受关注。总体而言，对教师研究的维度、层次、方法、内容等丰富多样。笔者从多个角度进行梳理，期望能把目前的研究成果尽量清晰地呈现给读者。

就国外而言，随着认知心理学的兴起，从 20 世纪七八十年代起，研究者开始把教师思维作为教师认知能力的组成部分进行研究。张学民等学者介绍了国外心理学领域对于教师思维的研究状况，重点介绍了建构主义理论、经验学习理论等对教师的反思与决策能力、问题解决能力的研究成果。[2] 1985 年国际教师思维研究协会的成立，标志着教师思维研究备受关

---

* 作者：牛芳菊。

[1] 杜威.我们怎样思维·经验与教育[M].北京：人民教育出版社,2005:23-28.

[2] 张学民,林崇德,申继亮.国外教师认知能力发展研究述评[J].比较教育研究,2004(5):1-16.

注，教师的思维能力在教师专业化中的作用愈加重要。

国内关于教师思维的研究内容主要集中在教师思维的研究意义、理论内涵、类型及种类、现状及存在问题、变革或转换、提升的策略或路径等方面。研究对象大多数都是中小学教师。研究方法主要采用课堂观察、问卷调查、访谈、质性研究等方法进行调查分析。研究的层次也分为多种。一是从整体上构建教师思维理论，如教师思维学。二是从某一交叉领域或下位概念研究教师的思维，如教育思维、教学思维、思维方式、思维模式、思维品质、教学智慧等。三是借鉴哲学、心理学、社会学、现代科学的理论或思想运用于教师思维的研究。如从复杂性科学及复杂思维理论、系统科学的方法论、过程哲学思想等立场研究和审视教师思维，探讨这些理论在研究教师思维中的方法论意义，促进教师思维转换的必要性、方向或生成机制等。四是研究某一类型或某一学科的教师思维的特征和品质。如创造性教师思维、反思性思维、实践思维、专家型教师的思维、优秀教师的思维、英语学科教师的思维等。

一、教师思维意义的研究

教师思维具有重要的研究意义。不同的研究者从不同的时代或教育的背景（如现代社会、哲学、科学的发展与变革，后现代主义教育思潮、知识观的转型，教学理论的发展、素质教育改革、新课程改革等）出发，指出了研究教师思维的必要性及意义。

受现代知识观向后现代知识观的转型的影响，有学者认为教育的思维范式也应该发生从"非此即彼"到"亦此亦彼"的革命。[1] 现代哲学对于实体和生成思维的重新反思，也使得一些研究者开始强调教育思维应该从实体性思维转向生成性思维。[2]

陈向明以中国的文化传统和当代社会结构作为背景，研究了我国优秀教师群体在教学中的思维和行动所具有的社会文化特征，强调要重视从整

---

[1] 杨跃.知识观的嬗变与教育思维范式的转换[J].南通师范学院学报(哲学社会科学版),2004(1):129-132.

[2] 卢建筠.教育思维方式转向之透视研究[D].广州:华南师范大学,2006:143-153.

体的视角研究我国教师的本土思维。❶

　　更多研究者则强调了教师思维对学校教育和社会教育的变革与发展的重要作用，认为教师思维影响教育转型的进程、深度、效果，良好的教师思维是基础教育课程改革取得实效的关键，"有助于教师正确理解基础教育课程改革的精神"，"有助于教师在复杂的课程改革实践面前不武断、不简单"❷。素质教育改革的深化是且只能是教师思维方式的根本变革，否则就不会有真正彻底的素质教育改革。深化素质教育改革就是转换教师的思维方式。❸

　　从教师专业成长和自我价值实现的角度研究教师思维。教师思维影响和制约着教师的专业能力和专业行为。教师的思维能力与教学智慧的生成有着紧密的联系，两者是相辅相成的。教师对其思维能力的全面理解与把握，能帮助教师机智、灵活地应对教学中的各种情况，促进教学智慧的生成，让教师逐步发展成为智慧型教师。❹ 有的研究者则认为教师思维攸关教师的生命质量、生命层次和职业价值。教师思维方式变革的直接目的在于提升教师的思维品质，提升其发现、分析、解决问题的能力和自我发展的能力，进而提升教育质量；根本目的是改善教师的生存方式、提升生命质量、实现自我价值，力图通过教师思维与生存方式的改善及教育生活的整体改善，走向自由本性。❺

二、对教师思维内涵的研究

　　20 世纪 90 年代初，肖新发和钱玉干两位学者先后构建了教师思维理论体系。1990 年，肖新发首先提出了构建一门教师思维学的学科设想，阐述

❶ 陈向明.优秀教师在教学中的思维和行动特征探究[J].教育研究,2014(5):128-138.
❷ 邓友超.重视基础教育课程改革中教师思维失衡问题[J].教育发展研究,2006(4):22-26.
❸ 袁兆伟.从实体思维到关系思维:中小学教师思维方式的转换研究[D].南宁:广西师范大学,2009:1-8.
❹ 雷蕾.中小学教师思维能力提升策略研究[D].重庆:重庆师范大学,2010:2.
❺ 周贵礼.论当代教师思维方式变革[D].武汉:华中师范大学,2011:4.

了教师思维的特征、教师思维学的研究对象和任务、建构教师思维学的目的和意义、建构教师思维学的原则和方法。1994 年，钱玉干出版了题为《教师思维论》的学术专著，从教师的职业特点出发，以一般思维理论框架为指导，论述了教师思维的本质和规律，包括教师思维方式、思维的主体与客体、类型、方法、程序、品质和效率等内容。顾明远为该书作序，指出作为教师思维能力是教师职业能力的综合体现，教师的思维能力支配教师的一切行为，是属于更高层次的能力；倡导对教师进行思维训练；认为教师要在了解思维规律、思维知识的基础上，自觉提升思维能力。

关于教师思维的概念界定，学者们多从词源学、哲学、教育学、心理学等方面探讨，再结合自己的理解及研究，从不同角度定义。

(一) 心理学视角

除了词源学之外，学者引用最多的是林崇德等从心理学领域对思维的定义。思维指的是"客观事物的间接和概括的反映。它是以感觉、知觉和表象为基础的一种高级的认识过程。客观事物直接作用于人的感觉器官，产生感觉和知觉"❶。喻梦林把教师思维分为三大基本类型，即基本的思维能力、专门的思维教学能力、思维调控能力。其中，基本的思维能力又包括抽象思维能力、形象思维能力和直觉思维能力；专门的思维教学能力包括启发思维能力、训练思维能力和测评思维能力；思维调控能力包括思维吸收、思维互补和思维监控能力。❷

张学民、申继亮等学者认为，教师思维是在教师对课堂信息知觉加工的基础上，对课堂信息与学科教学内容进行计划、组织、决策、实施及反馈调节的过程，是教师解决课堂教学问题的重要认知能力。教师课堂信息加工能力发展的实质是课堂教学问题解决能力的提高。❸

雷蕾把教师思维能力定义为教师在教学活动过程中，通过对客观信息包括教学对象、教学内容、教学环境的分析、整理、鉴别、综合，能动地

---

❶ 朱智贤,林崇德.思维发展心理学[M].北京:北京师范大学出版社,1986:7.
❷ 喻梦林.对教师思维能力结构的探讨[J].现代中小学教育,1990(5):30-34.
❸ 张学民,林崇德,申继亮.国外教师认知能力发展研究述评[J].比较教育研究,2004(5):1-16.

透过各种现象把握事物的内在实质联系，达成教学目标，创造性地解决教学问题的能力。教师思维能力包括观察力、记忆力、信息搜集能力、抽象概括能力、想象力、批判分析能力、创造力。

（二）思维活动要素的视角

思维活动要素包括思维主体、思维客体、思维工具。有些学者正是从思维活动的要素来理解教师思维。

钱玉干认为，教师思维是其主体和客体相互作用的构成。教师思维的客体是指教师实践活动建立与教师主体思维能力、思维目的相适应的部分客观世界。教师思维主体具有特定的思维要素和思维结构。教师的思维要素包括大脑、思维目的、思维形式、思维方式、思维方法、思维观念、知识结构和语言等。教师的思维结构是一个多层次、网络状的有机结构，包括教师个体的思维结构、教师群体的思维结构、教师-学生的思维结构、人-机结构等几个层次，每一个层次又表现为若干要素组成的有机结构。❶

教师思维是诸多思维中的一种，它与其他思维类型的区别在于"教师"一词的限定。从思维主体上看，教师思维是以教师为主体的思维，从思维内容上看，教师思维是对教育教学问题的思维。从思维方式上看，教师思维是教师在解决教育教学问题时表现出来的思维样式。从思维方法上看，教师思维主要依托于教育教学方法来进行。概言之，中小学教师思维是中小学教师对教育教学问题进行思考时所表现出来的思维样式，是教师行为的内在机制，通过教师言行呈现，体现教师解决同类教育教学问题时的思考倾向。❷

（三）教育学视角

汤福球、唐松林从教育学视角定义教师思维为：教师经过专业化训练，在实践活动中形成的关于教育现象的间接与概括的反映形式。它是教师用教学理论思考、感知事物的主观模式，是教师实践智慧的结晶，具有概括性、间接性和个体性的特征。❸

❶ 徐飞,李佳.国内教师思维研究述评及对外语教师思维研究的启示[J].外国语文,2017,33(3):136-142.
❷ 马海燕.中小学教师思维及其优化策略研究[D].上海:华东师范大学,2006:13-14.
❸ 汤福球,唐松林.教育学视角中的教师思维规律及形成[J].教育评论,2004(3):7-9.

教师的教育思维就是教师对教育活动的本质和规律进行反映的机制。教师的教育思维过程通过对教育现象和教育问题的分析、比较、综合、概括、联想、预见等形成教育的观念或信念继而作出判断、计划和决策以影响教师的教育行为和教育活动。❶

段庆生认为，教师思维力的运用体现在教学方面是指教师在教学活动中为达成便捷有效的教学，寻求智慧的执教行为的思维活动能力。❷ 思维力由教学逻辑思维和非逻辑思维、教学创造性思维等方面构成。教师在捕捉到教学过程中的问题的前提下，通过判断、假设、推理和决策等逻辑思维活动，以及直觉、灵感、猜想、顿悟等非逻辑思维活动，创造性地寻求多种解决当下教学问题的方案。严建兵指出，教学思维是教育者对教学活动（过程）的理性认识，是教育者和教学对象（教材、学生）交互作用的内在理性活动，是知识的学术形态转换为教育形态的意识与能力。具有良好的教学思维能力是教师区别于其他人的重要特征。❸

（四）文化哲学视角

此外，有些学者从文化哲学的层面解释教师思维。哲学上把思维分为日常思维和非日常思维。研究者们指出教师思维属于非日常思维。所谓非日常思维，是指超越了既定思维规定的创造性思维，非日常思维不急于接受既定的思维结果而更加倾向于思维活动的过程，具有流动性；它力图透过现象把握更加本质的规定，追求的是本质的自明性；它高扬自我意识，不盲从他者的视域，力图从独立的个体出发，以自己的目光审视既定的思维规定，追求的是自我意识的自明性。❹ 教师思维以非日常思维为主，是教师对问题或现象认识在世界观与方法论上的哲学取向，是教师对客观事物本质特征和内在规律性间接的、概括的反映，其核心要素为教育理念、思维方式以及文化知识，相对稳定的教育理念体系、思维方式和文化知识的建构成为教师认识世界和行为实践的内在机制，决定着教师的认知水平与

❶ 周东明.论教师的教育思维[J].聊城师范学院学报(哲学社会科学版),2001(5):113-117.

❷ 段庆生.复杂性思维视域下的教师教学智慧生成机制研究[D].重庆:重庆师范大学,2013:30.

❸ 严建兵.浅谈教学思维能力[J].山东教育科研,2003(3).

❹ 谌安荣.论教师思维的异化及其超越路径——文化哲学视角[J].教师教育研究,2009(3):1-6.

问题解决能力，规范着教师的生存方式与生存状态。❶

三、对教师思维类型及特征的研究

现代教师思维最显著的特点是动态创造性，它指向"问题"和"问题的解决"。体现为思维运行的流动性，思维角度的灵活性，思维程序的变动性，思维成果的创新性。在此基础上教师思维被归纳为系统思维、立体思维、模糊思维等类型。教师思维特征呈现为新颖性、机敏性、预见性、广阔性。❷

教师思维的类型有批判性思维和经验性思维，反思性思维和习惯性思维，开放性思维和封闭式思维，二元对立思维和多元整合思维，创新性思维、辩证思维、生成思维等；教师思维具有单一性和双向性、利导性、矛盾性、间接性、转换性、复杂性。❸

教师思维是教师展开教学行为的内在决定因素。傅渊、茶世俊基于教师行为差异把教师思维类型划分为分析型思维、实用型思维、适应型思维、反思型思维。这四类教师思维方式的基本特点和倾向可概括为客观性、积极性、利他性、清晰性、独立性、连续性、深刻性、灵敏性、综合性、批判性、创新性 11 个维度。❹

教师思维品质具有敏捷性、广阔性、深刻性、批判性和独创性。❺ 教师的思维具有理性特性、自为的特性和相对开放的特性。❻

四、对教师思维普遍存在问题的研究

（1）抽象、客观、二元对立的本质主义思维。表现为教师"形而上"

❶ 朱立明.论多元文化教育视野下教师思维的转变[J].教育理论与实践,2016,36(31):40-43.
❷ 钱春旭.论现代化教育与教师思维方式的变革[J].教育探索,2000(10):63-64.
❸ 马海燕.中小学教师思维及其优化策略研究[D].上海:华东师范大学,2006:17.
❹ 傅渊,茶世俊.教师思维品质的内涵与分析框架初探——以教师行为差异为逻辑起点[J].成都师范学院学报,2016(8).
❺ 雷蕾.中小学教师思维能力提升策略研究[D].重庆:重庆师范大学,2010:5-8.
❻ 谌安荣.论教师思维的异化及其超越路径——文化哲学视角[J].教师教育研究,2009,21(3):1-6.

地看待教育教学问题、心理浮躁、观点片面、偏激、非此即彼、绝对性、极端化。"教师习惯对立思维，容易把自己当成旁观者，习惯被动思维，更多依赖经验习得，习惯单向思维，经常忽视他人的参与。"❶

（2）唯经验论的思维。教师在教育活动中过分倚重经验，存在简单因果联系、自我中心推断、角色思维定式、职业心理误区等习惯性思维。❷ 这导致教师容易产生错误观念和信条，难以适应新异的情境，具有形成思想惰性和教条主义的倾向，造成教师理性自觉与反省意识的缺失。正如杜威所说："心智的迟钝、懒惰、不合理的保守性大概是经验方法的伴随物。它对思维态度的普遍的影响比它获得的特别错误的结论更为重要。"❸

（3）预设性、确定化、程序化、机械分割的实体性思维。教师在教育过程中过分追求预设性和确定性，过于遵循既定的教育目标、教育活动程序固定化和模式化，忽略了教育目标与教育活动的动态性、突变性、创生性。课堂教学呈现封闭性、断裂化、点状化和碎片化。"教师要说什么话、提什么问题、安排什么活动都是预定好的，没有丝毫弹性，学生只不过是教师表演的配合者。"❹

（4）辩证思维能力的不足。思维呈现机械化、简单化、片面化、表面化，忽略矛盾观，缺乏系统观，表现为割裂"重点论"和"两点论"的统一观。这是中小学教师在课堂上出现"顾此失彼"的形而上学做法的深层次原因之一。❺

（5）过于追求同一性。教师过于追求共性和统一性，忽略个体性与差异性。过于强调共性，缺乏个性，过于强调权威，缺乏自由。这致使教师容易产生崇圣性思维、片面求同化思维。❻

❶ 马海燕.中小学教师思维及其优化策略研究[D].上海:华东师范大学,2006:1,33.
❷ 邓庆民.习惯思维的背后……——教师教育行为的追问与反思[J].教育科学论坛,2006(2):63-64.
❸ 周贵礼.论当代教师思维方式变革[D].武汉:华中师范大学,2011:48.
❹ 岳欣云.课堂教学变革中的教师思维方式发展[J].中国教育学刊,2007(3):75-78.
❺ 朱晓民,张德斌.教师的辩证思维能力及发展[J].教育理论与实践,2006(1):42-45.
❻ 陈萍.变革思维方式:教师专业发展的理性诉求[J].课程·教材·教法,2012,32(12):89-94.

五、对教师思维变革方向的研究

教师思维应从习惯性（经验）思维转换为反思性思维❶，从点状思维转变为整体思维，从二元对立思维转变为关系思维，从静态思维转变为动态思维❷；应从确定化、程序化、机械分割的实体性思维方式逐步转化为动态的、整体的、综合渗透的关系性思维方式；从原有的机械的、预定的、简单的思维模式转向复杂性思维模式❸；要发展批判性思维、反省思维❹；要发展创造性思维，包括批判思维、超前思维、多向思维❺；要发展理论思维和实践思维，发展为智慧型教师。"教师唯有通过实践思维的锻造，才能正确地理解教学知识的基础、教学知识的源泉以及教学过程的复杂性，真正从技术熟练者走向反思性实践家。"❻ 教师要从本质性思维向生成性思维发展。❼ 发展教师的设计思维是数字时代教学改革创新的诉求，更是教师教学能力发展的新方向。❽

六、对教师思维影响因素及改善路径的研究

综合多种关于教师思维影响因素的研究结果，教师思维的影响因素主要集中在教师自身、工作环境和社会环境。

❶ 王丽春.改变教师的思维[J].江西教育科研,2003(4):3-5.
❷ 刘旭相.教师思维方式转变的诉求与策略[J].教育科学论坛,2014(6):62-63.
❸ 侯爱荣,姜德刚.复杂性思维与我国当代教师角色的转换[J].内蒙古师范大学学报(教育科学版),2006(4):82-85.
❹ 雷丹.论反省思维及其对教师专业成长的价值[J].华南师范大学学报(社会科学版),2008(4):110-114,129,159-160.
❺ 叶泽滨.创造性教师的思维特征[J].当代教育论坛,2004(11):49-50.
❻ 杨倩,范会勇.教师理论思维与实践思维关系的研究[J].教育教学论坛,2014(8):30-31.
❼ 于舒曼.生成性思维——教师课程意识的后现代转向[J].教育科学论坛,2012(9):8-10.
❽ 尹睿,张文朵,何靖瑜.设计思维:数字时代教师教学能力发展的新生长点[J].电化教育研究,2018,39(8):109-113,121.

第一，教师自身因素。在教师自身因素方面，教师的个性特征、专业素养、态度观念和思维方式会对教师思维产生影响。从心理学而言，具有不同认知风格的教师会表现出不同的思维和行为特征。长期形成的职业习惯也会对教师思维模式或方式产生潜移默化的影响，它决定了教师如何看待自己的职业，如何看待新课程改革，如何有效组织课堂教学，如何处理教育教学问题等。

第二，教师的工作环境。学校环境中的管理文化、发展平台和评价机制对教师思维产生重要影响。诸如和谐的人际关系、丰富的信息媒介、和谐的工作氛围、富有挑战的工作等因素与教师的思维之间存在密切关联。

第三，教师生活的社会环境。时代发展、社会变革和教育体系转型会对教师思维产生影响。这一影响显而易见。随着信息时代的迅猛发展，随之而来的教育现代化、新一轮课程改革不断对教师的教育教学观念带来冲击，对教师的思维能力提出更高的要求，教师的思维或出现种种失衡，或呈现出某种思维能力的不足，例如反思性思维、开放性思维、多元整合思维、批判性思维、辩证思维、创新性思维等能力相对较弱，不能与时代和新课改深化相适应。

相对于影响因素，改善教师思维的路径也相应分为三个层面。一是教师自身的主动学习与自我反思。二是外部环境，包括社会环境、相关政策及制度的引导，学校管理文化的引领。三是加强相关的教师培训，重视和开展教师思维的训练。

时至今日，教育对国家发展、社会进步的重要性不言而喻。教师思维是影响教师队伍的整体素质和教育质量的重要因素。在当前新课程改革不断深化的教育背景下，对于教师思维的关注和研究愈显迫切。

第二节　教师思维品质的内涵[*]

思维品质一词由思维和品质两个相对独立的词语构成，思维品质从思维中派生而来，是思维研究中的重要组成部分。

---

[*] 作者：程子妍。

（一）思维的内涵

《辞海》中对"思维"一词的定义是理性的认识，即思想；或是理性思考的过程，即思考。思维对应的英语词汇是"thinking"，《剑桥英语词典》中的解释是运用人的智慧进行思考的行为。《大英词典》中认为思维是运用智慧产生想法、决定和记忆的行为。

美国著名教育学家和心理学家约翰·杜威对思维有深入的研究。他在《民主主义与教育》一书中就关注到思维，认为所谓思维或反思，就是识别我们所尝试的事和所发生的结果之间的关系，他将思维看作产生有意义的经验的方法、观察事物、调查研究的过程。❶ 他在《我们如何思维》中进一步指出，思维有广义和狭义的分别，广义上，凡是人脑海中想到的都是思维；狭义的思维是一种深层次的认知活动，人们用心搜寻证据，确信证据充足，最终形成信念，只有狭义的思维才具有教育意义。❷ 可以看到，杜威强调思维不是静止的，而是一种思考的过程。

早在 20 世纪 80 年代，我国著名科学家钱学森就开始倡导对思维科学的研究。他认为思维就是人接受、存储、加工和输出信息的过程。❸ 思维学是研究人思维规律的科学，又可按人的思维类型分为逻辑（抽象）思维、形象（直观）思维和灵感（顿悟）思维。其中学者们对逻辑思维研究较多，对形象思维和灵感思维的研究仍在摸索阶段。❹

在现代心理学中，思维是人脑对客观现实进行的概括的和间接的反映，反映的是事物的本质和内在规律性。❺ 北京师范大学的林崇德教授长时间从事思维心理学的研究，他认为思维是智力的核心，主要包含六个成分：思维的目的、思维的过程、思维的材料、思维的品质、思维的监控以及思维的非认知因素。他还总结了思维的六个特点，即概括性、间接性、逻辑性、

---

❶ 杜威.民主主义与教育[M].王承绪,译.北京:人民教育出版社,1990:153-168.

❷ 杜威.我们如何思维[M].伍中友,译.北京:新华出版社,2015:3-4.

❸ 汪欣月.教师思维的科学品质及其提升策略[J].教育探索,2020(9):71-74.

❹ 冯国瑞,钱学森关于思维科学的构想[J].西南交通大学学报(社会科学版),2011(6):26-32.

❺ 江丕权,李越.教学改革与思维能力培养的思考[J].清华大学教育研究,2000(3):125-133.

目的性、层次性、生产性，其中概括性是最基本的特征。❶

从以上研究中我们可以得出，思维是一个复杂的过程，是人深入的思考，需要运用抽象、概括、分析、反思等多种方法才能最终产生思维。

（二）思维品质的内涵

《辞海》将品质定义为人的行为、作风所表现的思想、认识、品性等的本质。"品质"一词对应的英文是"quality"，《大英词典》中的解释是某人或某物具有的特征。结合上文中讲述的思维，思维品质就可以理解为人在思考中呈现的个人特质。

苏联心理学家最早开启了对思维品质的研究。斯米尔诺夫指出思维的个性品质包括广度与深度、独立性和灵活性、顺序性和敏捷性等；彼得罗夫斯基关注思维的个性特点，认为人们的思维活动和种类、形式有很大的区别。❷苏联心理学家在承认思维发展具有共性的同时，尤其重视思维发展的个性，思维的个性通过思维品质体现。

美国心理学家吉尔福特和斯滕伯格则都强调思维品质是智力的一部分，思维品质在一定程度上决定了一个人是否能够获得成功。❸

中国学者也对思维品质有所研究。朱智贤和林崇德指出思维品质是个体的思维活动中智力特征的表现，思维发生和发展中体现出的个性差异就是思维品质，也就是思维的智力品质，他们认为发展和培养思维品质是培养思维能力和智力的主要途径。❹思维品质包括敏捷性、灵活性、创造性、批判性和深刻性五个方面，它们相互联系，不可分割。❺陈新夏和郑维川等认为思维品质包含广泛的内容，比如思维的深刻性、灵活性、敏捷性、创造性、广阔性、逻辑性、抽象性和批判性等。❻苏富忠认为人类的思维具有十一组对立的品质：广阔性与狭隘性、深刻性与肤浅性、真与假、对与错、

❶ 林崇德.思维心理学研究的几点回顾[J].北京师范大学学报(社会科学版),2006(5):35-42.

❷ 赵雪.小学生数学思维品质的调查研究[D].武汉:华中师范大学,2010:6.

❸ 赵雪.小学生数学思维品质的调查研究[D].武汉:华中师范大学,2010:6.

❹ 朱智贤,林崇德.思维发展心理学[M].北京:北京师范大学出版社,1986:578.

❺ 林崇德.培养思维品质是发展智能的突破口[J].国家教育行政学院学报,2005(9):21-26.

❻ 陈新夏,郑维川,张保生.思维学引论[M].长沙:湖南人民出版社,1986:41.

善与恶、美与丑、敏捷性与迟钝性、系统性与凌乱性、钻研性与敷衍性、创造性与再创造性、批判性与盲从性。❶

综上所述，思维品质指思维的特点及其表现，思维品质具有个性化的特征，人们在思维活动过程中表现于不同方面的特点及其差异，就构成其思维品质。思维的主要品质有：思维的逻辑性、思维的广阔性、思维的深刻性、思维的独立性、思维的灵活性、思维的敏捷性、思维的批判性、思维的确定性、思维的创造性和思维的预见性、思维的独立性等。

(三) 教师必备的思维品质

因为教师职业的独特性，教师思维品质更多地与教育相关，主要指教师在面对各种教育问题时，能够运用自身的知识，根据实际情况，采取合适的方法、策略解决问题，进而不断反省的高阶思维。❷ 这既包括对教育内容和教育问题的深入挖掘，也包括贯穿在教育探索和理论转化中的一系列逻辑推理过程，如归纳、演绎、假设和检验等。

教师应具备的思维品质不只局限于一点或是两点，而是涵盖了绝大部分思维品质。学者们对教师应具备的思维品质已有一定的研究。傅渊、茶世俊的研究认为，教师思维品质是教师个人相对稳定、彼此之间存在差异的思维特点和倾向，教师教学行为差异的根本原因是教师思维品质存在差异，教师思维品质包括客观性、积极性、利他性、清晰性等十一个维度。❸ 李政涛认为，教师思维品质的高低决定教师职业生涯的高度、深度和广度，判断教师思维品质的标准包括清晰度、提炼度、开阔度、精细度等八个方面。❹ 本书认为教师应具备的思维品质主要包括思维的深刻性、广阔性、逻辑性、灵活性、独立性、批判性、创造性、敏捷性、系统性和预见性十个方面。

1. 深刻性

思维的深刻性集中表现为在智力活动中深入思考问题，善于概括归类，逻辑抽象性强，能够由此及彼、由表及里，进而抓住事物的本质和规律，

---

❶ 苏富忠.思维科学[M].哈尔滨:黑龙江人民出版社,2002:65-71.

❷ 汪欣月.教师思维的科学品质及其提升策略[J].教育探索,2020(9):71-74.

❸ 傅渊,茶世俊.教师思维品质的内涵与分析框架初探——以教师行为差异为逻辑起点[J].成都师范学院学报,2016,32(8):6.

❹ 李政涛.判断教师思维品质的八个基本维度[J].中小学管理,2021(9):10-11.

开展系统的理解活动，善于预见事物的发展进程。❶ 新的课程改革要求教师具有深刻性的思维，像专家一样思考。❷ 思维品质的深刻性具体表现在教师对教材中的内容进行深入的思考和研究，刨根问底，对知识进行概括和归类，抓住教材知识的本质与内在联系；在进行学情分析时，教师要对学生存在的困难有精准透彻的了解与把握等。

2. 广阔性

教师思维的广阔性是针对思维空间的广度而言的。它要求教师在思考和认识问题时，不要把思维和视角只盯在一点、一线、一面上，而是要扩展思维的空间范围，进行全方位的观察和思考。❸ 只有这样，才能洞察事物的底蕴，了解事物的发展趋势，把握事物运动的规律。思维的开阔度要求教师的思维从封闭走向开放，从单一到多元，用多维度的视角和思维方式思考和探究教育教学。❹

3. 逻辑性

思维的逻辑性体现在能够通过观察、综合比较、抽象概括等方式作出判断和推理，其在解决复杂的问题中具有重要作用。思维的逻辑性要求教师无论在教学和处理各类问题时都能严格遵循逻辑的方法和规律，按照逻辑的规则和程序进行，做到思路清晰、层次分明、条理清楚、有理有据和前后连贯一致，避免自相矛盾、思路混乱或是表述含糊不清。

4. 灵活性

灵活性是指思维活动的灵活程度。它的特点是能够从不同角度、方向、方面，能用多种方法来解决问题，迁移能力强，如我们平时说的"举一反三""运用自如"等。教师思维的灵活性体现在面临各种各样的问题时，不囿于固定的框架，善于应变，能多方位地探求解决问题的办法，并能随着情况的变化而改变和修正目标或方式。

---

❶ 林崇德.培养思维品质是发展智能的突破口[J].国家教育行政学院学报,2005
(9):21-26.

❷ 崔允漷.如何开展指向学科核心素养的大单元设计[J].北京教育(普教版),2019
(2):11-15.

❸ 钱春旭.论现代化教育与教师思维方式的变革[J].教育探索,2000(10):63-64.

❹ 李政涛.判断教师思维品质的八个基本维度[J].中小学管理,2021(9):10-11.

5. 独立性

思维的独立性指善于独立地发现、分析和解决问题。教师的独立性思维体现在能够独立自主地思考，不期盼现成的答案，不依赖别人的帮助，不容易受他人的暗示和影响，对他人提出的理论或解决办法不盲目接受，而是能够独立地进行理性的分析，能够独立自主地决策和实践。

6. 批判性

批判性思维是指对信息的真实性、精确性、性质和价值进行个人的判断。❶ 只有拥有了批判性思维，才能对相信什么和做什么做出合理决策。❷ 在信息社会中，我们每天都面对着海量的信息，这些信息本身纷繁复杂，真假相掺，需要我们进行过滤和评价，这一过程本身离不开批判性思维。批判性思维也是态度、知识和技能的综合体，一个具有批判性思维的人必须有质疑的态度、逻辑推理知识以及分析、综合和评价的认知技能。❸ 教师的批判性思维品质体现在敢于质疑和否定、敢于冲破旧习惯的羁绊，不为陈腐观念所束缚，不只是被动地接受各种教育理论、教材知识或是学校的常规指示，而是积极主动地思考。需要注意的是，批判性思维并不意味着全盘否定，而是在对事物好的方面进行有选择的继承，并在此基础上进行一定的提升和完善。❹

7. 创造性

创造性是指个体思维活动的创新精神或创造性特征。创造性是新时代人才竞争的核心要素，习近平总书记指出："创新是一个民族进步的灵魂，是一个国家兴旺发达的不竭动力，也是中华民族最深沉的民族禀赋。"❺ 教师的创造性思维体现在不拘泥于教材和传统的方式，在教师自身的思考下进行新的情境和问题创设等。现代化教育愈发要求教师成为兼顾教学和科研的研究型教师，创造性思维在教师的学术论文的写作、课题的申报中都

❶ ENNIS R H. A logical basis for measuring critical thinking skills[M]. Educational leadership,1989:4-10

❷ 谷振诣,刘壮虎.批判性思维教程[M].北京:北京大学出版社,2006:1.

❸ 朱锐.批判性思维与创新思维的关系研究[D].北京:中央民族大学,2017:6.

❹ 朱锐.批判性思维与创新思维的关系研究[D].北京:中央民族大学,2017:18.

❺ 习近平.2013年10月22日在欧美同学会成立100周年庆祝大会上的讲话[N].中国青年报,2013-10-21(2).

具有重要作用。教师在提升创造性思维时要避免陷入的误区是将创新理解为标新立异。创新必须依据科学思维的规律，重视客观事物本身与主观思维的融合，再结合具体的问题创造出不断适应新情况的思维状态。❶

8. 敏捷性

敏捷性是指思维活动的速度呈现为一种正确而迅速的特征，它反映了智力的敏锐程度。教师思维的敏捷性体现在思维的速度快速而畅通，在处理问题和解决问题的过程中，能够适应变化的情况来积极地思考，周密地考虑，正确地判断和迅速地做出结论。教师的工作是与人打交道的工作，这就意味着会有各种突发性的事件。比如，即使教师在课前已经写好了精美的教案，做好了充足的准备，但是课堂上仍然会发生各种意想不到的情况，学生不会完全按照教师的预想思考和回答问题，这就要求教师一定要具备思维的敏捷性，适时地对课堂进行调整。教师在进行学生管理工作时常会遇到各种各样的问题，需要教师在不同的情境和面对不同的人的情况下运用思维的敏捷性做出迅速的处理。

9. 系统性

教师思维品质的系统性要求教师的思维方式从局部转向全局，从部分转向整体，即系统化和整体化。素质教育具有综合性和系统性，要求教师从教学目标的制定到核心素养的落实都需要上下联系，左右贯通，树立整体意识、单元意识，进行系统设计。一些中小学教师擅长讲案例、课例、故事和方法，却不擅长将这些生动的实践智慧通过有效的抽象和概括，提炼出其最关键最核心的问题和观点，这就是缺乏系统性思维品质的表现。任何知识都不是孤立的而是系统的，现今讨论热度很高的大单元教学尤其需要教师的系统性思维品质。崔允漷教授认为，针对现实中许多教师只关注知识、技能、习题、分数等问题，大单元教学设计有利于教师改变着眼点过小过细导致的"见书不见人"的习惯做法。❷

10. 预见性

思维的预见性是指对尚未展开的事物的本质及发展过程做出预测，对事

---

❶ 李冰.运用辩证思维解放思想[J].红旗文稿,2013(14):37-38.

❷ 崔允漷.如何开展指向学科核心素养的大单元设计[J].北京教育(普教版),2019(2):11-15.

物发展的未来趋势和状况预先做出推断。思维的预见性要求教师能够根据以往的经验和事物发展的内在规律，在把握现实事物的基础上做出预测，具体体现在课前就能预测到学生对于不同问题的反应和掌握程度，班级管理中能够做到未雨绸缪，在学生爆发问题前就提前做好应对措施等。

不同的思维品质不是孤立存在的，它们之间相互联系，密不可分。比如思维的深刻性可以看作一切思维品质的前提，如果教师没有思维的深刻性，无法认识事物的本质和规律，那么思维的灵活性、批判性或是创造性都无从谈起。❶ 又如，批判性思维和创新性思维互为基础，在实践中，人们不仅要运用批判性思维善于发现和思考问题，而且要创造性地解决问题。可以说没有批判，创新就是空中楼阁；没有创新，批判就失去了动力和目标。教师应当善于将各种思维品质结合在一起，有效地解决在教育教学中出现的各类问题。

第三节　教师思维品质的研究述评*

一、教师思维品质维度研究的综述

中国知网关于教师思维品质维度研究的文献主要有三类观点。观点一认为教师思维品质包括客观性、积极性、利他性、清晰性、独立性、连续性、深刻性、灵敏性、系统性、批判性、创新性十一个维度。❷ 观点二认为判断教师思维品质的标准包括清晰度、提炼度、开阔度、精细度、合理度、创新度、融通度、生长度八个方面。❸ 观点三认为教师的思维品质包括广阔

---

❶ 林崇德.培养思维品质是发展智能的突破口[J].国家教育行政学院学报,2005(9)：21-26.

* 作者:周宝善。

❷ 傅渊,茶世俊.教师思维品质的内涵与分析框架初探——以教师行为差异为逻辑起点[J].成都师范学院学报,2016,32(8)：6.

❸ 李政涛.判断教师思维品质的八个基本维度[J].中小学管理,2021,370(9)：10-11.

性、灵活性、深刻性、创造性、独立性、逻辑性❶、批判性❷、系统性❸等。

　　由于研究问题的角度不尽相同，因而得出的教师思维品质维度各具特色。观点一的客观性是从主观客观特性角度看思维品质，积极性是从心理、态度、情感角度看思维品质，利他性是从利己利他角度看思维品质，清晰性是从认知结构评价角度看思维品质，连续性是从时空延续状态角度看思维品质，这些非教师思维品质的核心。观点二的提炼度是从抽象概括程度看思维品质，开阔度是从视野格局范围看思维品质，合理度是从思维合理性质看思维品质，融通度是从融会贯通能力看思维品质，这些非教师思维品质的特性。观点三的广阔性是从思维广泛程度看思维品质，灵活性是从思维变通程度看思维品质，深刻性是从思维深入程度看思维品质，创造性是从思维创造水平看思维品质等，这些非教师思维品质的全部。

　　笔者认为，教师思维品质与学生思维品质相关，与教师教育教学实践活动相关，是教师在进行思维活动中表现出来的个性化思维特征。教师教育教学实践活动内容包括：教材分析、教学设计、教学实施、教学评价、教学反思、班主任班级管理、突发事件处理、专业阅读、论文写作、课题研究、课题成果提炼、听评课研修、教研组专题研讨等。教师应具备的思维品质主要包括思维的深刻性、广阔性、逻辑性、灵活性、独立性、批判性、创造性、敏捷性、系统性和预见性十个方面。

　　教师在开展课题研究、分析教育教学案例时应刨根问底，一针见血，分析透彻，见解精辟，认识事物发展的关联性和延续性，向前能追根溯源，向后能预见未来，这些是教师思维具有深刻性表现。

　　教师在分析教材学材时应面面俱到、浮想联翩、一题多解、一法多用、一题多思，这些是教师思维具有广阔性的表现。反之，教师在开展备课、上课、反思活动时狭隘偏执，是点式思维、线式思维、单向思维、静态思维，这些是教师思维缺乏广阔性表现。

　　教师在开展班级管理教育时，喜欢使用表示时空关系（比如：过去、

---

❶　向爱平.浅议教师的思维品质与备课[J].小学教学研究,1994(2):4-5.

❷　李继文.思维导图——提升教师思维品质的有效工具[J].上海托幼,2022,565(Z1):22-23.

❸　尹文婷.反思型教师思维品质及提升策略研究[J].语文课内外,2021(11):335.

现在、未来）、因果关系（比如：因为、所以、毕竟）之类的连词，在听别人说话时喜欢分析（比如：为什么？是什么？怎么办？是与否？）、推理（比如：论点、论据、结论），擅长绘制思维导图、流程图，擅长分析复杂事件的来龙去脉，擅长说理、辩论、沟通，这些是教师思维具有逻辑性的突出表现。反之，教师进行课题研究、成果提炼时概念混淆，自相矛盾，只有观点，没有依据，这些是教师思维缺乏逻辑性的表现。

教师在运用教学方法实施教学时举一反三，善于迁移，一题多解，应变自如，这些是教师思维具有灵活性的表现。

教师在开展教学说课、评课活动时没有主见，随声附和，迷信权威，这些是教师思维缺乏独立性表现。

教师在开展教育分析判断时自私自利、以自我为中心、自以为是、刚愎自用、一厢情愿、以群体为中心、人云亦云、随波逐流、轻信不疑、伪善虚伪、双重标准，这些是教师思维缺乏批判性的表现。

教师在进行教学设计、教学评价、论文写作时观点新颖，别出心裁，标新立异，打破常规，不因循守旧，不墨守成规，这些是教师思维具有创造性的表现。反之，教师在开展教学设计、教材分析、内容实施时照本宣科，照葫芦画瓢，是教师思维缺乏创造性表现。

教师在应对、处理突发事件时多谋善断，反应迅速，当机立断，应变果断，在开展说课、评课、答辩活动时口齿伶俐，出口成章，对答如流，聪明机灵，反应敏锐，这些是教师思维具有敏捷性的表现。反之，教师在开展班级管理实施时优柔寡断，犹豫不决，则是教师思维缺乏敏捷性的表现。

教师在教育管理学生中遵循"治病溯源、标本兼治"教育理念，是教师思维具有系统性的表现。反之，教师在分析处理教育问题时头痛医头、脚痛医脚，治标不治本，揠苗助长，盲人摸象，刻舟求剑，本位主义，是教师思维缺乏系统性的表现。

教师着手教育教学管理时居安思危，有备无患，未雨绸缪，防患于未然，这些是教师思维具有预见性的表现。

二、教师思维品质研究价值的综述

教师思维品质研究价值在于：界定教师思维品质内涵，明晰教师思维品质特征，厘清教师思维品质意义，促进教师思维品质提升。其研究意义在于：教师思维品质影响教师教育教学实践活动全过程，培养、改善教师思维品质不仅有助于促进、提升教师教育教学实践活动成效，而且有利于开发、拓展学生的智力和潜能。

中国知网关于教师思维品质意义的研究文献主要如下。

（一）教师思维品质是教师的核心素养之一

严华银认为，中小学教师最为重要的素养是思维品质，或者说，思维品质就是教师的核心素养。针对中国教师的现状，其思维品质的提升最需要在锻炼自主能力、增强理性精神与锤炼学术品格上着力。优秀的思维常常表现为深刻、敏锐、灵活、批判、独创。❶

教师的核心素养有哪些呢？教师区别于其他职业的核心素养包括：执着的教育情怀、扎实过硬的专业素养、娴熟的教育艺术和与时俱进的创新精神。为什么说思维品质是最为重要的素养？这是因为优秀的师德与卓越的师能取决于高质量的思维品质，比如思维的深刻性、批判性、独立性、创新性等。

（二）教师思维品质决定着教师备课的质量

教师备课过程中需要不断思考，教师备课的质量取决于教师的思维品质，主要表现如下。❷

（1）教师思维的广阔性利于教师全面把握教材，备课入微，从教材和学生的实际出发，合理利用已有丰富的教学资源，全面思考。

（2）教师思维的深刻性利于教师正确解读教材，深钻教材，准确把握教材核心要点、内在规律，结合学生的实际精确制定教学目标，抓住重点、难点。

---

❶ 严华银.思维品质:新时代教师的核心素养[J].江苏教育,2021(31):5.

❷ 向爱平.浅议教师的思维品质与备课[J].小学教学研究,1994(2):4-5.

（3）教师思维的灵活性利于教师灵活展开教学设计，从众多的教学方法中，取其精要，触类旁通，根据教材和学生实际，设计出最佳的教学方案。

（4）教师思维的独立性利于教师提高备课自主性，自主设计教学，在真实教学中教出自己的特色，而不是依赖现成答案、方法和别人的帮助、指导。

（5）教师思维的创造性有利于教师突破常规，备课出新，求异创新，有创见地分析处理教材学材，洞察学生学习的现象与问题，设计出异于别人的教案和学案。

（6）教师思维的逻辑性有利于教师理性地分析教学设计，增强思维能力，提高思维效率，使教学设计思路清晰，教学环节层次分明。

（三）教师思维品质决定着课堂教学的质量

汪琼认为，课堂教学质量和备课、上课关系密切，而备课、上课质量高低又取决于教师的思维品质等。通过研究优秀教师的优质课例，探究深藏其中的思维品质，关注其思维的逻辑性和关联性、准确性和精确性、新鲜性和可行性，从而提升课堂教学质量。[1]

田光认为，语文教师在课堂上教给学生的是准确的语文知识技能，更是一种思维习惯。教师思维品质决定着课堂教学的质量，教师思维品质的优劣决定课堂教学水平的高下。[2]

教师思维品质决定着课堂教学的质量，这是为什么呢？这是因为教师思维的逻辑性与关联性使得课堂教学中的教材内容与学生实际逻辑自洽、彼此关联，教师思维的准确性和精确性有助于培养学生精准的思维能力，教师思维的新鲜性与可行性有助于提升学生批判性、创造性等思维品质。教师的优质思维对学生思维培养与提升起到榜样与示范作用，教师有效的问题设计有助于学生形成主动探究性思维，教师解放教学思想、创新教学方法、打造优质课堂，有利于开拓学生创新思维意识与能力，提高学生学习热情与效率。

---

[1] 汪琼.课堂教学质量取决于教师思维品质——以郭初阳《狼》的教学为例[J].江苏教育研究,2021(11):72-76.
[2] 田光.教师思维品质与课堂教学[J].语文天地,2013(6):2.

（四）教师思维品质影响教师教学行为

刘静认为，教师思维品质是数学概念教学的关键因素，在概念教学中，教师应该具备以下六个方面的思维品质：①刨根问底的精神；②严谨治学的态度；③对概念教学有正确的认识；④在进行概念教学时要有足够的耐心；⑤要注意分析影响数学概念教学的主要因素；⑥要注重数学概念的本源分析、应用分析等。❶

尹文婷认为，思维品质是影响教师教学行为和学生学习效果的重要因素，在教学实践活动中不断反思的反思型教师，其思维品质应当具有广阔性、批判性、灵活性和系统性等特点。教师可以从教学实践中有意识地进行理性思考、在实践中践行反思性教学和共建团队合作文化三方面有针对性地培养和提升自身思维品质，从而成为一名优秀的反思型教师。❷

为什么说教师思维品质影响教师教学行为？

这是因为教师思维的敏捷性影响教师应对处理突发事件时的时效性，教师思维的深刻性影响教师分析处理教学事例的判断与决策，教师思维的批判性引导教师合理质疑、客观评价、全面反思，教师思维的创造性激励教师开拓进取、求实创新。

（五）教师思维品质间接或直接影响学生思维的发展

杨丽芳认为，教师作为教育活动的实施主体，其教学思维方式间接和直接地影响着学生思维的发展，提升幼儿教师的思维方式是时代的要求，是培养创新型人才的教育开端。❸

教师思维品质是如何影响学生思维发展的？思维是人脑对客观事物的反映，是对事物的本质属性、内在规律的反映。教师思维的灵活性运用多种教学方法手段激发学生学习兴趣、动机，促进学生积极主动、灵活变通地思维，教师思维的逻辑性给学生逻辑性思维培养与发展以示范作用，促进学生语言表达富于逻辑、条理清晰、结构严密等。

综合上述，教师思维品质研究完美诠释了教师思维品质是如何决定着教师备课的质量、课堂教学的质量，如何影响教师教学行为、学生思维发

❶ 刘静.教师思维品质：数学概念教学的关键因素[J].职业教育研究,2010(12):2.
❷ 尹文婷.反思型教师思维品质及提升策略研究[J].语文课内外,2021(11):335.
❸ 杨丽芳.浅议提升幼儿教师思维品质的重要性[J].科教导刊：电子版,2014(2):1.

展，教师思维品质对教师何等重要，教师思维品质研究对于提升教师自身教育教学实践活动成效，开发、拓展学生智力和潜能具有重要的学术价值和应用价值。

三、教师思维品质培养策略的综述

在新课程改革背景下，培养提升教师思维品质对于帮助教师在教学分析、教学设计、教学实施、教学评价、教学反思、教育与管理、突发事件的处理、专业阅读与论文写作、课题研究和校本研究中获得长足的发展具有重要现实意义。如何培养提升教师思维品质？通过中国知网搜索到的相关研究文献如下。

（一）思维导图，是提升教师思维品质的有效工具

李继文认为，幼儿教师的思维品质主要包括广阔性、灵活性、深刻性、批判性和创造性。运用思维导图提升幼儿教师的思维品质不仅可行，而且有很强的实践意义。❶

思维导图对提升幼儿教师的思维品质有何作用？

思维导图是指由关键词、色彩、线条和图符等组成的思维可视化图解工具，可用于解构思维、活化思维、整理思维，以图文形式呈现思维的逻辑性、层次性、清晰度等思维品质。

思维导图突出思维内容的重点、关键、层次结构，强化思维方式的联想、发散、聚合功能。思维导图可开发人脑的思维深度、创造力，增强人脑的记忆能力、立体思维能力、总体规划能力。思维导图可轻松、快速地把庞大、烦琐的内容整理得简洁明了、一目了然。思维导图可有效促进主动学习，加大思维的广度与深度，加快思维的速度和灵活度。

思维导图符合幼儿教师个性特点及工作需求，对培养幼儿教师思维的逻辑性、广阔性、灵活性和深刻性等思维品质有显著提升作用，广泛运用于幼儿教师教育教学、教研活动、计划制订、保教管理、家园沟通等工作中，对幼儿教师工作起到梳理思路、整体思考、深度思考、提醒工作等作

---

❶ 李继文.思维导图——提升教师思维品质的有效工具[J].上海托幼,2022,565 (Z1):22-23.

用，尤其是对提升幼儿教师工作效率和教育教学效果大有帮助。

如何使用思维导图提升幼儿教师的思维品质呢？

思维导图作为一种思维可视化工具，具有文字简约、形象直观、视觉冲击力强等特点。教师运用圆圈图、气泡图、流程图、树形图等思维导图形式向幼儿讲解和演示相关知识、要求，符合幼儿教师的兴趣和认知特点，符合以无意注意、无意记忆、无意想象及具体形象思维为主的幼儿年龄特征和学习特点，有助于幼儿教师提高教育教学专业水平、教学效果，有助于改善与突破幼儿教师人格特征与思维品质。

绘制与使用思维导图时，首先，确定中心主题、提炼关键词。要求教师自由联想、提炼、抽象、概括，展开深度思维。其次，绘制思维导图主干、丰富思维导图结构。要求教师思维广阔、灵活、深刻，展开发散型思维与聚合型思维。最后，调整思维导图布局、优化思维导图层次。要求教师具有一定的独立思考能力、抽象概括能力、深入思考能力。

（二）发展和提升中小学教师的思维品质策略

严华银认为，发展和提升中小学教师的思维品质策略的路径如下：①教师需要锻炼自主能力，自主，才有"自己的"思维。②教师需要增强理性精神，理性，才有思维的"品质"。③教师需要锤炼学术品格，审问、明辨和知行合一，才有人格的卓越。[1]

（三）小学教师思维品质提升路径

梁娟认为，提升教师思维品质的有效路径如下：①明晰价值取向，提升思维的高度。②学会问题式学习，强化思维的深度。③深入实践反思，增强思维的批判性。反思能力是教师专业发展的核心要素。借助教育反思，教师可以对各类教育问题进行追因分析，提升整体关联思维和解决实际问题的能力。促进教师形成反思习惯，以增强思维的批判性。[2]

（四）基于教学关键要素的思维品质培育方法

杨向谊认为，教师教学中体现出来的思维品质对教学设计实施行为具有影响。教学思维品质主要包括思维的关联度、清晰度、精细度和深刻度。

---

❶ 严华银.思维品质：新时代教师的核心素养[J].江苏教育,2021(31):5.
❷ 梁娟.小学教师思维品质提升的校本实践[J].中小学管理,2021(9):3.

基于教学关键要素的思维品质培育方法如下。[1]

（1）点面相融，提升思考的关联度：使课时目标与学期目标、单元目标建立实质性联系，引导整体性思考。将单课教学内容与前后内容深度挂钩，增强结构性思考。

（2）多元渗透，提升思考的清晰度：教学目标的清晰，教学评价的清晰，教学环节的清晰，教学语言的清晰。

（3）注重细节，提升思考的精细度：教学设计中预测细节，教学实施中感知细节，教学之后反思细节。

（4）多向挖掘，提升思考的深刻度：从无问题到有问题的分析，从表面问题到本质问题的分析，从局部问题到全局问题的分析，生长点的提炼与迁移。

文献研究表明，运用思维导图可有效提升教师思维品质，锻炼教师自主能力、增强教师理性精神、锤炼教师学术品格，可发展和提升教师思维品质，明晰价值取向，学会问题式学习，深入实践反思可提升教师思维品质，点面相融、多元渗透、注重细节、多向挖掘有助于培育教师思维品质等。由于教师思维品质的提升关乎教师思想理念的与时俱进、知识技能的持续学习、理论实践的检测反思等方方面面，因此，还需要广大教师结合自己实际情况，坚持不懈地努力钻研。

---

[1] 杨向谊.教师教学中若干思维品质的完善——基于标准教学的区域性探索的视角[J].上海教育科研,2018(6):4.

第二章

教学与反思中的教师思维品质

第一节 教材分析中的教师思维品质

　　教师在备教材中最重要的部分是分析教材。"分析"一词在《现代汉语词典》中的释义是：把一件事物、一种现象、一个概念分成较简单的组成部分，找出这些部分的本质属性和彼此之间的关系。分析教材就是把握教材中各部分内容的本质属性和彼此之间的关系。由于教材是较为复杂的事物，其分析过程必然也较为复杂。教师在分析教材过程中，遵循一定的原则和规律，运用不同的思维方法、策略、工具以及各类资源等路径，不断提升教师的思维品质。

一、教材分析中教师思维品质的常见问题[*]

　　教材是教学内容的主要载体，是教学活动的主要依据。教材分析是教师针对选定的课时教学内容，对其在教学单元中的地位与作用、技术特点、教材功能、重难点及与教材相关联的因素，遵循课程标准要求，直面授课对象特点，依据教法、学法的选择规律等进行的深入剖析、透彻钻研。这

---

　　[*]　作者:秦楠。

是实施有效教学、达成学习目标的关键。对教材进行分析是教师开展教学设计的重要前提，也是课堂教学的准备阶段。教材分析能力的高低，不仅影响教材作用的发挥，同时还会对最终的教学质量带来显著影响。然而，部分教师对课程标准、教育教学理念、教材学习、教材分析等知识与技能的缺失，导致教材分析时出现不细、不清不准等问题，从而影响了课堂教学质量。❶

具体来说，目前教学分析中关于教师思维品质存在以下几大类的常见问题。

（一）教材分析中教师思维品质缺乏深刻性

深刻性是指思维活动的广度、深度和难度。在深刻性方面表现出众者会在智力活动中深入思考问题，逻辑抽象性强，善于概括归类、透过现象抓住事物的本质和规律，预见事物的发展进程。❷

教师在对教材进行分析前，首先要对教学内容准确定位，才能剖析准确、细致、科学、合理。否则，教材定位不准、偏离甚至错误，就会导致教师在教法选择、学练要求、评价等方面"偏失"，达不到预设的学习目标。有了一定经验的中年教师往往会受经验的影响和制约。这些教师更多关注的是如何教会学生具体的解题方法，更多关注的是具体解决问题的过程，而忽视了深挖教材和对解决问题的策略、方法的指导，缺乏对教材的深层次分析，忽视知识背后的学科思想和育人价值。这也反映出教师的思维品质缺乏深刻性。

教师思维品质缺乏深刻性主要表现在以下两个方面。

1. 对新课程标准的理解不系统、不深入

课程标准是教材编写的直接依据。教师如果不能深入研读课程标准，就不能以新课标的理念分析教材，制定合适的教学目标指导教学实践活动。部分老教师还停留在经验教学层面，很多新教师则完全依赖他人的教案摸石过河，教学时不会去主动寻找理论做支撑。

---

❶ 秦银桂.例析教材分析存在的问题与建议[J].体育教学 2017,37(7):36-37.
❷ 陈则航.义务教育英语课程中的思维品质培养[J].教学月刊·中学版(外语教学),2022(5):12-19.

2. 对教材重难点的把握不准、本末倒置

新课标倡导大单元教学理念，课时教材内容是单元教材的下位概念，教材分析应厘清单元教材分析与课时教材分析的概念与关系。单元教材分析包括多个教材内容，分析的面广、宽、深，而课时教材分析应紧扣一节课的教学内容进行剖析。如果厘不清这两者的概念与关系，教材分析时就会出现主题不明、分析不清的问题，思维混乱，失去以教材为载体的作用。● 每一部分的教材内容都有其选编目的，都有要传授的重难点知识。教材重难点的把握，是课堂教学的首要问题，也是核心问题。而教师对教材理解的差异，常常会造成对教材重难点把握的偏差，导致重难点把握不准，甚至本末倒置。

(二) 教材分析中教师思维品质缺乏批判性

教师在研读和处理教材时要有批判意识，用批判的眼光看待和处理教学内容，不必盲目服从文本，失去了教师自我的认识和判断。读教材的目的不是维护教材，可以读出它的好来把它教好，也可以读出问题来考虑如何调整和改进，要一切以有利于学生的发展和进步为目的。

教师需要培养自身对文本的批判能力。文本是教师进行教学的依据，是学生学习知识的依据，对文本的解读程度直接影响了教学的深度。教师解读文本时，需要批判地分析教材。我们可以从教材的特点以及教材的处理两个方面进行分析。对教材特点的分析可以运用对比的思路，即比较新老教材的不同点。例如，新教材的编写体现了教学目标的哪些变化；在学生不同的学习阶段提出了哪些不同于以往的问题，设置了哪些创新性的实践活动；针对新教材的这些新特点，我们应该怎样设计教案去达成这些新目标等。

但实际生活中，很多教师缺乏批判性思维，缺少问题意识和反思能力，这样就很难分析文本特点，梳理文章结构，体会文章语言特点，关注文章表达亮点，真正把握文本的内涵。缺乏批判性思维，更不易于寻找到文本的核心价值。一个教师如果习惯于照本宣科，没有自己的见解和思想，对文本没有深入的思考，对成见没有警惕和质疑，对事物缺少具体分析的态度和能力，那就谈不上对学生批判性思维能力的培养。

● 徐菁.教师对教材理解的差异性分析[J].江西教育,2015(36):64.

（三）教材分析中教师思维品质缺乏系统性

《义务教育新课程标准（2022年版）》强调以大主题或大概念统整教材内容进行单元整体教学，这为教师解读教材提供了新的视角和要求。通过单元整体教学，将具有结构关联的知识学习作为一个"系统"，以单元视角整体把握，以知识的内部联系为线索，构建完善的知识结构，进行系统性的教学。这需要教师系统性地分析教材，关注单元与单元之间、单元内课时与课时之间以及每课时的知识间的系统关系，关注学科知识的结构化。

一个教学单元包含若干个课时，单元课时教学内容的确立是基于宏观教材的基础进行的拆分与组合，课时之间教学内容相互关联，相互依存、由简到繁、由易到难、循序渐进、梯度推进。部分教师在教材分析时只是从宏观角度泛泛而谈，不能从微观角度切入对课时所学内容在单元教学中的地位、作用，不能对相关结构、原理、易犯错误、重难点、学生学练差异及与其他教材的关联等多个层面进行深入剖析。

有的教师只是就课论课，不能将不同学段的相关内容系统考虑、整体把握，只能浅表化地解读教材，教学时无法抓住本质，也无法将散落的知识点串成线、织成网，难以形成知识体系。有的教师只知道一节课的知识点，说不出这个知识点在本单元、本册书其他单元、其他册教材中的前后衔接联系情况。教师在教材分析中缺乏系统性思维品质，无法从知识体系的整体性和系统性出发，难以真正实施单元整体教学。

（四）教材分析中教师思维品质缺乏创造性

《义务教育新课程标准（2022年版）》已经正式颁布，但教材尚未更新。目前正处于新课标和旧教材并行的特殊时期，这就给一线教师教学带来了新的挑战。教师不能只是被动地等待，而要积极地运用新课标的"眼光"来解读教材，以帮助自己"创造性使用"教材，通过重构、改造、整合等方式对旧教材进行创造性的教学，渗透新课标的理念，真正发展学生的核心素养。

创造性使用教材的前提是熟悉教材，因此研读教材就显得尤为重要。但有些教师对教材内容理解不足，对教材中活动设计的逻辑与衔接理解不够，不能正确地把握教材，不能很好地领会教材的编写意图，不能准确地理解教学目标；教学局限于"教教材的内容"，而不是"用教材教"；在对教材资源的开发上，整体水平不是很高，有些教师局限于手头的教材、参考书、历年的题集。另外，老教师的计算机水平不高，搜索资源能力有所欠缺。教师缺乏创造性思维品质，难以根据学情去增加、替换或重组教材内容，无法创造性地使用教材。教师创造性思维能力的缺失也会导致对学生创造性思维培养的缺失。

二、教材分析中思维品质的重要性 *

教材分析是教师进行教学设计和开展教学活动的前提与关键。思维品质是个体在思维发生、发展过程等思维活动中，个体智力特征所表现出来的个性差异。教师的思维具有系统性、广阔性、深刻性、创造性、批判性等良好品质，可以帮助教师从整体上系统、深入、创造性地分析教材。

（一）有利于教师整体把握教材

教师思维的系统性和逻辑性有助于教师从整体上把握教材。

思维的系统性是把事物当作一个整体加以思考，在各要素的相互联系和相互作用中，把握事物系统的整体结构。思维的逻辑性是指思维活动遵循逻辑的方法、规律、程序进行，使思维的过程、形式、方法，条理分明，层次清晰，前后一致。

分析教材首先要整体把握，了解课程的基本理念和要求，明确教学方向。义务教育阶段各学科知识都是有着内在联系的有机整体，作为知识载体的教材，必然有其自身的规律。通过对各学科教材的梳理，我们可以发现，教材的编排充分考虑了知识的难易程度，尊重了学生的心智特点及思维路径，循序渐进，螺旋式上升，具有很强的逻辑性和结构性。从整体上把握教材，必须清楚地认识教材的体系或知识结构，明确各部分之间的逻辑关系，明确教材是怎样按照循序渐进的原则来编排的，是怎样按思维过程一步一步来展开的。

教师思维的系统性可以帮助自己对教材内容进行系统的梳理，寻找教学内容之间横向与纵向的关联，知识形成网络后进行整体建构，对教学内容形成全局观。教师思维的逻辑性可以帮助教师在进行教材分析、教学设

　＊　作者：马颂潇。

计、教学目标制定时，对教材内容、知识结构有全面了解，掌握教学内容的层次性和衔接性，从知识体系的完整性和连贯性上整体把握教材。

（二）有利于教师深入分析教材

教师思维的深刻性有助于教师深入分析教材。

深度思维是认识事物发展规律和预见事物发展潜能的表现。深刻性也指纵向思维的深入程度，事物纵向发展的关联性和延续性。

教材分析既要全面细致又要突出重点，其主要目的在于准确解读教材，确定教学内容的广度与深度。这就需要教师深入挖掘教材，借助教材分析，关注学科本质、核心素养，深入理解教学内容的实质，准确把握教学内容的核心。另外，由于教材版面的限制，编者不可能将所有意图直观呈现，需要教师借助深度思维学会从教材的图、文中进行分析，领会编者的编写意图，把教材读深、读透。

（三）有利于教师创造性分析教材

教师思维的创新性、批判性有助于教师创造性地分析教材。

思维的创造性是指以独特视角思考、分析问题，使用创新方式解决问题的思维过程。创造思维是教师思维品质中一种基本的、宝贵的品质，显示了教师在思路的选择上不局限于固定的逻辑形式。

在教材分析中，借助思维的创造性可以使教师的思路更为开阔、灵活、新颖、独特、富于想象，促进联想与迁移。教师可以根据教学实际和经验，适当整合、丰富教材内容，创造性地使用教材，提高教学质量。

三、教材分析中教师思维品质提升的路径*

教师思维品质指向教师的高阶思维，是一种综合性思维的体现。教材分析需要教师储备大量的理论知识，具备相应的知识体系，并能合理运用多元的思维方法进行分析。良好的思维品质可以帮助教师在教材分析过程中关注教材知识的本质、规律及其相互联系，帮助教师理解并转化复杂的原理，以更科学且理性的认识分析教材。

---

* 作者：马颂潇。

（一）教材分析中借助不同分析方法，提升自身思维品质

教师分析教材时思维无目标、无头绪、无条理、无创新等问题其中一个很重要的原因就是教师头脑中缺少一些具体的教材分析方法。下面就几种提升教师思维系统性、深刻性的典型教材分析方法做简单介绍。

1. 2W1H 教材分析法

2W1H 分析法是一种应用相当广泛的思考框架，即大家常用的问题解决三部曲"问题（What）—原因（Why）—策略（How）"。What，明确问题或目标是什么；Why，分析问题或目标的原因和背景；How，提出解决方案并实施。教材分析中，我们学习课标，通读教材，将教材看作一个整体，可以借助 2W1H 分析法分析整体与部分、部分与部分之间的关系。以数学实践活动为例，教师可以从"What、Why、How"这三个维度进行教材分析。What 是指实践活动的主题是什么，所涉及的学科及相关知识点有哪些；Why 是指开展主题实践活动的意义是什么，对学生核心素养、关键能力的提升有哪些促进作用；How 是可以创设怎样的真实情境，挖掘真实问题，采用哪些有效的形式来开展主题实践活动。

2. HL 教材分析模型

HL 教材分析模型是一种教材分析方法，由三个分析层和四条分析线构成。H 指三个分析层，是以 What、Why、How 问题链形成渐进思维形式，使教材分析向纵深方向发展；L（Line，线）指四条分析线，即知识线—教学线—学习线—认知线（见图 2.1）。

H 和 L 分别代表教材分析的两种核心视角。H 代表宏观视角，主要关注教材的整体结构、内容布局以及与其他学科的关联等。L 则代表微观视角，着重分析教材的具体内容、知识点以及教学方法等。

教材分析是一项综合性、系统性的思维活动。借助 HL 教材分析模型，可以对教材进行全面而深入的分析，从而更好地理解和运用教材，同时在教材分析过程中使教师思维的系统性和深刻性得以提升。

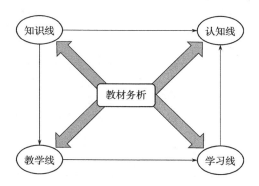

图 2.1 HL 教材分析模型

3. ISM 教材分析方法

解释结构模型法（Interpretative Structural Modeling Method，ISM）它能将一个复杂的整体系统细化。运用该方法进行教材分析，可以将教材中的复杂知识点间的联系进行分解与整理，形成便于理解的、直观可视的多级递接结构模型。以下是具体操作流程（见图 2.2）：

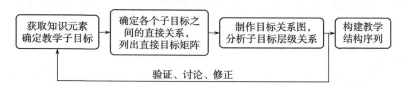

图 2.2 ISM 分析法基本操作流程

教材分析往往在很大程度上反映了每个教师的经验和主观判断，反映教师的思想方法、思维特点，这决定了教师教材分析的观念、思想，即教材观。由于教师的知识经验、思维方式不同，所以不同教师在分析教材时也存在一定差别。借助 ISM 教材分析方法可以为教师达到一致的教学目标提供有力的信息支持。教师在分析、讨论、验证、修改的过程中，思维品质得以不断提升。

4. 教材对比分析法

教材对比分析法是对几个版本综合性的求同求异比较，可以开阔视野，丰富思路，提升教师思维的广阔性、深刻性。例如，"角的初步认识"教材对比分析详见表 2.1。

表2.1 "角的初步认识"教材对比分析

课时内容	相同点	不同点
第一课时：角的初步认识	都联系了生活实际	①北师大版和北京版设置了角的记法和读法，人教版在四年级上册安排。②画角时，北师大版主要借助三角尺或其他工具画角；北京版和人教版主要借助直尺画角
第二课时：认识直角	在引入部分都是借助生活实际物体，从物体表面抽象出直角，再借助三角尺比角	北京版借助了方格纸，北师大版借助了"点子图"
第三课时：认识锐角、钝角	都是借助直角，通过比角的活动，认识锐角和钝角	北京版还借助了活动角，通过在直角的基础上变化角的大小，帮助学生认识锐角和钝角
第四课时：解决问题	都回归生活，运用所学知识解决实际问题，培养学生用数学的眼光观察现实世界	北京版还设置了"数角"的活动，让学生在数角的过程中加深对角的认识

我的思考：

基于三版教材的对比分析，从相同点来看，三版教材的内容与思路大致相同，都是"从生活中抽象角—认识角、探究角—回归生活运用角"。依据对比出的不同点，本单元教学内容和方式调整如下：

①由于学生对于生活角与数学角容易混淆，在第一课时的引入中，直接从学生已有的生活经验和知识经验引入，从学生带来的实物中找出角，并试着画在纸上，感受抽象的过程。在认识角后回归到生活中找角，感受生活中处处有角，培养学生用数学的眼光观察现实世界。

②在第二课时画直角的过程中，增加点子图和方格纸两种工具，进一步加深学生对直角的认识，发展空间观念。

③第三课时综合北京版教材，增加借助活动角找到锐角、钝角与直角的关系，从而更直观地帮助学生认识锐角和钝角。

④第四课时综合北京版教材，增加数角的活动，进一步认识角。

（二）在教材分析中借助不同表达方式，提升自身思维品质

教师思维的系统性、广阔性、深刻性、创造性、逻辑性、灵活性等良好品质需要形象直观的表达方式来呈现。因此掌握不同的表达方式，可以提升教师的思维品质。

1. 图表表达

人的思维分为逻辑思维和形象思维。当人看到纯文字的信息时，只会激发人逻辑思维的部分，如果再加上图表的形象化表达，人的形象思维也可以同时被激发。运用两种思维模式，可以更好地帮助我们处理信息，做出决策。

借助图表分析可以提升教师思维的系统性、综合性。在教材分析中用图表化展示，可以加大信息量，使信息更富可视性、整体性，教师更有全局观，不会只见树木不见森林。教材分析中可以借助知识的结构顺序加以分析展示，具体设计可以分为三个步骤（见图2.3）。

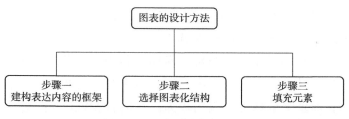

图2.3　图表设计方法步骤

2. 框架表达

框架不仅体现了系统的构成元素，还体现了系统各构成元素间的有机联系，用框架来思考与表达是对系统思维非常有效的简化应用。

教材分析中无论是借助还是改善已有框架，或是构建新框架，都可以使我们对教材有更深入、更全面的认识与理解。它可以帮助我们更系统地分析和解决问题、更清楚地表达、更高效地学习，进而提升思维的逻辑性、系统性。例如"角的初步认识"教学内容分析（见图2.4）。

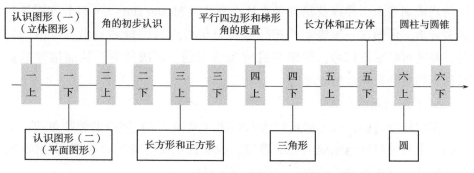

图2.4　角的初步认识纵向分析

3. 思维导图表达

思维导图是一种可视化的思维工具，具有思维发散和思维整理的作用。

教材分析中运用思维导图能将分析内容整体结构化，将所分析的内容建立起有层次、有结构的联系，让教师的思考过程和结果可视化。在绘制思维导图的过程中，以及借助其图文结合的可视化效果分析教材时，教师都可以提高发现问题、提出问题、分析问题、解决问题等各方面的能力，也有助于提升教师思维的广阔性、逻辑性、深刻性。

（三）教材分析中知晓常规思维策略工具，提升自身思维品质

教材分析中教师可以借助思维策略工具提升思维品质。

教师要想全面、深入、透彻地分析教材，首先，要明确自己要分析什么内容；其次，要知道用什么方法、策略进行教材分析。例如，可以借助一些思维策略工具，把教材分析中真正要解决的问题提炼出来，进行创造性的思考。目前思维策略工具应用较为广泛的有 5Why 分析法、WHWM 思考法、界定问题六问法等。

1. 5Why 分析法

其又称 5 问法，即对一个问题点连续以 5 个"为什么"发问，探究问题的根本原因。借助这一思维策略进行教材分析可以帮助教师深入思考和探究内容的核心、本质，找到真正的问题，而不是惯性地将问题的初步解决方案当作问题本身来解决。一系列的追问可以提升教师思维的深刻性。

2. WHWM 思考法

其围绕"主要表达什么（What）信息或观点"、"我想怎样（How）表达"、"为什么（Why）要表达这个信息以及为什么这样表达"、"我觉得这一信息或观点怎么样以及我觉得有什么意义（Meaningful）"四个方面进行思考分析。借助这一思维策略进行教材分析可以帮助教师提出有价值的问题，并进行联系性思考，循序渐进地发现问题、解决问题，从而培养教师的创新思维和批判性思维能力。

3. 界定问题六问法

在教材分析中，通过界定问题六问法（见表2.2）能帮助教师更快、更清晰、更有针对性地完成问题的界定，也能提出更有效的解决问题的策略。分析问题的过程就是教师提升思维品质的过程。

表2.2　界定问题六问法

提问顺序	问题	回答
第一问	目标是什么？	
第二问	现状是什么？	
第三问	差距是什么？	
第四问	目标背后的目的是什么？	
第五问	造成现状的原因是什么？	
第六问	导致差距的真正原因是什么？	

（四）教材分析中运用各种资源与途径提升教师的思维品质

教材分析中教师可以运用各种资源与途径提升思维品质。

1. 研读课标，提升思维系统性和深刻性

教材分析中，教师可以通过研读课标，学会深入思考。通过阅读、分析，对本学科课程标准中的核心概念进行解读，教师会对其中的理念与要求有更深刻的认识。要明确每个知识模块、知识领域的核心教学目标是什么，明确教材中的活动设计和问题创设的目的，同时理解教材中对一些内容的添加、删减、修改。简言之，只有深刻理解课程内容的核心和本质，明确教材的编写意图，才能正确地解读教材，同时提高自身思维的系统性和深刻性。

2. 查阅文献，提升思维广阔性

有效阅读是教师进行学习、思考、反思的重要方式之一，是提升专业素养的途径之一。教材分析所涉及的内容是非常广泛的，作为教师不能闭门造车，可以通过查阅文献资料拓展知识、开阔视野、寻找教材分析的理论依据、优秀范例。学会阅读，学会思考，从而扩展教师思维的空间范围，能对教材进行全方位的认识与解读，同时提升自身思维的广阔性。

3. 专家引领，提升思维深刻性

在"双减""双新"的教育背景下，教师作为教育改革的参与者、践行者，急需从宏观上把握方向，需要正确的理念、理论指导。专家引领能够在理论上高屋建瓴，指明方向；在实践中身体力行，指点迷津，有效地促进教师专业化发展。尤其在教材分析方面，专家引领可以帮助教师更好地理解学科本质、核心素养、编写意图等。教师在学习、内化和应用的过程中不断提升自身思维的深刻性。

4. 集体备课，提升思维批判性和创造性

集体备课时，教师可以根据教学内容展示自己的教材分析，教研组的教师们依据课标、教材、学情等多方面因素综合考虑，提出问题及建议。这样既有助于及时发现问题并加以改善，又有利于提升教师思维的批判性和创造性。

四、教材分析中教师思维品质表现的案例分析[*]

教材不仅是教师授课时的重要材料，也是学生学习的最基本的素材。教材分析是教师对教材进行理解、内化的过程。教材分析是教师教学设计的基础，是备课、上课和完成教学目标的前提。教师对教材分析需着重关注深刻性、批判性、系统性、创造性等方面。下面通过几个典型案例，介绍教材分析中教师思维品质的具体表现。

（一）通过深入研读教材体现教师思维品质的深刻性

对教材的分析可以分为感知、理解和深悟三个阶段，如果说前两者是通过对知识层面进行整体把握和具体分析的话，那么深悟就是把感知和理解的结果统一在一起，深刻把握教材，后者是对前两者的升华。这个阶段，是教师从自己独立的思想出发，凭借自身长期积淀所形成的素养对教材进行深刻解读的阶段，由于教师个体知识能力的不同，深刻性也会有不同。

在对教材分析时，如果教师仅仅让他人的解读结论充塞了自己的头脑，或者是过分依赖教学参考资料，自己被淹没其中而没有独立的见解，那么对文本就没有了自己的阅读体验，更没有形成自己的深刻认识和见解。例如，一看到《我的叔叔于勒》就想到资本主义社会人与人之间赤裸裸的金钱关系；提到周朴园，就是自私、冷酷；提到王熙凤，就是狠毒、刁滑、工于心计。这些结论也许本身并没有错，但问题在于这些是各种教学参考书下的结论，并非教师自己的思想、经验与个性参与理解的结果。相反的，在有些老师看来，"周朴园不一定是虚伪的，他的问题不在于虚伪。他是真

---

[*]　作者：秦楠。

诚地认为自己在怀念鲁侍萍，见了鲁侍萍，他真的以为一张支票可以偿还三十年的痛苦。问题出在他想象不出精神痛苦审美价值和金钱实用价值之间的区别。""王熙凤在贾府的地位很高，是贾府的实际施政者，深得贾母和王夫人的信任，有着八面玲珑之威，思维敏捷，口才了得，但是有些心狠手辣，最终落得'机关算尽太聪明，反误了卿卿性命'的下场，实在是既可怜又可恨。"这样的解读结论并非教学参考书里所有的，但是见解独到、深刻，只有教师对教材进行了深入的研读，才有可能产生深刻的见解。如有教师将《迢迢牵牛星》与《鹊桥仙》进行互文比较分析，发现两者虽然都借助于"牛郎织女"的神话传说，但主题有不同：前者是写离愁别恨，伤感无奈，而后者是歌颂忠贞爱情；前者的风格婉转、缠绵、悲哀、感伤，而后者却是清晰、飘逸、洒脱、淡远、瑰丽而神奇；如果说《迢迢牵牛星》是一个素面的少女，《鹊桥仙》就是一个仪态万方的美人，《迢迢牵牛星》是一朵幽兰，《鹊桥仙》就是一朵牡丹……这样的教材分析既生动又深刻。❶

（二）通过批判分析教材体现教师思维品质的批判性

批判性思维这个概念，现在被越来越多人接受，也有越来越多的教师用批判性思维的方法分析教材，进而培养学生的批判性思维。批判性思维能力的培养贯穿在整个教学活动过程中，无法直接对其思维倾向进行具体的把控，只能根据要素来进行衡量。但是在教材分析部分，可以根据教材内容进行划分，分析具体内容，对学生的情感倾向有侧重地引导。

1. 借助文本矛盾

借助文本矛盾，就是关注文本内部的"矛盾点"。《项羽之死》中，司马迁在文中用大量笔墨写项羽失败自杀，字里行间透露出对项羽的敬佩与仰慕之情；但《项羽本纪》中又评论项羽："自矜功伐，奋其私智，而不师古，谓霸王之业，欲以力征经营天下，五年，卒亡其国，身死东城，尚不觉寤，而不自责，过矣。"为什么对同样的历史人物，司马迁会有完全不同的评价呢？教师补充提供了清代郭嵩焘的相关材料和司马迁的《报任安书》以及复旦大学骆玉明教授的《中国文学史》的相关材料，以求引导学生认识主观感情与历史理性的差异与相关性，进而引导学生通过司马迁本人的

---

❶ 宋建玲.教师对教材文本解读的策略研究[D].宁波:宁波大学,2009:21-22.

经历来分析项羽的功过是非。这样的案例，才是值得教师们学习借鉴的，因为教材分析的目标是要提升学生的阅读能力。

2. 借助文本"缝隙"

这里的"缝隙"是一个比喻的说法，实际上就是文本的破绽。这个"缝隙"可以是事实上的错漏，也可以是逻辑上的不严密之处。李正浪老师在分析教材《咬文嚼字》时思考到：朱光潜先生在《咬文嚼字》里举的例子是郭沫若的《屈原》中婵娟骂宋玉"你是没有骨气的文人"，演员提醒说改为"你这没有骨气的文人"，更有气势。于是朱先生比较了"你是"和"你这"两个短语在语法和情感上的差异，认为"'你这'式语法大半表示深恶痛绝，在赞美时便不适宜"。李正浪老师抓住了这个结论，在设计这堂课时引导学生进一步思考，要求学生找到很多用"你这"的句式表达不喜爱、讨厌等感情的例子，这是一种不完全归纳推理。像这样的案例，是能够培养学生的质疑精神与思辨能力的。对于教材文本，不能抱着"尽信书"的态度，必须带着批判的眼光看待。

3. 引入关联评说

找到文章以外的文本、观点，在剥茧抽丝的对比分析中提升思维能力。余党绪老师大力提倡用批判性思维解读文本、建构课堂，他的很多经典案例，值得学习。例如，他分析《廉颇蔺相如列传》时，就对蔺相如的形象进行深度分析，补充了杨时的《蔺相如论》、司马光的《廉颇论》、王世贞的《蔺相如完璧归赵论》等文章，这些文章都是从国家关系的角度入手，认为蔺相如的成功是侥幸的。南开大学徐江教授也认为完璧归赵是一次失败的外交活动，充满了轻率和盲目。司马迁却评论说："相如一奋其气，威信敌国，退而让颇，名重太山，其处智勇，可谓兼之矣！"对于这些评论，余老师希望带领学生得出一个相对合理的结论："司马迁赞美蔺相如，更多的是站在自我实现的角度，而司马光他们的贬低，则更多的是站在国家和集团利益的角度；蔺相如是个追求功名的战国士子，他在谋求赵国利益的同时也在谋求个人的功名。"

(三) 通过单元整体教学体现教师思维品质的系统性

课标倡导的单元整体教学对教师教材分析的系统性提出了更高要求。教师只有在对教材进行全面系统的深度设计后，才能实施单元教学。某初中数学教师在单元规划表中对教材的分析中这样写道：

初中阶段图形与几何领域包括"图形的性质""图形的变化"和"图形与坐标"三个主题，学生将进一步学习点、线、面、角、三角形、多边形和圆等几何图形，从演绎证明、运动变化、量化分析三个方面研究这些图形的基本性质和相互关系。"图形的性质"强调通过实验探究、直观发现、推理论证来研究图形，在用几何直观理解几何基本事实的基础上，从基本事实出发指导图形的几何性质和定理，理解和掌握尺规作图的基本原理和方法。"图形的变化"强调从运动变化的观点来研究图形，理解图形在轴对称、旋转和平移时的变化规律与变化中的不变量；"图形与坐标"强调数形结合，用代数方法研究图形，在平面直角坐标系中用坐标表示图形上点的位置。用坐标法分析和解决实际问题，这样的学习过程，有助于学生在空间观念的基础上进一步提升推理能力。

从上面这段材料中，我们可以看出这位老师首先分析本单元在整个课程中的地位、作用，从最基础的点、线、面等几何元素学习，到数形结合，用代数方法研究图形，再到培养空间观念的基础上提升推理能力，站在高位系统地分析教材，挖掘教材的科学方法和能力培养，逐步实现思维和能力的进阶。"不谋全局者，不足以谋一域"，只有从全局去谋划，才能使后续的课时规划时也同样是整体中的一部分，整个单元设计具有系统性。

（四）通过学科融合体现教师思维品质的创造性

《义务教育英语课程标准》对教材编写的建议中明确指出：英语教材既要确保学生通过英语课程的学习掌握本课程规定的内容，又要具有适度的开放性。❶ 教材编写时具有适度的开放性，为教师创造性分析使用教材预留了空间，也为教师接触新的教学理念与方法提供了先决条件。新课程改革背景下鼓励教师探索跨学科教学、学科融合等教学方式，这需要教师从教材分析入手，运用创造性思维，找到课程之间的承载点和学科之间的关联。

以某初中的一堂英语与心理的跨学科课的教材分析为例，两门学科的教师通过对教学大纲、教材、学情等的分析，将适合初三学生认知和能力水平的心理学活动和理论用在英语课堂上，创造性实现跨学科融合。我们

---

❶ 中华人民共和国教育部.普通高中英语课程标准[M].北京:北京师范大学出版社,2022:71.

来看这两位教师的教材分析：在了解和分析榜样姚明之后，学生深刻认识到榜样的成功也经历了困难和挑战，教师引导学生反思处于初三阶段所面临的挑战和困难，认识自己的状态和问题并接纳"高原期"的状况，根据自己的情况，学习科学的纾解方法和调整途径，正确面对初三阶段的状态和困难，汲取榜样力量，赋能初三学习。

正是因为这两位教师拥有创造性思维，在分析教材时结合学情，找到英语和心理学科在这堂课上的关联点：自从进入初三，学生有了很大的心理压力，压力来源于每天大密度的课程安排和学习任务。部分孩子由于时间分配不合理，学习方法不得当等问题，出现了焦虑、烦躁的情绪，甚至有放弃、否定自己的念头。本单元的主题是"榜样"，正好借此机会为学生树立效仿的榜样。学生遇到问题，可以求助于心理老师，请老师从更专业的角度，帮助理解当下的状况，并汲取榜样的力量，赋能初三学习。这两位教师创造性地分析教材，有助于实现学科育人的目标。

第二节　教学设计中的教师思维品质 *

一、教学设计中教师思维品质的常见问题 **

《义务教育阶段英语课程标准（2022 年版）》（以下简称为《英语新课标》）对思维品质进行了明确定义，并对各个学段提出了具体的培养要求。这就意味着广大教师需关注教学中思维品质的设计与实施，提高自己的专业水平，进而提高学生的核心素养。笔者试图以英语学科为例，对思维品质、教师思维品质的内涵展开讨论，剖析教学设计中教师思维品质存在的常见问题。

（一）内涵

1. 思维品质的内涵

《英语新课标》中，将思维品质定义为"思维品质指人的思维个性特

＊　作者:张静、李亚然。

＊＊　作者:张静。

征，反映学生在理解、分析、比较、推断、批判、评价、创造等方面的层次和水平。思维品质的提升有助于学生学会发现问题、分析问题和解决问题，对事物作出正确的价值判断"❶。《英语新课标》将思维品质目标划分为"观察与辨析""归纳与推断""批判与创新"❷。

2. 教师思维品质的内涵

教师行为差异是教学质量差异的一个关键因素，而导致这种差异的根本原因是彼此之间存在差异的思维特点和倾向，即教师思维品质。❸ 教师思维影响和制约着教师的专业能力及专业行为。从教师思维的角度出发，我们可以探索一些途径来改进教师的行为，促进他们的专业发展，并最终促进学生的发展。

（二）教学设计中教师思维品质的常见问题

近年来，培养思维品质已经成为语言教学中备受关注的重要议题。新课标也提出："在语言学习中发展思维，在思维发展中推进语言学习。"❹ 然而，由于缺乏相关理论和实践指导，教师在实践过程中面临一些难题。例如，传统的教学设计是教师为知识的灌输者，带来的主要问题是"浅""低"和"散"。"浅"是指浅层学习或表层学习，缺少深刻性。"散"是指零散、孤立的知识，缺乏联系与系统性。"低"则表示所获得的大多数知识是下位的概念或观念，缺乏深度和广度。

1. 教学设计缺少深刻性

思维深刻性是指"思维活动的深度、广度和难度以及思维活动的抽象程度和逻辑水平。它集中表现在善于透过现象和外部联系，揭示事物的本质和规律"❺。

---

❶ 中华人民共和国教育部. 义务教育英语课程标准（2022 年版）[M]. 北京：人民教育出版社，2022：5.

❷ 中华人民共和国教育部. 义务教育英语课程标准（2022 年版）[M]. 北京：人民教育出版社，2022：5.

❸ 傅渊，茶世俊. 教师思维品质的内涵与分析框架初探[J]. 成都师范学院学报，2016（8）：30.

❹ 中华人民共和国教育部. 义务教育英语课程标准（2022 年版）[M]. 北京：人民教育出版社，2022：6.

❺ 张卫星. 题组比较：提高思维深刻性的有效手段——小学数学题组的类型及作用探索[J]. 教学月刊·小学版，2009（7-8）：33.

活动导向的教学设计，形式化问题突出。学生在课堂上表现得非常积极，课堂活动生动有趣。然而，进一步分析发现：很多活动只是基于现象或事实，学生只需表面参与，却并未深度思考。这类活动让学生获得了短暂的体验感和参与感，但这只是暂时的。时间一久，学生可能只会记得自己曾经参与过这些活动，而忘记为什么要这么做。虽然他们也许会学到一些知识、掌握一些技能，但这些收获通常只是在活动中偶然发生，因此获得的知识也具有相当的不确定性。

以小学英语为例，目前教学中普遍存在一个问题：目前的文本理解多停留在表面，无法培养思维能力，学生只是被孤立地灌输知识，缺乏共鸣。要改变这种状况，教师需要引导学生进行多维度、深层次的文本解读，并促进学生与文本的互动。这种解读不仅包含教师的引导，也需要学生在教师的帮助下与文本进行深层的交流，逐步地从"文本在讲什么（What）"到"作者以何种方式表达（How）"，再到"为何要这样表达（Why）"，最终实现"如果是你，你该如何表达"，逐渐提升思维能力。这个过程就是通过精读语篇文本培养学生的思维品质，因此，在教学设计上应该体现如何在语篇教学中引导学生思维能力的发展。

2. 教学设计缺少批判性

批判性是指思维活动中具有独立分析和批判的能力程度，其核心在于思考过程中自我意识的作用，如反思、自我监控、元认知等，可以帮助我们不断提高对客观世界和自身的认识。可以看出，批判性思维是思维能力的重要方面之一。因此，老师应该在教学的各个阶段融入"培养学生批判性思维"的要素，并持续进行自我反思，不断提高自身的批判性思维水平。

在北京版小学英语教材中，以对话教学为主，在对话教学中，提问是一个重要的手段，它可以贯穿整个对话，激发思考，提高理解能力。但是，在实际教学过程中，有时对话主要是以文本为基础展开的，很难实现学生和文本之间的互动。这就需要教师运用"问题链"的方法，引导学生深入挖掘文本的意义。问题链是指，教师根据学生已有的知识和经验，将教材知识转化为有层次、有系统的一系列教学问题，以实现特定的教学目标。在处理对话语篇时，教师应该以"基于文本—深入文本—超越文本"的逻辑形成问题链，引导学生逐步理解对话内容，建立一种批判性思维，积极思考问题、综合分析问题，并提高思维品质。因此，在对话教学中，问题链的设计需要指向思维品质的培养，提供一种由浅入深、逐步理解对话的思维路径，帮助学生提升对话理解的能力和思维品质。

3. 教学设计缺少系统性

系统思维是一种能力，它能够进行逻辑抽象，并被称为整体观念或全局观念。它有助于教师形成全局视野和清晰的思路，既能从整体视角考虑问题，也能从局部视角思考问题，全面考虑事物之间的联系，避免割裂思考。系统思维具有多种特点，如整体性、结构性、立体性、动态性、综合性等。其中，整体性是系统思维基础特征，基于整体与部分之间的辩证关系；结构性是通过创造优化结构来实现系统最佳功能；立体性是将纵向思维和横向思维有机地统一在一起；动态性指随着时间不断变化；综合性是从整体出发，逻辑起点是综合，要贯穿于思维逻辑进程的始终，并通过逐级分析和综合达到总体综合。

大多数教师在组织教学内容时，往往只关注各自所教的单一学科知识，教学重点仍然是零散的知识点。通常情况下，教师会根据考试要求，有针对性地教授相关知识，然而，这样的传授方式导致学生学习到的只是孤立的知识点。许多学生常常"一讲就懂，一做就废"，这表明他们并没有真正掌握所学的知识，缺乏对知识的整体观念，不会将所学的知识提取和应用到实践中。显而易见，教师更倾向于注重陈述型知识，而事实型知识的教授也更为突出。然而，在程序性知识，即关于"为什么"和"怎么做"的知识，在教学方面还需要深入研究。此外，策略性知识，即关于"如何思考和认知"的知识，也经常被忽略。《英语新课标》建议：加强单元整体性。为了加强单元素养立意的教育效果，教师应该紧紧围绕单元主题，在充分挖掘其育人价值的基础上，确立单元的育人目标和教学主线。同时，应当深入解读和分析单元内的各个语篇以及相关教学资源，并结合学生的认知逻辑和生活经验，必要地整合或重组单元内容。

4. 教学设计缺少创造性

创造性是指思维活动的创新精神，具创造性思维者善于创造性地发现问题和解决问题。教育者的思想也应该具备创新的能力。那些具备勇气进行创新的教育者，不会被过去的教学理念、形式和行为束缚，而是愿意颠覆传统，追求创新，勇于尝试新事物。

传统教育把课堂、教师和书本视为中心，严重限制了学生学习的主动性和创造性。这种教学模式存在着严重的弊端：一是严重制约了学生学习主体性的发挥；二是极大地制约了学生个性的发展和拔尖人才的涌现；三是严重压抑了学生的创新意识和创新能力。为了培养学生的创造性思维，教师必须打破常规思维的心理障碍，跳脱过去的定式和限制。如果教师想培养学生的创造性和创作意识，首先要扬弃思维定式，积极肯定学生思维中的合理因素，并给予及时的正面鼓励。评价能力、推理能力和分析能力的核心是创造性思维。思考的过程就是创新的过程，能够促进创新的人通常能够善于发现问题和解决问题，同时也能够提出新颖有价值的想法或解决方案。

总之，近年来，由于缺乏理论和实践的指导，教师的教学设计存在一些问题。随着《英语新课标》的颁布，我们开始探索如何在教学设计中提高教师的思维品质。

二、教学设计中教师思维品质的重要价值*

思维品质反映了每个个体智力或思维水平的差异，主要包括系统性、逻辑性、创造性、灵活性、深刻性和批判性六个方面。完成教学设计是教师必备的技能。设计是人思维的体现，而思维品质的高低决定了教学设计的优劣。科学的教学设计能够积极服务于课堂学习，为实现预期的学习目标奠定坚实的基础。因此，教师在教学设计中体现的思维品质尤为重要。

（一）教师思维的系统性和逻辑性是进行教学设计的前提

教学设计的构建需要教师思维品质具备系统性和逻辑性。《义务教育课程方案（2022年版）》（以下简称《新课标》）在"课程实施"第二条"深化教学改革"中提出："探索大单元教学，积极开展主题化、项目式学习等综合性教学活动，促进学生举一反三、融会贯通，加强知识间的内在联系，促进知识结构化。"从中可以看出《新课标》聚焦核心素养，以学生为中心，倡导单元整体设计。这就需要教师运用系统思维指向概念性理解，运用逻辑思维建构有联系的课程生活。大单元教学指的是以发展学生学科

_____

* 作者：李亚然。

核心素养为追求，运用系统性和逻辑性思维对单元学习内容进行有逻辑联系的整合和组织，设计相应的任务情境，整合相关的学习资源，让学生在经历和完成学习任务的过程中习得知识和技能，并基于知识和技能的运用发展概念性理解，借助大概念的迁移和协同思考发展解决现实问题能力。

单元教学设计的愿景是：清晰的学习目标达成线索；逻辑分明的为落实目标服务的核心任务设计和层次分明的子任务规划；学教评一致性；可以看见如何创造师生共同成长的教室课程生活。因而，在进行单元整体教学设计时，教师要将一个单元的学习内容和学习活动作为一个整体进行系统规划设计，从学习目标的确定与把握、内容的提取与整合、任务情境的设置与开展等方面进行规划。在系统规划教学设计的同时，教师还要注意梳理学习内容和学习目标的内在联系，关注学习目标，精心设计内容学习的先后逻辑顺序，理清板块之间在目标落实上的联系，促进学生在整体性的学习体验中有层次地内化相关知识，习得相应技能，实现深度学习，从而提升综合素养。

系统思维就是把认识对象作为一个完整的系统，从系统和要素、要素和要素、系统和环境等相互联系、相互作用中综合地考察认识对象的一种思维方法。系统思维强调全局观和整体观，为的是能保证具体任务的落实既有全局意识和整体意识的支撑，又能从不同角度进行思考评估并得到保障，还能在各要素的联系和关系的发展中不断修正目标，调整策略和方法，以使目标、任务落实得更好。教学设计是根据教学对象和教学目标，确定合适的教学起点与终点，将教学诸要素有序、优化地安排，形成教学方案的过程。它既是一门运用系统方法科学解决教学问题、对教学行为进行规划的学问，也是指向具体教学活动的一种实践行为。

系统设计原则要求教师在进行单元整体教学设计时，带着明确的目标意识对单元学习活动进行系统性、整体性设计，做到板块与板块之间、活动与活动之间有清晰的关联性和层次性，确保它们形成一个具有内在联系的整体，让学生能够循序渐进地建构整体性的学习体验，从而真正实现对知识和技能的理解和内化，为迁移和创造赋能，为素养发展赋能。系统设计原则下，就单元学习内容而言，不再是单个内容的学习，而是整体内几个有关联的有机组成部分的学习。尤其在学习任务群概念下，属于同一个学习任务群且学习目标具有明显关联性的单元与单元之间，也要系统考虑，精准定位，为学生素养的有序发展进行整体性设计。

逻辑性思维是指将思维内容联结、组织在一起的方式或形式，是教师在进行教学设计时逻辑思维能力的体现，即对事物进行观察、比较、分析、综合、抽象、概括、判断、推理，准确而有条理地表达自己思维过程的能力。部编版小学语文教材采用双线组织单元结构，按照内容主题组织单元，课文大致都能体现相关的主题，形成一条贯穿全套教材的、显性的线索；同时又有另一条线索，即将语文素养的各种基本因素，包括基本的语文知识、必需的语文能力、适当的学习策略和学习习惯，以及写作、口语训练等，分成若干个知识或能力训练的"点"，由浅入深，由易及难，分布或体现在各个单元的课文导引或习题设计之中。每个单元都有单元导语，对本单元主题略加提示，主要指出本单元的学习要点。❶ 因此，教师在进行教学设计时，在关注单元语文要素的同时，既要从本单元课文间的横向关联看，关注单元内各篇文章所承载的不同任务及内在联系，更要从小学各阶段纵向关联看，关注这一语文要素在不同学习阶段的学习具有螺旋或上升、循序渐进的特点。

可见，教师思维品质的系统性和逻辑性是进行教学设计的前提。在遵循系统性和逻辑性前提下教学设计更加符合教学设计框架的整体性，教学设计中的指导思想、教学目标、教学过程等部分要组合成有机整体，不能缺少关联，要相互印证、互为支撑，形成有机整体；教学设计思路逻辑清晰，由浅入深、由易到难，在环节上要先学后用、指导学生自主合作探究学习。

（二）教师思维的创造性和灵活性是规划教学设计的需要

教师要做学生锤炼品格的引路人，做学生学习知识的引路人，做学生创新思维的引路人，做学生奉献祖国的引路人。引导学生创新思维正凸显了对教师思维品质的要求。在教学设计中创造性地灵活使用教材体现在两个方面：一是对教材内容及要素进行新的关联和搭配；二是进行从无到有的创造。

从单元主题、内容、语文要素前后的关联性等方面细致解读，并结合

---

❶ 舒晋瑜.总主编温儒敏谈"部编本"语文教材的新思路[N].中华读书报,2017-09-20(007).

《新课标》判断单元主要所属的学习任务群，确定任务主题、内容重点、学习情境创设和核心学习任务的设计与说明、子任务的分解及说明。每项内容的选择和活动设计，都要聚焦大概念的发现和理解。一定要理解"安排连贯的实践活动"的要义，学生在学科实践活动中建构体验，习得知识和技能，并在知识技能的运用中发展可以迁移的概念性理解。设计过程中，针对学习过程中应该产出的学习产品或学生表现，考虑评价量规或成功标准的设计。这就需要教师创造性地、灵活地使用教材进行教学设计。

创造性原则要求教师在进行单元整体教学设计时，为了促成概念性理解，落实素养目标，不依赖和拘泥于教材单元编排的内容资源，积极发挥教师和学生的创造性，多维度丰富和选择学习资源，突破教室空间，打破学科壁垒，创新学习方式。有了教师自身自主精神和个性精神的张扬，才有学生作为生命个体的独立精神的养成；只有教师自身个性和创造性的发挥，才有学生个性和创造性的生长。教师在进行单元整体教学设计时，只有始终秉承单元整合设计，用实用活教材单元、精心提炼学习目标，创造性地设计学习任务，才能设计出具有整体意识、关联意识、发展意识和创造意识的课堂学习氛围，让学生在每个教材单元的学习中获得沉浸式的学习体验，最终可潜移默化改变着学生的思维方式、习惯和品质，实现学生核心素养的可持续性发展。这是教育教学的最高境界。

（三）教师思维的深刻性和批判性是深度教学设计的关键

优秀的思维，常常表现为深刻，如在智力活动中深入思考问题，善于概括归类，逻辑和抽象思维能力强，善于抓住事物的本质和规律，善于预测事物的发展进程。思维的深刻性表现在能透过表象看本质，能去粗取精，去伪存真，由此及彼，由表及里，抓住事物的本质与内在联系。

例如，部编版五年级上册《慈母情深》一课，选自梁晓声小说《母亲》，是一篇节选课文。一看题目，就知道本文主要表达的是母亲对自己深切无私的关爱，但这份"情深"深到什么程度呢？作者围绕"要钱买书"这件事向读者将这份深情款款道来，以饱含深情的文字抒写母亲如何不遗余力地鼓励他读书。众所周知，小说教学要抓住三要素：情节、环境和人物。在教学环境环节，大家都十分关注厂房的环境："空间非常低矮，低矮得使人感到压抑。不足二百平方米的厂房，四壁潮湿颓败……"这是每位学生都看得到、读得懂的环境描写，但易忽略一个更为重要的是这"工作环境艰辛"的环境描写包含了多少潜台词，这深藏在文字背后的内涵才是真正需要学生去品读鉴赏的。"文字背后"才是思维的深度。

批判性思维是思维中最高级也是最核心的能力。批判性思维的核心技能就是分析、探究、推理和评价，思维品质就是严谨认真、勤学好问、崇尚真理、头脑敏锐和敢于打破常规。教师具有批判性思维，是培养、提升学生思维品质和思维能力的重要条件。作为一名教师，在解读文本进行教学设计时，要善于打破照本宣科的常规，对所教授的内容要有自己的见解和思想。教师在研读《新课标》的基础上，要细读文本并深入思考，以批判性思维为切入口，创设开放、多元、互动的问题来活跃学生思维，引领学生以独立思维的方式，多维联结剖析文本，使学生在文本学习过程中不断突破思维定式，敢于质疑，勇于表达自己的观点和感受，不断有新的发现，让深度学习在课堂上发生。

例如，部编版五年级上册第七单元，是统编版语文五年级上册第七单元，其人文主题是"自然之趣"，从单元导语页，到园地的"交流平台""词句段运用"，再到每篇课文的课后题，不难发现，该单元阅读方面的语文要素就是"初步体会静态描写和动态描写"；单元习作《＿＿即景》是在"初步体会课文中的静态描写和动态描写"的基础上，进行由学到用，由读到写的训练。在本单元的教学中，一是关注语言，发现"这一课"的表达特点，去揣摩，去习得；二是聚焦表达，发掘资源当堂习得。教师必须发掘最有效的教学资源，为学生创设最有利的语言环境，让学生在课堂上及时进行语言的实践，从而习得方法。依据单元的阅读训练要素直指单元写作要素的编排特点，重在训练学生语言文字的运用能力。教师面对这样一个可以读中学写的单元，完全可以打破教学常规，将习作教学前置，从单元导语入手，在明确学习目标后在单元起始，发布《我是小小鉴赏家》学习情境，布置观察，填写观察记录表；让学生带着学习任务开展《古诗三首》《四季之美》的学习，教师发布仿写观察四季动态的景致的任务，要求进行仿写练笔；在学习了《鸟的天堂》《月迹》之后，发布运用动静结合的方法仿写景物的变化的任务，要求写出趣味；最后，落实该单元习作。这样的教学安排，打破了常规的按部就班地按照单元内容安排一篇一篇课文去讲，并将小练笔贯穿于学习课文表达的整个过程中，为习作的某一方面做了铺垫,大大提高了阅读教学中写的密度,更提高了语言文字训练的强度。而且这种小练笔始终紧紧扣在理解课文的内容、思想、情感、体会写法这根线上,为学生习作中要学习运用的表达方法提供了参照和练笔的机会。在这样的单元设计中,教师重整单元教学内容顺序,通过发布任务让学生成为学习的主角,为他们留出充足的独立思考、论证探究的空间。教师的角色,从知识的提供者,变成了方法的指导者。这一变化显然要求教师本身就得具有相当的批判性思维能力。任何一个具有教育理想的教师,都应该将不断提升自己的思辨能力作为终身学习的目标。

三、教学设计中教师思维品质提升的路径[*]

在实际情况中,教师的教学行为之间经常存在差异,尤其是新教师的和专家型教师的。造成这种差异的原因有很多,其中一个重要但常常被忽视的根本原因是教师的思维品质。通过优化思维,教师可以改进自己的教学行为。教学设计作为教学行为的重要一环,成为提升教师思维品质的重点。

以下基于教学设计中教师思维品质的常见问题和重要价值研究的基础,主要探索如何在教学设计中提升教师的思维品质,通过思维方法、思维工具、思维策略来提升教师的思维品质,提高专业水平,以满足学生核心素养发展的需要。

(一)运用思维方法提升思维品质

为了提升思维品质,在教学设计中,教师需要灵活运用不同的思维方法。这些思维方法指的是人们为了达成特定思维目标而使用的途径、手段或方法,也就是思维过程中所用的工具和手段。

为了优化问题设计,针对不同的思维品质,我们可以采取如下措施:教师可以对文本进行解读,利用其包含的表层事实和深层信息,围绕主题设计出层层递进的问题链,引导学生逐步发展思维品质。

在绘本教学中,教师可以根据英语学习活动观的原理,在读前、读中和读后环节设计一系列相互衔接、前后连贯的阅读问题,以达到更好的教

---

[*] 作者:张静。

学效果。教师在读前阶段，可以设计一连串的导入式问题链，帮助学生初步了解绘本内容，并增强学生的阅读兴趣。这些问题通常以封面信息为主，涉及人物、文学要素、作者信息等，可以用它们作为问题设计的来源，引导学生有意识地了解封面信息，并对内容进行更深入的预测。在读中阶段，教师可以设计一系列的探究式问题链，启发学生深入探究绘本情节逻辑，挖掘语篇内在联系。教师依据学生的认知发展，选择针对绘本逻辑关系的层次性问题，帮助学生细致把握细节内容，更好地了解整个情节的发展和内涵。在读后阶段，教师可以设计一系列的反思性问题链，启发学生评价和创新所学内容，培养高阶思维能力。教师利用这些问题，指导学生更好地理解当前所学知识，扩大他们的思维，达到能够将所学知识迁移到其他领域并应用的能力。下面以绘本 *Lost and Found* 为例，阐述问题链的设计（见表2.3）。

表2.3　*Lost and Found* 简案

环节	活动设计	设计意图
读前	Does the girl have a problem? What problem does she have?	通过关注封面信息，猜测主人公遇到的问题，进入绘本情境
读中	What problem does she have? How does she solve the problem?	通过前两幅图的图片及文字信息验证明确主人公遇到的问题，并猜测解决办法
	Should she go outside? Why? Does she make the right decision?	引导学生理解并确定通过待在原地来解决走散问题这一关键的解决办法，并引导学生通过自己的实际生活明确主人公做出的正确决定，同时也为后面学生理解后续的解决办法做好铺垫
	Does the girl find her mom at last? Why does the girl's mom tell her that she did the right thing?	阅读整个故事，验证故事结局。同时通过主人公妈妈的表扬话语说明主人公走散后做的正确决定：待在原地，找安全的陌生人帮忙
读后	What should you do if you get lost in a store? We should learn from the girl.	读后检验学生理解。在复习中引导学生遇到问题要冷静思考，通过做出正确的决定，解决问题

总之，我们需要以主题为引导，并通过学习理解、应用实践和迁移创新等活动来提高思维品质。

（二）运用思维工具提升思维品质

教学设计中，教师可考虑使用可视化思维工具进行教学。可视化思维的概念由刘濯源提出，其定义为用具体的图像、表格等图示工具展现看不见的思维过程和内容。❶采用图示化教学可以培养学生的思维品质，让讲解内容更加直观且容易引起学生的注意。研究表明，视觉记忆更加生动形象，更容易吸引人的注意力。使用画图的方式表现抽象的思维概念，有助于学生理解事物，激发学习兴趣，开拓思维空间，提高高阶思维能力。因此，在小学英语对话教学中，教师应充分应用可视化思维工具，激发学生内在动力，促进思维发展和优化，从而提高课堂教学效率。

在解构文本的过程中，通过图示化手段进行辨析、分类、质疑、反思和评价。这种方法不仅能增强文本解读能力，而且可以有效训练思维的逻辑性和批判性。教师可以利用图表、思维导图等方式来梳理文本结构和语义线索，并通过分层问题提问或追问深层含义。教师引导学生通过分析推断逻辑关系，进行分类和概括，构建新概念或评判思想观点。此外，在板书设计等教学内容中，将逻辑关系等信息转化为图示能加深学生对主题的理解和思考（见图2.5）。图2.5为北京版五年级下册第二单元内容示意，教师将植物各部分的名称以及作用呈现出来，便于学生对植物的理解与表达。这种展现方式培养了学生的发散、联想和逻辑思维方式，提高了他们的认识、理解、记忆和运用能力，提升了思维的逻辑性和灵活性。图示解构是信息转换的重要方法，而信息转换是一种重要的思维能力，英语教学中的语言实践活动也经常涉及信息转换。通过将文本内容转化为图示或将图示内容转化为文本，可以培养学生对可视化信息的理解能力，提升其核心素养中"看"的技能。

常见的"可视化思维"工具包括思维导图、思维地图（如气泡图、树形图、流程图、桥形图等）、图形组织者（如概念图、鱼骨图、循环图、饼图等）、图片、图标、漫画、表格等。❷这些工具能有效帮助学习者整合新

---

❶ 刘濯源.思维可视化:减负增效的新支点[J].中小学管理,2014(6):10-13.
❷ 王琳.思维可视化工具在综合实践主题活动环节中的应用[J].福建教育学院学报,2018(8):105-107.

旧知识，全面了解知识的脉络，并建立新旧知识之间的联系。

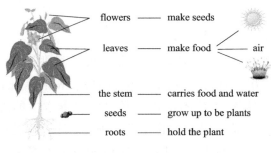

图 2.5　板书设计

（三）运用思维策略提升思维品质

在信息加工过程中，个体会选择一些解决问题的计划和方法，这被称为思维策略。它对问题解决的速度和效率有着直接的影响，而且决定了个人的思维质量。思维策略可以分为通用型和创造性型两种。通用型思维策略是指根据需求和情况选择解决问题的程序、方式和方法。创造性思维策略则是人类独有的心理特性，也是当今教育追求的一项重要目标。

创造性思维的发展受到多种因素的影响，其中最为显著的是惯常定势。很多人在面对外界事物或现实问题时，不假思考地将其归纳进自己已有的思维模式中，沿用既定的思维方式来解决问题。这种惯常定势对于一般性问题处理来说颇具优势，但面对新情况、新问题时则会成为创造性思维的绊脚石。除此之外，从众心理、经验主义等也可能阻碍人们发挥创造性思维。满足现状、思维僵化也会削弱创造性思维的发展。如果一个人只安于现状，缺乏进取心，那他又怎么可能有创造发明的灵感呢？正是不满足于现状，一个人才能不断进步。而思维僵化的人则不愿意接受变化，偏爱固化和墨守成规。这些人会盲目相信书本、权威的说法，不愿多角度、多层次地探讨问题。另外，消极自卑、害怕失败也对创造性思维的发挥带来严重的阻碍。这种心理会让人们不敢尝试新的事物，遇到困难退缩不前，失去了积极向上的动力。

在创造性思维的过程中，涉及六个思维形式的要素，包括发散思维、形象思维、直觉思维、时间逻辑思维、辩证思维和横纵思维。这些要素相互协作，共同构成了创造性思维的核心。❶ 笔者着重探讨在外语教学中如何培养发散、形象、直觉思维。

在英语教学中，为开展发散思维训练，教师常采用美国奥斯本于1953年提出的头脑风暴法，以帮助学生迅速打开思维。❷ 教师还可设计一些任务，如创编对话、改编故事、为故事续结尾等，以激发学生的创造力和想象力。学生可根据阅读材料进行情节补充或创编训练发散思维。如绘本 *Lost and Found* 中，教师提问"What should you do if you get lost in the store?"启发学生思考：自己遇到小女孩的情况，应该怎么做？在创造性想象时，形象思维与直觉思维经常结合在一起，不易分割。形象思维用于反映事物属性，而直觉思维则更侧重于反映事物间的关系。因此，教师在启发学生思考时可以运用图画或视频，引导学生思考"Can you think of a way to solve the problem?"或者让他们根据形象、动作与场景自编台词。这些方法能有效培养学生的形象思维与直觉思维，我们需要在教学实践中进行不断的探索和实践，促进思维品质的提高，推动学生的核心素养落地。

四、教学设计中教师思维品质表现的案例分析 *

教师在思维品质指导下怎样进行单元教学设计呢？

1. 立足单元训练要素，统揽全局，规划顶层设计

《新课标》明确指出：核心素养是学生通过课程学习逐步形成的正确价值观，必备品格和关键能力，是课程育人价值的集中体现。《新课标》还明确指出：语文学习过程中，学生要学会运用多种读书方法，学会初步鉴赏文学作品，感受语言文字的美，感悟作品的思想内涵和艺术价值，能结合自己的经验，理解、欣赏和初步评价语言文字作品，丰富自己的情感体验和精神世界，能借助不同媒介表达自己的见闻和感受，学习发现美、表现美和创造美，形成健康的审美情趣。

统编版五年级上册第七单元是围绕"自然之趣"主题编排的。从单元

❶ 何克抗.创造性思维理论[M].北京:北京师范大学出版社,2000:92.

❷ 何克抗.创造性思维理论[M].北京:北京师范大学出版社,2000:102.

* 作者:李亚然。

导语页，到园地的"交流平台""词句段运用"，再到每篇课文课后题，不难发现，该单元阅读方面的语文要素就是"初步体会静态描写和动态描写"。这次习作是在"初步体会课文中的静态描写和动态描写"的基础上，进行由学到用、由读到写的训练。习作要求学生能够按照一定的顺序，有条理地描写一种自然现象或一处自然景观；通过观察，写出景物的动态变化，使画面更加鲜活。该单元的阅读要素和习作要素紧密相关。基于以上解读，在进行该单元的阅读与习作教学时可以将习作教学前置：首先，学生先由单元导语入手，通读本单元文章，明确本单元学习重点——初步体会课文中的静态描写和动态描写，学习描写景物的变化。可以提出自己不懂的问题，讨论交流。其次，根据习作需要，提前布置观察任务，确定观察对象，做好观察记录。然后，引领学生细读诗文，通过品味文字体会景色之美，悟景中之情，摹表达方法，尝试描写生活中景物的动态变化，实现读写迁移。最后，回顾课文的写作方法，结合观察记录单，理清习作思路，按照一定的顺序有条理地描写景物，完成习作。要注意写出景物的动态变化，使画面更加鲜活。为使学生顺利完成该单元习作，教师将习作内容与要求前置，学生在任务驱动下带着学习任务进入课文，这样阅读教学和习作教学就建立了密切联系，教师创造性地将这个单元习作调整到阅读教学活动，同时在单元学习过程中依据课文表达特点设计小练笔，让学生在进阶式的动静态写法训练中习得方法，获得成长。

2. 贯穿单元训练要素，循序渐进，优化内容设计

有了系统观和逻辑观，教师聚焦单元训练要素确定学习目标后，还要挖掘最有效的教学资源，创造性地整合单元学习内容。这样的单元整体设计体现了语文教学是以听说读写活动为载体的特点，聚焦学生语言文字的运用。一是关注语言，发现"这一课"的表达特点。我们要学会发现每一课的个性，去关注每一课独一无二、与众不同的表达方法，去揣摩，去习得。二是聚焦表达，挖掘资源并当堂习得，让学生切切实实地有所收获，真真正正地提升语文素养。

以部编版四下第四单元为例，单元学习应该如何围绕单元训练要素，循序渐进地呼应学习目标呢？

该单元的人文主题是"动物朋友"，围绕这样的主题编排组织单元学习内容编排了三篇课文，分别是老舍先生的《猫》《母鸡》、丰子恺先生的

《白鹅》，此外在阅读链接中还加入了夏丏尊与周而复先生的《猫》和俄国叶·诺索夫的《白鹅》。选编这三篇课文，不仅仅是为了落实情感价值观教育，更重要的是为了落实具体的阅读训练要素，即"体会作家是如何表达对动物的感情的"。同时，通过对选文描写动物方法的欣赏和学习，应将其转化为自身的表达能力并迁移使用在习作板块"写自己喜欢的动物，试着写出特点"中。为了真正落实学生所学，我们在第四单元还精心设计了小练笔，体会作家语言的精妙及对小动物深切的喜爱之情，为学生写自己喜爱的小动物做语言及情感上的准备。在学习《猫》一文后，我们进行了经典段落仿写；学习《母鸡》一文后，我们为母鸡写了颁奖词；学习《白鹅》一文后练习反语的使用，体会表达效果。小练笔的设计紧紧围绕本单元主题，生发于课文，却为习作的某一方面做了铺垫。小练笔的进行，大大提高了阅读教学中写的密度，更提高了语言文字训练的强度，而且这种练笔始终紧扣在理解课文的内容、思想、情感、体会写法这根线上，为学生习作中要学习运用的表达提供了参照和练笔的机会，把以读促写的价值最大化，是习作教学的"训练营"。

这样的设计紧紧围绕单元训练要素，以创造思维为指导，循序渐进地呼应学习目标，帮助学生从课文中习得表达方法，在小练笔中尝试运用所学，并最终运用到本单元的习作中，创作出自己笔下的小动物形象。

3. 深研单元训练要素，拓展延伸，开展项目式学习

用系统思维来认识一个单元，还会意识到单元内的每一个学习内容都不是孤立的存在。在进行教学设计时，一定要使它们在单元重点学习目标的统领下，建立起相互之间的内在关联，既让目标的达成具有层次性和阶梯性，又使各项具体学习活动形成合力，以有效帮助学生学语言，习方法，练能力，提素养。

2022年4月，教育部发布《新课标》，"项目式学习"成为课程方案中的关键词。那么，到底什么是项目式学习？项目式学习是聚焦学科核心素养，通过项目、主题等结构化的方式组织课程内容，推动教学的深度变革；学生在教师的帮助下，面对来自真实世界的挑战性项目任务，开展一定周期的探究、合作学习，完成项目成果，获得知识、能力、素养的协调发展。项目式学习鼓励学生探究和解决真实的、复杂的问题，并从中获得知识和技能。

　　语文学科中的项目式学习，以问题为驱动，依托单元的"语文要素"，以单元核心知识为抓手，进行单元整合、资源重组、任务设置、活动构建和积极评价设计。在项目实施中，学生潜移默化地将知识在解决实际问题中得到应用，从而促进学生的语言能力、思考能力全面提升。

　　统编五年级上册第六单元内容，这一部分内容以"舐犊情深"为主题，编排了精读课文《慈母情深》《父爱之舟》和略读课文《"精彩极了"和"糟糕透了"》。单元语文要素一是"体会作者描写的场景、细节中蕴含的感情"，二是"用恰当的语言表达自己的看法和感受"。本项目的重点是引导学生品读作者描写的场景、细节，深入体会作者的情感。教学时，鼓励引导学生进行整体感知，联系多个场景、细节来体会人物情感，旨在项目进行中唤醒学生自己的生活经验，引导他们发现和感受生活小事中蕴含的父母之爱，设身处地体会作者的感情，感受舐犊情深，能够联系生活中的类似经历，表达出自己的真情实感。在《我是小诗人——为母亲写诗》这一真实任务的驱动下，学生走进第六单元感受母爱，围绕"爱与责任"在主题情境中受到情感的熏陶。基于"母亲节就要来临了，如果让你向母亲表达爱意，你会怎样做？"这一驱动问题开展文学阅读和创意表达活动，引导学生感受文学之美，表达自己的独特感受，促进学生的精神成长。

　　在完成项目式学习中，我们还可以立足单元学习内容，自主增加一些学生感兴趣、形式多样、贴近生活的设计内容。在该项目学习中，我们采用给诗歌配画、朗诵诗歌、制作电子诗歌集《我手写我心——童心颂母爱》的形式开展活动，培养学生多方面的能力，让单元学习与生活密切联系，扩大了学习的空间，增强了学生学习语文的兴趣。

　　在语文学习视域下，基于单元整体教学理念下的项目式学习代表了教学方式的革新性转变。将项目式学习运用到小学语文的单元整合教学中，学生在项目任务的驱动下自主合作探究，充分发挥了学生学习的主观能动性和创造才能，让学习回归到最根本的以"学"为中心、关注学的全过程，注重知识、能力、品质和迁移，关注对真正学习的理解，直指核心素养的培养，让学习迈向深入。

　　总之，教师在教学设计中展现的思维品质使教学设计从整体出发，在关注全局的同时，聚焦和理清各学习内容和训练要素之间的逻辑关系，充分挖掘教材内容，优化教学设计，为学生有效学习提供有力保障。

第三节　教学实施中的教师思维品质 *

一、教学实施中教师思维品质的常见问题 **

　　教师的教学实施是教材分析、教学设计的最终出口，教师在课堂上组织教学的行为影响学生思维能力的形成与发展，学生的思维品质在很大程度上取决于教学实施过程中教师思维品质的引领，思维品质平庸的老师不可能将学生培养成思维高手。思维平庸的教师在教学实施中无法激发学生的学习兴趣，无力引领学生感受学科思维之美，无力让学生沐浴学科精神、思想与方法，相当多的学生因为教师思维的平淡表现而对学习失去兴趣，甚至讨厌该学科。当前的课堂教学实施中仍存在诸多问题，课堂中的思维含量较低，学生的思维无法得到有效的启发和训练，造成学生成为考试的机器，只会解决知识性、基础性的问题，对于新情境下的真实问题往往束手无策，更不要提创新思维的发展了。

　　具体来说，目前教学实施中存在的教师思维品质问题有以下几大类。

（一）教学实施中教师思维品质缺乏创新性

　　创新性为改进或创造新的事物、方法、元素、路径、环境，并能获得一定有益效果的能力。❶

　　教师思维品质缺乏创新性体现在部分老师习惯于遵循已有经验完成教学。经验像一把双刃剑，它既可以让教师快速完成教学内容，少走弯路，又将教师囿于习惯中，形成了思维的固有模式，不能根据时代、国家、社会对教育的新要求及时做出调整，跟上改革的步伐，培养适应新时代的人才。

　　1. 教师思维品质缺乏创新性表现在以经验而非理性进行课堂教学

　　在实践中多数教师面对相同的教材、相似的学生，在教学实施中依靠

---

　　* 　作者：张磊、任晓庆。

　　** 　作者：任晓庆。

　　❶ 　李攀，宣峰，王强.科研项目创新性定义与类型分析[J].科技管理研究,2022,42
(12):158-162.

惯性在前进，形成了一套"有效"的"屡试不爽"的经验体系，在课堂中不再进行理性思考，课上的主要任务是将已有的固化的知识一股脑倾倒给学生。这样的课堂教学学生不是课堂的主体，忽视了学生作为课堂主体的地位，教师不重视学生"如何学"的能力的建立过程，不关注学生学情的变化、社会的变化，不关注知识的与时俱进。长此以往，教师的创造性消失殆尽，本应富含挑战、充满乐趣、闪烁着思维光芒的课堂变得平淡无奇甚至呆板乏味。

2. 教师思维品质缺乏创新性表现在教条化地信奉他人经验进行课堂教学

对权威或优秀教师的经验、做法，大部分老师过分信服与依赖，在教学实施中绝对服从，对教育理念进行机械化地运用，缺乏校本化的过程，没有理性的思考和具体的分析。当然这种做法失去了对经验的理性改造与提升的可能性，丧失了提炼出更高理论高度的成果的机会。

如应试仍是当前教育教学中无法回避的现实问题，许多教师仍以考试为教学指南，只关注考什么，考什么就教什么，不考就不教。这种指导思想无形中决定了教师只重结果、不重过程的教学方式。教材中的推导、探究等有思维含量的活动，有些教师担心学生无法完成，考试也不一定会考，于是就放弃了这些重要的思维训练过程，更不要提在教材的基础上拓展新的情境，加强学生对知识的应用、迁移了。重结果轻过程的教师在课堂中采取的教学方式是满堂灌，认为课上传授给学生的内容越多，学生收获就越大，教学就越有成效。这样的课堂讲授多、活动少，记忆多、思考少，课堂上教师首先关注的即为知识是否完全讲授完成，而没有关注学生思维是否得到了锻炼和提升。没有思维参与的知识是没有内核的，失去了它本该有的光芒，无法激发学生的学习兴趣、探究兴趣，只能使学生一步步沦为机械记忆知识的工具。在课堂实施中，教师只有通过创设情境、问题抢答、逆向辩论、独特表达、一题多解等方法，充分调动学生学习的主动性，运用定义、类比、归纳、演绎、推理等思维方式开展训练，让学生在课堂上充分发表自己的观点，才能使学生的思想不受条条框框的限制，迸发出创造性思维的火花。

（二）教学实施中教师思维品质缺乏灵活性

在教学实施中，部分教师过度追求确定性，思维品质缺乏灵活性。确定性是指过于强调事物的内在规律与本质而追求事物的有序性、可预设性与可控制性。教师过于追求确定性似乎合乎教学的一般原则，即教学实施与教学目标相一致，在课堂上需要完成相应的教学内容，达到预期的教学目标。但这样的思维方式会禁锢课堂实施的过程，使教师被"既定性"的教学目标束缚，教学更加趋向于模式化。教师对教学实施的每一个步骤都进行了严格的设计，但教师往往难以预设学生的反馈，因此教师为了推进自己的"预设"，经常忽视学生课堂生成性的反馈，这可能会严重打击学生的积极性与思维的活跃程度。

教学思维缺乏灵活性是教师过度遵从与恪守先前存在的教学目标、教学环节，忽视了教学过程的动态性、创生性、可变性，具体体现在以下两个方面。

1. 教学实施中教师思维品质缺乏灵活性体现为教学目标的机械化

教学目标的机械化，是指教师在教学过程中机械化地理解了教学目标的价值和意义。教师将教学目标当作神圣不可更改的教学终点，在教学实施过程中一旦出现"意外"，如教学过程、资源、学生的反馈与预设有出入时，教师为了达到预期的教学目标，往往要么生硬地将教学流程拉回预先设计好的轨道上来，要么放任不管，忽略课堂上生成的有价值的事件。这两种做法都体现出教师对教学目标的机械化理解，缺乏处理的灵活性。

教学目标不是一成不变的，教学实施也是无法百分之百预设的，那么如何处理教学目标的既定性与教学实施的可变性之间的矛盾呢？教师不要错误地理解教学目标的定义，它不是战术上给予的指导和规范，而是战略上指明的教学实施的方向和性质。教学实施是实践的过程，实践中必然会出现各种变数，不可能完全按照预设进行。在教学目标的指引下，教学实施的过程可能完成了全部既定的教学目标，也有可能完成了部分教学目标，也可能超额完成了教学目标，学生获得了预设目标之外的成长。因此教师只有认同教学实施的生成性、可变性，将学生看成生成性的存在，允许教学实施中的意外存在，把教学目标设置为生成性的，才有可能在教学实施中与学生发生真正的互动，激发出学生的创造性改变。

2. 教学实施中教师思维品质缺乏灵活性体现为教学流程的模式化

教学流程的模式化体现为教学实施中的流程化、僵硬化，失去了教学过程的动态性、丰富性、灵动性和创造性。如某一学科的老师在进行某一课型的授课中，一味追求程式化，采用不变的教学环节如引入、探究、总结、练习，在不同班级面对不同学情的学生仍然采取相似的教学方法、资源、情境，甚至课堂语言、提问方式都保持不变。同时，教师追求教学过程的一成不变，完全按照教学设计推进。正如叶澜教授对这种现象的经典描述，"教师的教和学生的学在课堂上最理想的进程是完成教案，而不是'节外生枝'，教师期待的是学生按教案设想回答，若不，就努力引导，直到达到预定答案为止"❶。这样的操作扼杀了教学的不确定性，学生是灵动的，课堂应该是开放的，教学实施中的"差池"是学生思维不断发展的过程，缺少灵活性的做法将禁锢学生的思维，使学生丧失本有的批判性、想象力和创造性。

（三）教学实施中教师思维品质缺乏深刻性

思维的深刻性也称为抽象逻辑性，即在感性材料的基础上，经过思维过程，去粗取精、去伪存真，由此及彼、由表及里，在人脑中生成一个认识过程的突变，产生概括。概括有助于抓住事物的本质、全体，以及事物间的内在联系，帮助人认识事物的规律性。

教师思维品质中缺乏深刻性是指教师在教学实施中思维片面化、低层次性。主要表现在以下两个方面。

1. 教学实施中教师思维品质缺乏深刻性表现为线性思维

教师在教学实施中的思维表现为线性思维，就是一味强调事物的存在与发展的因果性，结果与原因是简单的线性关系，而看不到知识、品德、性格、能力、纪律等各种因素在教学实施中发挥的作用，忽略了多种因素之间的多面性、联系性、系统性共同决定了教学实施的结果，忽略了学生的个体差异，忽略了学生在知识、能力、情感、精神、心理等方面发展的需求，取而代之的是简单的训练、重复、灌输、控制甚至是惩罚，这样的教学实施过程势必是单一的、枯燥的、没有灵魂的。

2. 教学实施中教师思维品质缺乏深刻性表现为表层思维

教师在教学实施中的思维表现为表层思维，浅尝辄止，不能抓住教学实施中的关键问题，把握不住实质，对于深层次的培养能力的内容挖掘不出来，不能促进学生的深层次的发展。教师思维品质中的深刻性决定教学

❶ 叶澜."新基础教育"探索性研究报告集［M］.上海：三联书店,1999：23.

实施的深度及效果。这样的思维方式削弱了教师的问题意识，限制了教师研究问题、剖析问题、解决问题的能力，教学实施中教师无法有效地解决教育问题，阻碍了教学质量的有效提升和教育改革的深入推进。

（四）教学实施中教师思维品质缺乏系统性

思维品质的系统性即对零散的外部性知识，按照一定的分类原则和逻辑关系，进行重新梳理、选择和建构。教学实施中教师思维品质的系统性要求教师在课堂实施中兼顾整体性与层次性。它帮助教师从大局上把握教学实施进程，拥有清晰的逻辑主线与思路，同时又能以局部的视角关注课堂实施中的细节，充分考虑课堂实施中整体与局部之间的关系，不割裂地看待单个教学环节或单个学生的表现。只有具备了思维品质的系统性，教师在课堂实施中才能更精准地把握课堂的各个环节，做到游刃有余。教学实施中教师思维品质缺乏系统性表现在将教学实施过程中的开放性、灵活性理解为增加一些一题多解的题目、贯穿一些真实的生活场景、增加一些学生活动，没有掌握教学实施的整体性与本质，认为集全了所有的元素即完成教学的整体设计。教学实施中教师思维品质缺乏系统性还表现在过分关注个别环节和个别学生，深挖细抠所有的教学细节，使整个教学失去重心，失去了对课堂的整体把握。

二、教学实施中教师思维品质的重要价值*

课堂教学质量和教学实施密切相关，而教师的思维品质直接影响教师的语言、行动、习惯、性格。教学实施的质量取决于教师的思维品质，教学实施中教师思维品质的价值主要表现在以下几个方面。

（一）教师思维的广阔性品质有利于教师全面把握教学实施

思维的广阔性指的是对一个问题能从多方面考虑，对一个对象能从多种角度观察。[1] 教师的思维广阔性，往往表现在其具有较丰富的知识，这就为教师钻研教材，掌握相关的教学资料提供了有利条件，因此一个教师博

---

* 作者：张磊。

[1] 杨莹莹.中小学教师思维及其形成研究[D].武汉：华中师范大学，2019：36-39.

览群书，以人类创造的精神财富丰富自己，是实施教学活动的基础。一个教师的专业知识既要扎扎实实、系统完整，又要有一定的深度，而对一般知识的掌握主要在于广泛。随着科学技术的发展，新的学科不断诞生，学科互相渗透融合的趋势日益明显。一个教师应具备更为宽广的且与本专业密切相关的各门学科的知识，及时汲取当代科技发展的最新知识，并有机地反映在教学实施中，使自己的知识结构不断更新。教师在教学实施过程中教师思维的广阔性也有助于其站在宏观角度去总览教学内容，围绕知识点出发，寻找不同知识体系之间的衔接点、关联点，帮助学生利用迁移能力掌握新知的同时，也能够系统地梳理知识框架，使学生对教学内容的把握更具层次也更加清晰。同时，教师思维的广阔性，还决定其教学实施活动的设计是否合理，对知识点的介绍是否详细，甚至对于学生个性化发展的需要，也要一并考虑进来。

例如，数学教师任老师设计的《反比例函数的图像和性质》一课呈现了富有"数学味道"的课堂。反比例函数是初中阶段继一次函数和二次函数之后学习的第三个具体的函数，第一课时通过具体事例抽象出反比例函数的概念，本节课是反比例函数的第二课时，主要研究反比例函数的图像和性质，任老师的教学计划是完成反比例函数的增减性和反比例函数图像在平面直角坐标系中的分布的教学。但是在实际教学实践过程中，任老师随着学生的思维生成了很多教学计划之外的内容，任老师顺势将第二课时与第三课时进行了整合，形成了一个小模块中的"大单元"教学效果，让学生是课堂的主体主导课堂的发展，积极赋予更具"数学味道"的课堂。① "数学味道I" ——变化与对应。对函数的研究本质上就是对变量与变量之间对应关系的研究，在课堂教学过程中，任老师提出 4 个问题。问题 1：自变量 x 的取值范围是什么？问题 2：因变量 y 的取值范围是什么？问题 3：因变量 y 随着自变量 x 的变化发生了怎样的变化？问题 4：你还有什么其他发现？在课堂实践过程中，学生对"问题 1"掌握的比较好，但是对"问题 2"和"问题 3"很多学生不能确定结论或者不能合理解释得出结论的原因。根据学生回答问题的情况来看，大多数学生遇到的主要问题是没有意识到变量之间对应关系的重要性，即从反比例函数的表达式分析解决问题。因此教学过程着力此难点，在课堂总结环节，任老师进一步强调变量之间对应关系的重要性，逐步提升学生研究函数的能力与素养。② "数学味道II" ——数是本质，形是结果。在原有的学习经历过程中，学生用函数图像解决函数问题具有一定的优越性，因此学生误以为研究新函数时要从函数图像入手，用图象的直观性代替对变量之间对应关系的探究。本节课部分学生基于画出的函数图像的示意图提出猜想：反比例函数的图像既是中心对称图形也是轴对称图形，但是无法解释原因或者通过几对特殊点进行解释，反映了学生缺乏从特殊到一般的意识，以及认识问题的片面性。在课堂实践过程中，任老师通过问题引导推动学生分析问题、解决问题、归纳方法；进一步强调函数的本质是变量之间的对应关系，函数图像是事实，是对应关系的另一种展示形式，通过图象可以加深对函数的认识和数学抽象的核心素养。

(二) 教师思维的深刻性品质有利于教师精确地落实教学实施

思维的深刻性是指在思维过程中善于深入地钻研问题，善于从纷繁复杂的表面现象中抓住事物的本质和核心。学科知识一般具有较强的综合性，因此教师在教学实施过程中能否有效地抓住知识核心，并掌握知识的规律，对于学生建立系统的知识结构有着直接影响作用，而这取决于教师思维的深刻性。因此，教师在教学实施的过程中，要深入理解教材，并灵活地使用教辅材料丰富知识结构，从而精准地将学科知识的本质在教学过程中呈现出来，挖掘深层次的有利于培养能力的内容，使学生能够准确地抓住知识特征促进学生的发展。除此之外，教师还要考虑到学生的真实学习情况，将教学过程中的重难点知识罗列出来，以免教学过程中出现疏漏。

(1) 教师要有刨根问底的精神，要知道数学概念的由来及渊源，要注重数学概念的本源分析、应用分析。每一个概念的产生都有丰富的知识背景，由于概念本身具有严密性、抽象性及明确规定性，教师不仅要洞悉概念的内涵、外延，还要对为何要以此为名、为何要用这样的符号做考究。对任何细节教师都要鼓励学生追根溯源，凡事都去问为什么，寻找它与其他事务之间的联系。

在数学概念课的教学实施中，教师思维的深刻性就尤为重要。例如，数学教师张老师在为学生讲解《函数的奇偶性》一课时，通过任务一发现某些函数在定义域范围内，当自变量互为相反数时，其对应的函数值相等或者相反。课堂还融入数学史 [我们发现这样的性质与函数 $f(x)=x^n$ 中指数

n 的奇偶性有关]。1727 年，瑞士著名数学家欧拉首次把具有以上特征的函数命名为偶函数或者奇函数。其名称源于幂函数指数的奇偶性，后来数学家们又将奇函数、偶函数的概念推广到代数函数和超越函数，初步得出奇函数和偶函数的概念。张老师通过任务二请学生判断函数 $f(x) = x^2, x \in [-2,3)$ 是奇函数还是偶函数。深化对奇偶性概念的理解，强调函数具有奇偶性的前提条件是定义域关于原点对称。进一步完善概念，同时总结得出判断函数奇偶性的一般步骤。通过任务二的探究，归纳出以函数的奇偶性为标准的函数分类。由学生总结表达，教师引导补充，观察学生数学表达和归纳能力的表现。张老师通过任务三让学生从"形"的角度，再次理解、认识函数的奇偶性，从点坐标的角度探究图形的对称性。最终实现了从"数"与"形"两个方面来加深对函数奇偶性本质的认识。张老师通过学生完成任务一和任务二，检测学生是否掌握本节课的基础知识和基本技能。张老师在整个教学实施中关注学生本身，明确学习数学正确的方法是由学生本人，通过数学思维把要学习的知识发现或"创造"出来；张老师引导和帮助学生去进行这种"再发现""再创造"的工作。张老师的设计更重视帮助学生充分感受和理解函数奇偶性概念的来龙去脉，将数学史融入教学，以函数求值作为教学起点，使学生通过自主、合作、探究的学习方式，经历函数奇偶性概念发生、发展的过程，引导学生从代数角度来分析图像背后隐藏的代数性质，从而深入把握函数奇偶性概念的内涵、外延和价值，着力于培养学生的探索意识和创新精神。

（2）教师要有严谨的治学态度。数学概念是严谨的，在讲解时要精确，如有的学生对"公共点"与"交点"概念混淆，交点一定是公共点但公共点不一定是交点。

（3）教师要对概念教学有正确的认识。在教学中，教师要让学生明确在解题过程中正确的思路恰恰是来源于正确的概念理解，强调概念理解的重要性。例如，在《正多边形与圆》的教学实践过程中，学生如果对正多边形的有关概念掌握得比较好，就可以在图形中用相应的点和线段表示正多边形的中心、半径、中心角、边心距。

（4）教师在进行概念教学时要有足够的耐心，要注意深入分析影响数学概念教学的主要因素，认识到学生对新知识的接受水平是参差不齐的，同时学生获得概念的能力会随智力的发展、经验的增加而发展。研究表明，就智力与经验对概念学习的影响程度来看，经验的作用更大，丰富的经验背景是理解概念本质的前提。这里的"经验"，学生除了从学校学习中获得以外，从日常生活中获得的经验也起到非常重要的作用。因此，教师应注意指导学生从自己的日常生活中积累有利于概念学习的经验，同时又要注意利用日常经验为概念教学服务。例如，数学教师任老师设计的探究内容，在超市或者商场里，几乎所有品牌的饮料瓶子都是圆柱体或圆柱体的变形体，为什么要这样设计呢？为什么不设计成长方体呢？你知道其中的原因吗？生活中，很多问题都和数学息息相关，饮料瓶是学生最熟悉的物品，该问题能充分激发学生的学习热情。在问题解决的过程中，任老师逐步提升学生分析问题和解决问题的能力，增强学数学、用数学的意识。

（三）教师思维的灵活性品质有利于教师博采众长、优化教学实施

思维的灵活性是指善于打破陈规，不断地修正思维的方法和思维的成果。如果教师的思维灵活，就能从众多的教学方法中，取其精要，触类旁通，根据教学内容的特点和学生实际，对各种教法进行优化组合，设计出最佳教学方案。在教学实施过程中，教师可能会预料到发生的问题，但很难预料到问题的具体呈现方式，因此教师灵活性的思维品质尤为重要。

（四）教师思维的创造性品质有利于教师教学实施中教法别致，推陈出新

思维的创造性是智力的高级表现，它是在新情况或困难面前采取对策，在独特地和新颖地解决问题的过程中表现出来的智力品质。高质量的教学实施自然不能离开教师的创造性思维。这种思维品质能促使教师突破常规的做法，求异求新，有创见地分析处理教材，调查学生学习的现象，设计出异于别人的教学实施方案。

其主要表现在以下几个方面。

（1）创造性地使用教材，既遵循于教材，又不囿于教材；既要凭借教材，又要跳出教材。创造性地使用教材，要求教师在充分了解和把握学科课程标准、学科特点、教学目标、教材编写意图的基础上，以教材为载体，灵活有效地组织教学，拓展课堂教学空间。

（2）注重动手操作能力。学生的学习只有通过自身的操作活动和再现创造性的"做"才可能是有效的。操作是创新思维方式产生的有效形式。

新课程标准要求教学活动基于学生的直接经验，强调让学生亲身经历、动手去做，使学生在各种活动中获得对于实际的真实感受。这种内心感受是学生形成认识、转化行为能力的原动力，也是他们的情感、态度、价值观健康发展的基础。学生的经历和体验是无人可替代的，教师应该做的是引导学生在活动中创造知识、完善认识。只有通过自己的再创造活动而获得的知识，才能被真正掌握和灵活运用。

（3）思维从问题开始，有问题才有思考。教学实施中教师要有意识地鼓励学生自主质疑，去发现问题，大胆发问；在课堂教学中创设问题情境，让学生由过去的机械接受向主动探索发展，培养发散思维，不依常规，寻求变异，对给出的材料、信息从不同角度，向不同方向、用不同方法和途径进行分析和解决问题，培养学生的创造性思维，激发学生的学习兴趣。

例如，数学张老师设计《排列组合的实际应用之彩票问题》的任务三环节，配合学校读书节活动，扩充学生阅读资料。

现发售一款福利彩票，募集资金。发售规则：①实行自愿购买。凡购彩票者均被视为同意并遵守本规则。②12选6。是指从1~12共12个号码中选取6个号码进行投注，一组6个号码的组合称为一注，每注金额人民币2元。每个投注号只有一次中奖机会，不兼中兼得（取大优先）。购买者可进行多倍投注，投注倍数范围为2~10倍。③设奖。一等奖：单注奖金固定值为800元。二等奖：单注奖金固定值为30元。④中奖。一等奖：投注号码与开奖号码全部相同，即中奖；二等奖：投注号码与开奖号码任意5个相同，即中奖；利用在线随机数生成器现场生成中奖号码，电脑屏幕显示，当堂展示中奖和所得。⑤模拟：每人填写手中彩票，最多填10组不同的号，每注号可以多倍购买，每人总金额限购100元。问题1：买的越多中奖的可能性越大？如果买2个不同的号码，中一等奖的可能性是多少？问题2：全买是否可行？问题3：在保持可选数码个数不变的情况下，是否一定要选的数码个数越少，一张彩票的中奖概率越高？能否用我们所学解释呢？

通过彩票模拟，让学生亲身感受相关全过程，给学生更形象、直观、生动的感知。学生利用所学知识，对彩票的原理进一步分析，切身感受数学源于生活并应用于生活，同时建构出本阶段内容的知识结构图。

三、教学实施中教师思维品质提升的路径*

教师思维发展对学生思维品质发展具有推动作用。为了改变课堂教学模式一成不变的现状，教师需要努力提升思维品质，在提高自我的同时，将理论付诸实践，为学生带来更好的学习体验。❶

（一）教学实施中运用思维方法提升教师思维品质

1. 合理利用以反思与抽象为主的思维方法

优秀思维的形成是一个持之以恒、不断反思提升的过程，在反思中教学，在反思中思维，这是教师提高教学水平的一个有效途径。顽固的内隐理论是教学实施效果难以提高的一个重要原因，在很大程度上影响了教学行为，教师在教学中不断机械性地重复，没有提升和发展。在教学实施中教师应当对各种思维方法具有明晰的认识，把握其中优劣，有选择地综合不同的思维方法。在教学实施过程中，教师可以将预成性思维和生成性思维相结合，利用反思思维不断地对自己进行审视、质疑与挑战。例如，在教学实施中要反思课堂教学的核心是什么，试图传递给学生的是什么，以及如何传递。

抽象思维的过程就是把观察到的、粗糙的或者凭肉眼即能看到的事实分解成大量的不能直接感觉到的更为精细的过程。抽象思维可以帮助教师在教学实施中把思想从固定化的思维框架中解放出来，做到从实际操作到概念化认识的细致理解，进而对理论抽丝剥茧，进行逻辑上的推理与论证。例如，数学老师任老师在《反比例函数的图像和性质》教学实施过程中，首先，针对情境中的问题进行多角度分析，筛选出解决此问题的相关理论；其次，教学实施中根据具体情境做出协调，计划出行动方案并给出尝试；再次，在尝试后需要列举方案与实际落实情况中的偏差及新出现的问题，重新进到发散思维中进行新一轮的循环改进，不断建构对问题的理解，在多次循环下将原有的理论聚合成个体的认知；最后，带着新的认知再次进行教学实施，在循环往复中总结规律，抽象提炼，排除不相干的因素，归纳总结出属于教师个

---

* 作者:张磊。

❶ 汪欣月,赵明洁.教师思维的科学品质及提升策略[J].教育探索,2022(9):71-74.

体的创新理论。如问题2中反比例函数表达式 $y = \dfrac{6}{x}$ 的右边是分式 $\dfrac{6}{x}$ ，因为自变量 $x \neq 0$ ，所以分式 $\dfrac{6}{x} \neq 0$ ，因此因变量 $y \neq 0$ ；亦可从乘法运算的角度分析，因为反比例函数表达式为 $xy = 6$ ，自变量 x 与因变量 y 的乘积不为0，因此因变量 $y \neq 0$ 。

2. 综合运用观察、比较、分析、抽象、概括的思维方法

杜威认为思维共有五个步骤，分别为：感觉到的困难；困难的所在和定义；设想可能的解决办法；通过推理，看哪一个假定能解决这个疑难；通过观察或试验，证实结论是否可信。❶ 对应到教学实施中依据这五个步骤，举例如下：①问题是什么？教师在教学实施中发现学生学习兴趣不高，初步锁定这一问题。②问题到底是什么？对初步锁定的问题予以明确化和具体化：明确对象群体是全体还是部分，具体表现是否受到学科差异、性别差异、成绩高低差异、家庭背景差异等的影响，这就需要运用问卷或者访谈等方法，对上述问题进行全面、细致的调研，然后做出准确的问题描述。③到底为什么？分析产生问题的原因。思维的核心是找到事物之间的联系，尤其是找到真正的原因。④应该怎么办？教师根据问题产生的原因，设想各种可能的解决问题的策略、办法和措施。⑤到底怎么样？对提出的解决问题的措施，需要通过实践进行检验。在解决问题的过程中，教师获得专业成长，增加了教学经验与理性认识。这种思维过程包括了观察、比较、分析、抽象、概括等多种能力的运用。

（二）教学实施中运用思维工具提升教师思维品质

教学实施中为了实现教师思维品质的提升，需要寻找一些指向教育教学规律的思维路径，建构一些稳定可靠的思维范式，配套几套简约清晰的思维方法，这种"随取随用，行之有效"的思维路径、范式和方法即思维工具。❷

（1）思维导图，以系统性思维方法为指导，将无形的思维发散过程以图文并茂的方式生动形象地展现出来，既简单又高效。例如，语文教学实

❶ 杜威.我们怎样思维·经验与教育[M].姜文闵,译.北京:人民教育出版社,2004:18.

❷ 丁连根,张冬香.融合三种"思维"设计高中数学教师个性化教学[J].高中数学教与学,2019(12):36-38.

施中，利用思维导图呈现课文的主要脉络、作者的行文思路，帮助学生整体上、高效地把握学习内容；教师也可以指导学生运用思维导图列出习作提纲，然后根据此进行习作训练。

（2）教学日记，是教学实施的总结，不仅能帮助教师总结教学经验，而且可为今后的教学活动提供实践依据，记录自己处理教材是否妥当，在教学时是否需要调整；教学实施中有哪些未预想到的问题，这些问题是否有价值；学生学习情况的反馈；作业中学生出现的问题或者创造性的发现。

（三）教学实施中运用思维策略提升教师思维品质

在教学实施过程中通过发散机智、变换机智和创优机智提升教师发散思维。

发散机智，可提升发散思维的流畅度。教学过程中教师要对一个问题尽可能多地提出设想、解法途径和答案。例如，数学教学实施中多设置一空多填、一式多变、一题多问、一题多解、多题一法、一题多变的教学活动。变换机智，可提升发散思维的变通性。一般事物的质和量是由多种因素及其相互关系决定的，如改变其中某一因素，或改变因素之间的位置、地位、联想方式，常常可以产生新思路。例如，数学教师要着重分析研究利用变量替换、代数问题几何化、几何问题代数化等的教学实施探究。创优机智，即要求千方百计寻求最优答案以及探索途径，方法要独特，内容要新颖、简化。例如，数学教师在题目分析中注意寻找简便算法、反常规解法以及独特解法。它是不依常规，寻求变异，对给出的材料、信息从不同角度，向不同方向，用不同方法或途径进行分析和解决问题的一种思维方式，是创造性思维的一种主要形式。

四、教学实施中教师思维品质表现的案例分析*

教学实施是教学中至关重要的一环，是在教师与学生、学生与学生的互动中完成的，具有生成性、灵活性，对教师充满了挑战，也是教学活动中最有生机的部分。因此，教学实施中教师对教学活动的统筹、对教学

———————

* 作者:任晓庆。

"意外事件"的处理都是教师思维的创新性、系统性、灵活性及深刻性的体现。

（一）以素养为导向的教学活动设计，体现教师思维的创新性和系统性

郭初阳老师在《狼》一课中的教学活动，不拘泥于传统教学模式，通过提供更具逻辑性的阅读材料，让学生自己讨论，互相启发，提升学生的阅读能力、思辨能力。❶ 蒲松龄的《狼三则》写了关于狼的三则故事，入选教材的这一则揭示了两只狼的"狼子野心"，文中矛盾冲突不断升级，同时伴随着心理过程的变化。郭老师认为这篇文章无论从人物设置还是情节曲折等方面来说都算得上优秀，但是称得上经典吗？教学中，郭老师不局限于这篇文章，还引用了三段材料——伊格尔顿的《文学阅读指南》、纳博科夫论狄更斯《荒凉山庄》的文字片段、《鲁提辖拳打镇关西》的片段，通过一步步深入分析，学生发现《狼》的角色描写还显薄弱。同时，郭老师关注到文学作品中的与现实世界中的狼的差异，在课堂上播放了达奇尔夫妇拍摄的纪录片《与狼同行》，使学生对狼有更客观的认识，引发深思，反思人类对动物的无知与傲慢。郭老师没有照本宣科，按照固有经验，信奉权威对《狼》的解读与理解，将结论全部倾倒给学生，而是创新性地通过上述的互文阅读和视频观赏，不断推动学生的思绪，以刨根问底的思维导向，引导学生辨析文本的高度，质疑主流观点是否符合事实，引导学生提升认知的高度。

同时，郭老师的这节课也体现出了教师思维品质中的系统性。这节课的各个环节之间不是孤立的，而是在指向素养的教学目标指引下的有机体，每一个环节彼此联系，课堂结构背后的逻辑自洽，获得了非常好的教学效果。

（二）通过兼容并包的教学态度处理教学实施中的事件，体现教师思维的灵活性

在学习苏轼的《记承天寺夜游》一课中，当某教师向学生介绍苏轼的生平，说他"最后死于海南岛"时，一位学生站起来打断老师的话："老

---

❶ 汪琼.课堂教学质量取决于教师思维品质——以郭初阳《狼》的教学为例[J].江苏教育研究,2021(11):72-76.

师，苏轼不是死于海南岛，而是死于从海南岛回京城的路途中。"面对学生的打断，教师并没有停下来与学生进行深入交流，而是面露不悦，问道："是吗？""是的，前几天我在网上查到的，他死在常州，那时……"还没等学生说完，教师便打断学生："好，你从网上查找资料，这很好。"接着转向全班同学说："我多次跟大家说过，网络上有很丰富的信息，我们应该善于利用网络来辅助学习。21 世纪是一个信息化的世纪，如不会搜集和利用信息，我们就会落后于时代，就会被时代所淘汰……当然，我一向反对大家玩网络游戏，只会浪费时间耽误学习，没什么意思。希望大家克制自己，科学地利用电脑和网络……"老师突然意识到发言的学生还站着，便压压手示意他坐下。学生悻悻地坐下来，教室里很安静。❶ 这位教师在教学实施中明显缺乏灵活性，没有把学生当作课堂的主体，忽视了课堂的动态性、生成性，而是径直奔向自己预设好的教学目标——介绍苏轼的生平。这样的思维方式阻断了教师与学生进行良性互动、激发学生学习热情的机会。学生提出的观点是教师进行深度教学非常重要的契机，如可引导学生课下进行资料查阅，组织学生交流分享，就会更好地调动学生主动学习的热情，更好地完成"了解苏轼生平"的教学目标。

（三）通过提升专业素养应对教学实施中的"事件"，体现教师思维的深刻性

如在历史课上学习《元的统治》时，有学生提出疑问："既然肯定文天祥抗元的爱国精神，为什么又要肯定元的统一呢？"这个问题体现出一定的思维深度，是非常好的教育契机。教师应该抓住这样的机会提升学生的学科素养，但同时它也对教师的专业背景提出了挑战，有一些教师未必能说得清、理得顺，可是这位教师能运用历史唯物主义观点指导学生如何思考、分析。他指出，元和南宋两个政权冲突的范畴是中华民族内部的矛盾，这样的大视野可帮助学生认识事物的本质；从社会发展规律的角度出发看待元的统一，指的是战争是具有统一手段意义的，有利于社会的发展和民族的融合，因此要肯定元的统一；而文天祥抗元的精神是从南宋这个角度去分析的，他的思想和行为是爱国的，是可歌可颂的。这位教师的史学素养较高，思维深刻，可以深度挖掘教材，满足学生对本质内容的需求。在这

---

❶ 王爱菊."去冲突化"教学及其批判[J].教育学报,2010,6(5):33-42.

位教师的引领下，学生的思维深度得到发展。

第四节　教师评价中的教师思维品质[*]

随着"双减"政策的提出，提升中小学课堂教学质量成为新时期的研究重点。而教学评价作为教育过程的重要组成部分，也成为教学改革的重要内容。"以评促教"和"以评促学"的理念得到学界的认可，通过教学评价提升教育教学质量成为教育界的共识[❶]，教学评价方法和评价维度的科学性都直接影响学习的效果。但在中小学一线教学工作中，教学评价实践与评价理论出现了脱节的现象，例如，没有具体指向的评价方式还局限于简单的课堂提问和纸笔测试，甚至部分教师的教学评价停留在表层执行上，并没有为改进教学做出良好的反馈。导致不同教师之间行为差异的根本原因是存在不同的思维特点和倾向，即教师思维品质。[❷] 本节以教师思维品质为研究视角，基于问卷调查分析教学评价中教师思维品质的问题，阐述教学评价中教师思维品质的重要价值，最后聚焦如何在教学评价中提升教师思维品质的路径和较为详细的方法。

一、教学评价中教师思维品质的问题

为了更加全面客观地了解一线教师的教学评价现状，通过问卷星的形式调查了来自石景山区不同学校、不同学段和不同学科的 35 名教师，结合与身边不同成长阶段教师的沟通和交流，梳理了教学评价中教师的相关问题，并挖掘其背后思维品质所存在的缺陷。

（一）教学评价中思维缺少广阔性

教学评价伴随着整个教学过程，是检验教师教学和学生学习成果的重要工具，评价主体、评价方式和评价内容是否客观全面，会直接影响教学

---

[*] 作者：兰珂、师雪峰。

❶ 包海军.促进深度学习的高中语文课堂评价研究[D].南宁：南宁师范大学,2021：1.

❷ 傅渊,茶世俊.教师思维品质的内涵与分析框架初探——以教师行为差异为逻辑起点[J].成都师范学院学报,2016,32（8）：30-35.

评价的质量。通过问卷数据分析发现，教师在教学评价主体的选择中"教师和学生"占 88% 以上，说明大部分教师已经开始改变单一主体的评价现状，除了自身评价外还关注学生的自评和互评，发挥学生主体地位，但只有 30% 的教师在教学评价时会听取同行、家长或专家的建议。在评价方法的选用上，90% 以上的教师更倾向采用课堂提问、纸笔测试、作业布置等终结性定量方式，观察法、成长记录等定性评价方法使用较少。由此可见，教师在教学评价中存在评价主体单一、评价内容片面、评价方法有限的问题，反映了教学评价中教师更多地考虑问题本身，缺乏思考与问题有关的其他方面。这体现出在教学评价中思维缺少广阔性。

（二）教学评价中思维缺少系统性

教学是由多种因素构成的复杂系统，所以有效的教学评价的对象是整个教学系统的各要素。这就要求开展教学评价活动之前，要综合各要素从多维度构建具有系统评价指标和权重指数的评价量表。通过问卷数据分析发现，57% 以上的教师认为教学评价需要制定详细的评价指标方案，要通过综合各培养目标制订各评价指标权重的评价量表。这说明大部分教师在意识层面上认同系统规划评价指标的重要性，但是在实际开展教学评价时，由于评价指标方案的制订具有很大的难度和挑战性，所以只有 42% 的教师会结合自身学科特点制定详细评价量规，大多数情况都是想到什么做什么，评价行为具有很强的随意性。由此可见，教师在教学评价中存在主观判断、未系统规划教学评价各要素和评价指标的问题。这反映出在教学评价中思维缺乏系统性。

（三）教学评价中思维缺少批判性

教学评价贯穿着整个教学过程，是一项持续性、实践性较强的教学活动。这就要求教师在实践中对典型的实践进行批判性的思考。通过问卷数据分析发现，仅有 28.5% 的教师会经常对自己的教学评价行为进行反思，分析自己在教学评价实践过程中的得与失进而调整改进评价方案。而 48% 的教师认为，教学评价是学校的一项常规任务，只需根据学校制定的评价维度完成相应记录即可，没必要进行反思。由此可见，部分教师在教学评价中不能用联系和发展的眼光，从实际出发客观认识自己教学评价的优点和不足，缺少对教学评价本质的探索和追问。这反映出在教学评价中思维缺乏批判性。

（四）教学评价中思维缺少深刻性

教学评价作为教学的一个有机组成部分，体现了教师的教学思想和教学技能，这就需要教师对于教学评价的目的和价值具有深刻认识。通过问卷数据分析发现，82.86%的教师认为教学评价的主要目的是基于教师视角，诊断学生知识的学习情况、促进教师调整教学行为，有62%的教师认为教学评价会激发学生的学习动力，促进学生的全面发展。由此可见，部分教师对于教学评价目的的认识具有局限性，仅仅关注教学评价对教师主体的作用，甚至将教学评价看作教师工作的硬性要求，难免会走向固化和形式化，而没有立足不同角度从本质上认识到教学的最终指向是学生的全面发展，教学评价是监测和检验学生全面发展的重要工具。这反映出在教学评价中思维缺乏深刻性。

二、教学评价中教师思维品质的重要价值

（一）有利于教师整体设计评价指标，发挥评价的导向功能

综合性和系统性是衡量教学评价质量的重要指标。系统化思维指思维活动的有序程度，主要表现为把事物当作一个系统加以思考，从整体出发，注重从结构和功能的统一性上把握事物的整体效应，注重考察事物整体与局部之间的相互联系、相互作用。

系统化思维能够帮助教师立足整体，着眼全局，从课程目标出发基于不同学段的学科特点，全面考虑评价指标的内容、分布、权重等，详细设计教学行为达成的目标要求；能帮助教师将抽象的理论设想变成可操作的方法步骤，并在整体性评价量表的指引下有序开展整体性、综合性、定量化、精确化的教学活动设计。

（二）有利于教师全面客观了解学情，发挥评价的发展功能

教学是由多种因素构成的复杂系统，教学评价伴随着整个教学过程。作为检验教师教学和学生学习成果的重要工具，评价主体、评价方式和评价内容是否客观、全面，会直接影响教学评价的质量。广阔性思维指个体

对一个问题从多方面考虑，对一个对象从多角度观察，在发现和解决问题的过程中，能广泛联系已有的知识、经验，全面考虑，顾及重要细节，分清主次关系。

这种思维有利于从全面的视角综合考虑，尽可能实现评价主体多元化、评价方法多样化、评价内容多维化。多主体评价能够从不同角度为学生提供学习、发展状况的多种信息，更清楚地认识到自己的优势和不足，有助于提高对学生评价的客观性、公正性，从而促进学生的成长与发展；有助于教师从家长层面获得更多有关学生成长发展的信息，也有助于家长对学生的学习有更多了解，共同发挥对学生成长与发展的促进作用。学生的思维品质和关键能力通常会从多个角度表现，多样化的评价方法能够基于学生的个体差异，从不同层面关注学生的成长。多维化的评价内容能够从学生综合素质、创新精神、实践能力、心理素质以及积极情感体验等不同维度去关注学生的成长变化，有助于充分调动学生学习的积极性，发挥评价的发展功能。

（三）有利于教师动态调整教学行为，发挥评价的反馈功能

诊断与改进是教学评价的基本功能。批判性思维指思维活动的思辨水平，具有批判性思维的人善于从实际出发，基于充分的理性和事实，依据客观标准对他人或自己的观点、做法或思维过程进行评价、质疑、矫正，通过分析、比较、综合，对事物本质做出更合理、更准确、更全面的认知。思维的批判性是一切有作为、有成就者必备的智慧品质。

具有批判性思维的教师善于从实际出发，基于充分的理性和事实依据以客观标准诊断教学评价中哪些方面偏离了教学目标，哪些方面得到了改善需要继续保持，针对现阶段教学评价存在的问题，有针对性地采取相关措施进行动态调整，从不断的改进当中接近教学目标，进而提高教学质量和教学水平，发挥评价的反馈功能。

（四）有利于教师合理定位教学价值，发挥评价的激励功能

教学评价作为教学的一个有机组成部分，体现着教师的教学思想和教学技能，学生综合素质的发展是教学评价的出发点和落脚点，这就需要教师对于教学评价的目的和价值具有深刻认识。深刻性是指思维活动的抽象程度、深入程度，主要表现为能深入地、系统地思考问题，善于分析归纳、

抽象概括，善于抓住事物的本质规律。

具有深刻性思维的教师能够从本质上认识教学评价的目的，不仅能从教师视角关注教学评价的功能，而且能够基于学生视角将评价转变为肯定学生学习成就感的工具。肯定性的评价能让学生获得心理成就感，有利于激发其努力学习的心态，从而发挥评价的激励功能。

三、教学评价中教师思维品质提升的路径

从实践教学中我们发现，一线教师在教学评价中会遇到许多问题。我们首先要想一想这些问题是什么，归类分析后用系统思维的观点分析怎么解决，这个过程就是思维的过程。在教学评价中，要关注教师的思维品质是否符合逻辑，思路是否清晰。

（一）教学评价中运用思维方法提升教师的思维品质

1. 系统性思维方法

（1）制定以课程核心素养发展为核心的评价理念。系统性思维会帮助教师将教学评价的出发点和落脚点都落在促进学生课程核心素养的形成，以课程核心素养的层次要求为依据，围绕核心素养开展教学评价，用评价促进教学，促进学生发展。

（2）科学制定适合学生发展的教学目标和评价目标。教学目标是教学的起点，也是教学的终点。从发展学生课程核心素养的角度制定教学目标，既注重对某一方面核心素养的培养，又注重对核心素养的综合培养。制定教学目标时要以问题的解决程度为核心内容，要结合教学内容和学生的实际水平，制定有可操作性、有可检测性的教学目标，能够体现学生学习的进步程度。

（3）合理整合教学内容，开展多元评价。在多元评价中，要合理整合教学内容，教学内容的选取要围绕主旨，围绕核心素养的培养展开。

（4）反馈评价结果并及时调整教学策略。反馈是评价的重要组成部分，反馈的目的是随时掌握学生学习的情况，根据评价结果及时发现问题，调整教学策略。

2. 审辨思维方法

审辨思维包括质疑批判、分析论证、综合生成和反思评估。质疑是审

辨思维的基础，质疑批判包括不轻易接受结论的态度，也包括追根究底的品格。分析论证是最常见的审辨思维技能，提出恰当问题并进行合理论证的能力。综合生成是一种高层次的思维能力，基于分析论证，侧重体现思维结果，直接指向问题解决。教学评价中运用审辨思维方法，有利于提升教师的综合素养。

3. 创新思维方法

创新思维方法要求教师在教学评价中具有超前意识，把知识创新与实践创新紧密结合起来，以实践问题为导向开展创新，学会用思维逻辑进行教学评价。创新思维侧重于认知层面的思维过程和方法，是人类最高级认知活动。这就要求教师在进行教学评价时要运用发散思维，从不同维度设计评价，还要通过聚合思维关注重点。

4. 头脑风暴法

头脑风暴法，也叫智力激励法，是一种集体创新的思维方法。这种方法的本意是让大家相互启发和激励，让思维火花发生碰撞，在大脑中"刮起风暴"。

（1）确定主题。在制定教学评价指标时，教师可以针对教学评价中迫切需要解决的问题，提前搜集好要解决的问题，将一些主题的提示或设想提供给研讨教师，以启发思路。

（2）热身活动。通过相关资料，分析相关案例，使大家很快进入问题解决的情境中。

（3）明确主题。通过前期的学习和思考，明确要解决的问题，并鼓励和启发大家从多方面、多角度去思考问题。

（4）自由创想。要突破心理障碍和思维定式，自由交流，互相启发，激发新设想的产生，并及时将大家的设想记录下来，为后续研讨打好基础。

（5）加工整理。研讨后将设想资料发给大家，大家在经过一定时间的学习和理解的基础上，对产生的新设想，再次征求意见。综合分析大家的设想，形成集体智慧的结晶，找到满意的解决评价方案。

（6）补充说明。在整个研讨过程中，一定要注意自由探讨和相互激励的氛围形成，直至最终形成解决问题的最佳方案。

（二）教学评价中运用思维工具提升教师的思维品质

将思维工具运用到教学评价中可以帮助学生梳理知识逻辑结构，实现学生思维的进阶。

（1）思维导图。聚焦某一问题形成思维导图，有利于对某一问题的思维深刻性的形成。

（2）评价量规。依据教学评价设计评价量表，围绕教师教学过程和效果设计评价量表，用综合分析的思维方法对评价量规进行研究与反馈。

（3）素养评价单。教学评价目标以培养学生课程核心素养发展为出发点，围绕课程核心素养设计素养实现评价单，对教学过程和教学效果进行反馈。

（4）问卷调查。教师对教学评价思维的认识和思考的问卷，可以采取课前问卷和课后问卷的方式，以对比、分析、提升教师的思维品质，利于综合思考教师评价思维的科学性，为针对性开展教学奠定基础。

总之，不同的思维工具运用有利于教师评价思维品质的提升。

（三）教学评价中运用思维策略提升教师的思维品质

教学评价中主要从以下几个方面提升教师的思维品质。

1. 学习同思考、观察和实践紧密结合

学习思维的各种类型，与观察和实践紧密结合，与教学评价密切结合。

从思维抽象发展到思维具体，需要正确选择思维上升的环节。从感性具体到思维抽象，再从思维抽象到思维具体，思维过程的这两个阶段相互依赖，不可分割。

2. 用正确的立场分析问题

教学评价一定是以学生的核心素养成长为评价的立场和观点。

（四）教学评价中按照一定思维过程提升教师的思维品质

1. 遵循评价逻辑思维规则

（1）明确把握概念。概念是逻辑思维的细胞。准确把握概念的内涵与外延，有利于揭示事物的本质属性。因此，在评价之前要深入解读教学评价的概念，最终形成多元、丰富、立体的概念解读。

（2）准确运用判断。判断有真假之分，判断来源于人们的社会实践，符合实际的判断就是真判断，不符合实际的就是假判断。判断是由概念组成的，又是构成推理的基本要素。在逻辑思维中，正确运用判断具有重要意义。在教学评价时，要善于观察学生的学习活动，根据学生行为表现准确判断学业水平。

（3）精确进行推理。推理是从一个或几个已有的判断推出一个新判断的思维形式。推理分为演绎推理、归纳推理和类比推理。在教学评价时，要根据学生行为表现推理出其内在原因。

2. 运用辩证思维方法

辩证思维是用联系、发展、全面的观点看待事物和思考问题，其实质和核心是运用矛盾分析方法，在对立统一中把握事物。

（1）关注整体性。用全面的观点看教学评价，将评价对象的各个要素、各种联系的丰富性和多样性在头脑中再现出来，从整体角度去思考如何解决问题，把多层次、多视角的认识综合起来。

（2）关注动态性。用动态性的辩证思维看待评价，用发展变化的观点和矛盾运动的观点分析问题，不仅要考察事物的现状和历史，而且要想到事物的未来。事物随着时间、地点和条件的变化而变化，要学会动态调整评价量表和维度。

（3）关注实践性。辩证思维用实践的观点看待问题，凡未经实践检验的认识，绝不能轻信和盲从。在教学评价中注重实践，切忌空谈，要立足学生的学情和现状动态调整评价行为和方式。

（4）关注分析与综合。分析就是把认识对象的复杂的发展过程分解为若干阶段，分别加以认识的一种思维方法。一般运用定性分析和定量分析等多种方法认识被研究的对象。综合是一种把认识对象的各个部分、各个要素、各个层次和不同发展阶段，按照其固有的联系统一起来进行考察的思维方法。从辩证思维角度看，分析是综合的基础，综合是分析的先导；分析过程是为综合思维做准备的过程，综合的结果指导人们对事物进行新的分析，分析与综合方向相反却是相辅相成的对立统一的关系。在制定教学评价量规时，既要分析各个要素的差异，又要综合考虑评价的核心重点。

3. 提高创新思维能力

（1）运用发散思维的方法。发散思维是根据已知的事物信息，从不同的角度、不同的方向思考，以寻求解决问题的多样性答案的思维方式。发散思维要打破旧框架和思路的限制，这也是思维创新的特征。发散思维能帮助人们发现新问题，也能为教学评价提供众多设想。思维发散的过程中需要把不同的信息进行整合，以产生新的信息。

（2）运用聚合思维的方法。聚合思维就是利用已有的知识和经验，把众多信息逐步引导到条理化的逻辑思路中，以便得出合乎逻辑的解决问题的方案。聚合思维有一个明确的目标，一切思维活动都要围绕整个轴心来进行，用比较、分析、抽象、归纳、演绎、综合等思维方法，将众多零散的知识之间建立内在联系，聚焦所要解决的问题。

（3）运用逆向思维的方法。逆向思维就是反向求索。逆向思维是人们从过去所把握的事物原理的反面、构成要素的反面、功能结构的反面等，去思考、去求索，去实现创新的目的。

（4）运用正向、逆向思维互补的方法。只有掌握正向思维的"正"，人们已有的对事物常规认识的成果，才能合理有效地进行逆向思维的"逆"，对已有的常规认识做反向思考。正向思维未能取得满意结果的情况下可用逆向思维。正逆互补，利于发现事物的新功能和新作用，产生创新性的成果。

（5）运用联想的方法。联想思维是将记忆中对不同事物的认识进行联系思考的思维活动。联想思维中的迁移是将不同认识对象的性质、作用等进行位置变迁与功能移植，以寻求解决问题的新思路。迁移为创新思维开拓可能的思路，搭建由此及彼的桥梁，将已经掌握的知识用于解决新的问题。

（五）教学评价分析中运用各类资源与途径提升教师的思维品质

（1）通过文献学习提升思维品质。教师要查阅不同思维类型的文献资料，查阅教学评价中提升教师的思维品质的文献，在相关文献学习和分析中提升思维品质。

（2）通过专家指导提升教学评价活动的精准性。可请专家指导教学评价的标准制定。可在专家的精准指导下开展教学评价活动，在"教—学—评"一体化教学中开展以评促教和以评促学，最终促进师生的共同成长。

（3）通过研究教学视频提升教学评价的综合性。选取教学过程中一段相关视频，在教学研究的过程中评价教学效果，有利于教师综合思维品质的提升。

（4）通过集体备课、研讨提升教学评价的思维品质。学校有教研组、学科组等不同类型的集体备课形式，这些集体备课形式有利于教学评价的科学思维的养成。

（5）教学评价设计中关注超前思维。教学评价设计中关注超前思维的养成，有利于教学评价的前置，促进教师更好地开展好教学评价。

四、教学评价中表现教师思维品质的案例

教学评价以课程目标、课程内容、学业要求和学业质量为依据，以培育学生核心素养为出发点和落脚点，综合发挥评价的导向、鉴定、诊断、激励、调控和改进功能，判断学生核心素养的达成度。下面以高三历史单元整合课《关于妥协的思考》为例进行分析。

（一）教学主题的选取——体现教学评价的创新性

教师意识到正确认识妥协对人的成长尤其学生的成长很重要。教师设计了调查问卷，以了解学生对妥协的认识和思考。对问卷中"你认为什么是妥协？你认为它是褒义词？贬义词？中性词？"回答的时候，许多高中生认为妥协是贬义词，认为妥协不好。学生对妥协的认知有偏差。如何帮助学生更理性地思考妥协的内涵，教师可利用中外历史的相关故事，帮助学生养成正确的妥协观，会从历史课程的核心素养角度分析妥协的案例。教师重新整合教材，在学习了西方近代资本主义民主政治内容后设计了高三历史课《关于妥协的思考》。从选题开始，关注学生核心素养的养成，帮助学生树立正确的妥协观。

（二）评价目标与教学目标一致——体现教学评价的系统性

该教学案例评价目标与教学目标具有一致性。教学评价围绕学生学习中心展开，以过程评价促进学生核心素养的发展。依据课程标准和学情，教师结合中外历史的内容设计了《关于妥协的思考》一课，旨在以案例形式，让学生了解近代西方资本主义政治制度在确立与发展过程中，利益各方所表现出来的政治智慧，最终实现了国家制度的进步，进而能够联系实际和自身的发展需要，领会妥协精神在现实生活中的意义和价值。妥协蕴涵的政治智慧转化成学生人生成长的营养资源，服务学生幸福人生的需求。

（三）教学过程关注学生综合思维的培养——体现教学评价的深刻性

教学过程中关注课堂生成，纠正思维错漏，恰当运用评价方式与评价工具持续评价促进学习。

从调查问卷引出相关话题：

你认为什么是"妥协"？用头脑风暴的方法让学生研讨自己对妥协的思考。在学生研讨的基础上选取《现代汉语词典》中的概念：用让步的方法避免冲突和争执，帮助学生更好地认识妥协的内涵。

以英国、美国、法国和德国四个国家近代民主政治的形成为例，学习"妥协"作为一种政治智慧在近代西方政治制度的确立与发展中的体现，感受这四个国家宪法的产生是多元利益相互妥协的产物。

本课小结：学完本节课，你觉得如何认识妥协？今后的人生中你会适当妥协吗？

师生形成共识："在有原则的妥协中学会人生成长。有原则的妥协是一种人生的智慧。在大是大非面前不能妥协。"

学习反馈：以"妥协"为主题，自拟题目，结合所学，写一篇不少于100字的史论结合的小文章。学生自己思考，小组内交流并择优全班分享。

拓展延伸：介绍相关书籍，开阔学生学习视野，思考在有原则的妥协中学会成长。

（四）学习效果的评价设计——体现教学评价的广阔性

1. 评价目标

学生能够根据所学有理有据分析英国、美国、法国和德国四个国家从国情出发确立与发展的近代西方民主，能够分析其确立过程中的政治妥协智慧，并学会知识迁移，懂得在自己的人生成长中要逐步具备有原则的妥协的意识和能力。

2. 评价内容

一是学生在前3课的课堂学习中分析问题时如何思考从国情出发确立与发展的近代民主政治代议制，二是学生在单元整合课上会从各国面临的矛盾问题出发，思考各国各种政治力量在相互妥协中实现了共同目标，即完成了国家转型。感悟"妥协"也是一种人生智慧，学以致用，助力自己的成长。

3. 评价方式及工具

评价方式及工具有：课前的问卷调查，课中的学案，课后的小短文的反馈和教师与学生的进一步访谈。教师可从中反思教学质量，寻找教学改进的突破点，更好地服务学生的成长。

4. 评价结果

从评价内容和学生完成的小短文看基本上达到了教学目标，学生在史料实证、历史解释、家国情怀等素养方面得到一定程度的提升。

5. 教学质量分析

本课教学在立德树人的基础上，使学生在丰富知识的同时，提升思想认识，获得人生感悟。本课在设计中突出"教—学—评"一体化，达到教学目的。

第五节　教学反思中的教师思维品质*

在阅读了一些一线教师及研究者撰写的关于教师教学反思的文章后，了解到目前教师的教学反思仍存在着不足和亟须改进之处。

一、教学反思中教师思维品质的常见问题**

（一）教师的思维缺少深刻性

首先，反思的空化和泛化体现了教师的思维缺少深刻性。由于受到重视，专家学者们从不同角度和方面对反思进行了详细的解释和阐述，这使得大部分教育工作者们认为教师应该时时反思、事事反思，于是教师反思便成为一项日常工作。教师每天都要开展反思，反思渐渐成为教学之外的另一项必做内容。时间久了，反思就会变得空化和泛化，甚至产生反思本身具备的重要价值与教师应付日常反思"作业"之间的矛盾。可以肯定的是，反思本身确实具有重要的价值和意义，但流于形式的反思会使教师对反思产生不良甚至抵触情绪。教师找不到反思的主题和中心，反思内容充斥着假话、空话、套话、官话，更有甚者借鉴他人或网上的教师反思，完全不思考自己在实际教学中出现的问题。这样的反思毫无价值和深意可言，也就难以辅助教师推进高质量的教学。

其次，反思的固化和形式化也成为教师思维缺少深刻性的另一种外在

---

* 作者:陈忠才、刘子姝。

** 作者:刘子姝。

表现。当教学反思成为教师工作的硬性要求时，反思难免会走向固化和形式化。从反思撰写的时间来看，教师为了尽早完成工作，会在课堂教学结束或者下班之前完成反思，反思便成为工作流程的一部分，反思的完成也就意味着某个阶段工作的结束，早写完反思就能早点结束一天的工作。然而，这样固化的反思很难具有深刻性。从反思的内容来看，存在一部分教师按照教学设计的框架撰写反思的情况，包括对教学目标的反思、教学实施的反思以及教学评价的反思等。反思的内容按教学顺序呈块状分布，这样的反思看似全面，实际却像记流水账一般对课堂教学进行浅层的回顾与重复，较多描写课堂的实际情况与学生表现，而鲜见对教学事件进行解释和追问。从反思的形式来看，较多文献提到撰写教学日志、制作教师成长档案袋、观摩教学实录、学习优秀教案等形式。不管选择哪种形式，反思的最终结果便是有能够上交的文字材料。于是，反思的外在形式便成了反思本身，写完教学日志便等同于完成了教学反思。这样的反思形式与本质的混淆是当今教师教学反思存在的重要问题之一，这是典型的形式化的现象。我们要注意切莫将做这件事等同于事情本身。就"反思"而言，"思"是根本与关键，"反"是规定性，"写"只是其中的形式之一，如果认为反思必写，写就一定是教学反思，那就容易滑入形式化与程式化的窠臼。❶

究其原因，则是教师自身思维的浅表性。需要强调的是，并非所有的思考都能称为反思。反思意味着反思主体对事物要达到一定程度的溯源，从而得出较为深入或深刻的溯源结果。在日常反思的过程中，教师对教学目标的确认，对教学流程的总结，对学生学习效果的收集以及对教学工作的记录等均停留在回忆和描述这样的浅层面上，没有对自己在实际工作中发现的值得再去追踪和探究的教育现象或教育问题进行深层次的挖掘。换句话说，就当下水平来看，教师由于其现有的思维不够深刻使其在完成这项工作时无法保障反思的程度，导致了反思的空化、泛化、固化和形式化等问题的出现。

（二）教师的思维缺少批判性

教学反思的不足表明教师的思维缺少批判性。反思是一种对事情本身刨根问底和正本清源的高阶思维，是反思主体通过心智活动和实践活动发

---

❶ 吴振利.论中小学教师教学反思的问题、特征与种类[J].河北师范大学学报（教育科学版）,2014,16(4):101-105.

现问题、提出问题、分析问题、解决问题、评价问题等一系列过程。反思的对象是已经发生过的实践，是对既成事实的研究性和批判性思考，是需要做严肃、扎实、反复、深入、周全、严密和持续的思考，是深思、慎思、精思和研思。❶

回归现实，我们发现部分教师存在教学反思不够深入，缺少批判性思维的问题和现象。导致此现象的原因可能如下：第一，教师本身的批判性思维尚未完善，他们只能看到问题的出现，思维尚未达到解决问题的高度。第二，教师疲于应付工作，惰性思维在作祟。这主要体现在教师具备一定程度的批判能力，但是为了应付差事，在反思时往往潦草简单，希望尽早完事。

（三）教师的思维缺少系统性

首先，反思内容的分散性反映出教师的思维缺少系统性。笔者通过与教师交流了解到，很多教师会在上完每节课后开展一次教学反思，反思的主要内容包括教学目标是否完成；教学流程是否顺利；教师课上遇到的比较明显的问题，如教师预设之外的状况、学生发生的一些突发情况等；本节课的亮点和不妥之处；改进方案和措施，等等。每节课都按照此流程反思似乎形成了一个套路。在该套路的指引下，教师往往是这次反思这个问题，下次反思那个问题，看似谈及很多问题，但实际却对每个问题都泛泛而谈，缺少对内容的分类讨论和系统整理，反思内容的主题性和专题性有待提升。这样的反思使得每节课都变成了一个相对独立的内容，影响了反思的实际效果，降低了反思应有的价值。以语文学科为例，每册教材都由几个教学单元构成，每个单元都有一个明确的教学主题，如果将单元主题作为一个反思单位来看的话，那么，相同内容和形式的教学即可放在一起反思。例如，本节课的板书设计以画图为主，形象直观，下节课的板书以表格为主，凸显归纳思维。如此一来，教师既能寻找到教材内容和逻辑的相似之处，又能根据每节课的具体特色分别进行反思和设计。对教师和学生双方而言，这样的反思会更有利于他们系统地把握教学内容，提升教学实践效果。

其次，反思方法的随意性也表明了教师思维的系统性有待进一步提升。

---

❶ 吴振利.论中小学教师教学反思的问题、特征与种类[J].河北师范大学学报（教育科学版）,2014,16(4):101-105.

反思作为在头脑中进行的一种十分复杂的思维活动，它需要反思实践主体自觉地了解、掌握和运用一定的思维策略与方法。❶ 但是在现实工作中，教师在反思时运用的策略与方法往往是缺乏系统指导和引领的。虽然大部分教师都认可教学反思的意义和价值，也认为自己应该且有必要进行教学反思，但是在实际开展教学反思时，或多或少就会产生"怎样开展教学反思"和"如何实现反思的有效性"等现实问题。有的教师会查找相关文献，根据文献资料里提炼总结的内容去反观自己的教学，提出需要解决的问题；有的教师则会从自身的教学情况出发，根据实际存在的问题和困惑去寻找背后的原因，提出解决之道；有的教师甚至想到什么方法就用什么方法。但是，如果要问"解决这一问题究竟使用哪种方式才是最恰当的"，教师可能就不是很清楚了。这表明，反思的策略或方法在一些教师头脑中的存在是模糊的，甚至可能是空缺的。这就会导致教师在需要运用这些策略方法时无从下手，想到什么就做什么，表现出教学反思方法的随意性。

不管是反思内容的专题性不强，还是在选择反思方法时表现出来的随意性都在一定程度上表明了教师思维系统性不足的问题。教师需要对反思有一个比较熟悉和系统的了解，知道何为反思，为何反思，何时何地需要反思，如何反思，采用何种方式反思，如何呈现反思结果，如何评价反思结果等。由此看来，反思作为教师日常工作的重要组成部分，与教育教学一样，是需要教师投入时间和精力，不断发挥自身积极性和主动性去探索和学习的重要对象。

（四）教师的思维缺少创造性

反思视角的单一性是教师思维缺少创造性的重要表现。教学反思的意义不仅在于教师去挖掘自己教学的成功之处，或者发现自己在教育教学实践中的问题并积极寻找解决问题的办法，更重要的是使教师明确自己的教育信念。也就是说，教师反思的内容不仅包括"我做了什么"或"我是怎样做的"，还要包括"我是怎样想的""我为什么这样做或那样做"以及"哪些因素影响着我的想法和做法"等❷。在这里，我们说教师的思维缺少

---

❶ 褚远辉,辉进宇.中小学教师在教学反思中存在的问题与对策[J].继续教育研究,2008(11):53-54.

❷ 易进,顾丽丽.促进教师反思的若干思考[J].教育科学研究,2008(2):53-56.

创造性是指教师在反思时除了学科教学的视角之外，还包括有效教学的视角、学生全面发展的视角以及社会建构的视角等。

从学科教学的角度来看，教师需要明确相应学科的基本性质、课程目标、课程内容等学科课程标准的主要内容和要求。学科教学的反思即是教师自身对这些基本要素的思考，厘清关于学科基本问题的认识和理解。例如，学科存在的意义何在？学科教学的意义何在？这门学科能够给学生带来什么？教材中哪些内容是重点？哪些可以省略？哪些需要替换？哪些需要补充？我的教学是否能够为学生更好地学习提供帮助？等等。

从有效教学的角度来看，教学反思主要是对教学策略、教学方法、课堂组织、教学反馈、教学评价等方面进行深入思考。例如，采用何种提问方式能更好地引出中心思想？为什么这种方式最有效？采用小组合作的学习方式的依据是什么？学生做出这种回答的原因何在？等等。然而，这个角度的教学反思最明显的问题在于，教师缺少挖掘现象背后所涉及的教育学和教育心理学等领域的研究成果，认为"想一想""写一写"就够了。

从学生全面发展的角度来看，教学反思主要是对学生的学习动机、学习方法、学习效果和学习评价等方面的反思，即根据学生的学习要求和学习期望是否得到满足以及得到满足的程度来反思教师自己的教学能力。[1] 教育教学以学生发展为中心，在传递给学生基础知识和基本技能的基础上，还要帮助学生学会学习、养成良好的学习习惯和生活习惯、学会思考、学会生存、学会发展，形成现代社会所必需的关键品格和必备能力，最终能更好地适应社会，更好地生活。因此，教师反思也要时刻追问自己：我是否关注到了班里的每一名学生？他们今天都学会了什么？还有哪些是没学会的？他们的学习态度如何？我是否为学生创造了适合他们的学习环境？等等。

从社会建构的角度来看，教学反思可能会从一开始只关注课堂现象或个别具有特殊需要的学生到对家庭、学校、社区和社会等更大层面产生关注。反思继续深入则可能引发对一些教育热点问题及比较"流行"的教育观念的批判性思考。[2] 例如，国外一些学者对诸如"圆桌会议"式的课堂组

[1] 孙建龙.教师如何反思自己的教学行为[J].中小学教师培训,2007(5):45-47.
[2] 易进,顾丽丽.促进教师反思的若干思考[J].教育科学研究,2008(2):53-56.

织形式，完全自发而不加指导的课堂讨论，教师作为学生学习的旁观者只在学生需要的时候提供帮助，以及只根据学习日志或成长档案来评价学生学业成就等观点和做法进行了批判性的分析和评议。❶

综合以上内容可以发现，教学思维的深刻性、批判性、系统性和创新性等思维品质各具特点又相互融合。教学思维的深刻性和系统性到达一定程度的时候，思维的批判性才能更好地发挥作用；反过来，教学思维的创新性则是其深刻性、批判性和系统性互相作用的结果。教师的任何一种思维品质都不可能完全独立地在教师身上展现出来。因此，教师要重视自身思维品质形成和发展的整体性，防止出现偏差。

二、教学反思中教师思维品质的重要价值*

（一）形成反思性思维，完善教师自我修养

教师的教学反思指向的是教育教学过程中出现的实际问题，这些问题大部分是需要教师给予关注、不断探讨和思考，甚至须打破传统思维模式和已有教育经验才能有所突破的。这对教师的反思能力、创新能力和探索能力提出了更高的要求。反思意味着教师对自己的教学理念、教学目标、教学价值及其不足有着明确的认识，这是引起教师开展反思的前提和基础。通过教学反思，教师能够比较深刻地分析和批判自己的教学工作，找到倡导的教育理念和实际教学行动之间缺少的连接点，架起两者之间的桥梁，将理论与实践贯通起来，在实现问题解决这一最基本的要求后不断探索和积累有益的教育经验，为日后的实践做好铺垫。每解决一个问题，教师的反思思维就会得到一次强化，创造力和批判力就会得到一次提升。随着经验的积累，其反思性思维就会更具科学性和专业性。

从辩证法的角度来说，科学的反思思维作为教师专业素养之一，是教师对自身的否定之否定。教师在否定自我的过程中会不断地站在比原来更高的层面上看过去的自己。新视角、新态度、新方位都会使教师对眼前的问题产生新的认识。尽管我们无法保证这些新认识完全正确，但至少有了

---

❶ 易进,顾丽丽.促进教师反思的若干思考[J].教育科学研究,2008(2):53-56.
* 作者:刘子妹。

新的突破口和解决路径。这些突破口和解决路径会带领着教师一步一步向前探索，日积月累，便成为促进教师个体经验产生本质变化的方式和手段，教师的自我修养也会渐渐完善。

(二) 揭示专业成长本质，促进可持续发展

教师的研究能力，首先表现在对自己的教育实践和周围发生的教育现象的反思能力。[1] 在进行教学反思时，教师既是反思的主体，又是反思的客体。作为具有研究性质的思维之一，教师的教学反思从行动中来，在行动中进行，最终为了行动，表面上是对教学工作的反馈和回应，实际上更是教师对自己职业的专业性思考和研究。与传统上照搬教学设计，为了完成教学目标而教学的教师不同，具有反思性思维的教师除了具有课堂教学的知识和技能外，还具有对自己开展教学的原因、依据、做法、评价进行反思和追问的能力，以及对教育的个体化价值、社会化价值甚至更广阔的教育功用等问题进行处理和研究的能力。具有反思性思维的教师可以运用多种反思方式指导自己的教育教学。因此，教师的教学反思能够为其提供保障，使他们能够快速融入终身学习和终身教育的社会环境并良好地发展下去。教师的教学反思也就日益成为促进教师专业可持续发展的一条实现路径。

三、教学反思中教师思维品质提升的路径[*]

教学反思是教师以各类原发的教学活动作为分析研究的样本，并基于教学现场和现场产生的结果进行理性的自我审视、自我评价、自我总结、自我提升的过程。教学反思是原发教学思维的延伸，是深度的教学研修，是高效的教学技能，也是教师在教学实践过程中发现问题、思考问题、解决问题的一种行为。

教师反思的过程本质也是一种思维能力和思维品质的表现。在教学活动中，我们发现很多教师增长的是量的经验，质的停滞阻碍了反思的提升。在这个过程中，教师反思的思维品质如何，直接决定教师最终能否实现课

---

[1] 陈晓娟. 教师教学反思的价值探讨[J]. 教育探索,2004(10):111-113.
[*] 作者:陈忠才。

堂教学方式的转变和带动学生学习方式的深刻变革。

（一）正确理解教学反思中的思维品质

心理学教授林崇德教授认为，思维品质是指思维能力的特点及其表现。思维的主要品质有思维的逻辑性、思维的广阔性、思维的深刻性、思维的独立性、思维的灵活性、思维的敏捷性、思维的批判性、思维的确定性、思维的创造性和思维的预见性。教学反思中教师思维品质主要体现在清晰度、深刻度、批判性和系统性。

那么如何理解教学反思中教师思维品质呢？

1. 教学反思中教师思维品质的清晰度

（1）教学内容的清晰度。

主要是指课前反思中，教师是否清晰：一是教师为什么要教；二是学生为什么要学，三是什么已经不需要教了，什么是已掌握了的，什么是自主学习生成的。课后反思中，教师是否清晰：一是教师想教什么和实际教了什么；二是教师教了什么和学生实际学了什么，目标教学方法、教学环节是否清晰，教学方式是否得当。

（2）对学生情况的清晰度。

学生是课堂的主体，教师是课堂的组织者和指导者，教师心中要有学生。因此，在教学设计时，教师是否知道：学生在知识掌握上已有什么？还缺什么？需要补什么？困难障碍是什么？教师是否做到基于学生的学习难点、障碍点备课和上课？能否发现和转换教学目标、方法、环节？

（3）教学过程的清晰度。

课堂是教学设计的实施阵地，也是教师教学过程的实施时间段。教师对整个教学过程清晰度的反思，无论是对后期自己教学的完善和提升，还是学生的学习方式和思维训练都有很重要的作用。教师在这个反思过程中，主要关注四个方面：从点状生成到整体生成（织网）——教学过程就是"编织"课堂，教学高手就是"编织"高手；从个体生成到全体生成；从浅层生成到深层生成；从错误生成到有益生成。

2. 教学反思中教师思维品质的深刻度

教学反思中教师思维品质的深刻性主要是指：教师在反思整个教学过程中能否有效抓住知识核心，掌握学科知识的规律，通过适当的教学方式和手段有效实施。它使学生能够准确抓住知识特征，形成和达到一定的学科素养。

3. 教学反思中教师思维品质的批判性

教学反思中教师思维品质的批判性主要是指教师在教学反思中，对整个教学过程根据客观标准进行思维并解决问题的思维品质。这个过程中，教师在反思中要善于根据客观指标和实践观点来检查、评价自己的课堂实施行为和思维活动及结果，进而修正和完善、提升。

4. 教学反思中教师思维品质的系统性

教学反思中教师思维品质的系统性主要是指教师的反思思维活动的有序程度，以及整合各类不同信息的能力。课，是一节一节上的，但教学设计、教学实施、教学反思是连续的，有规律的。如何在教学反思中，由点到面，由一节课到整个教学方式的反思和完善，这是教师在反思中非常重要的思维品质。

(二) 多策略提升教师教学反思中的思维品质

1. 加强教育教学理论学习，提升反思思维的深刻性和系统性

理论学习有助于提升教师的思想观念、思维模式和实践水平。教师也只有不断学习教育教学的理论、勤于思考探索，才能够从教学工作的低层次、浅水平、多重复的樊笼中走出来，才能有效克服职业倦怠所产生的负面影响。

教师只有将实践中反映出来的问题上升到理论层面加以剖析，才能开阔视野、从“怎样教”的小圈子里跳出来，不但“知其然”，而且“知其所以然”；才能够对自己的教育教学观念、工作方式、教学策略、研究方法等诸多宏观、微观的问题进行探讨；才能真正做到理论与实践相结合，“知”“行”“思”三者一体化。这是一个漫长的和持续的修炼过程。因为任何新观念的内化一般都要经历接受、反应、评价、组织和个性化等五个由浅入深、由不稳定到稳定的过程。教师应把握新一轮基础教育课程改革的契机，加快学习和运用教育教学理论的步伐，才能体现反思的深刻性和系统性。

2. 积极拓展反思的深度广度，提升反思思维的批判性

教学反思过程从本质上来说是一种批判性思维的过程，需要通过对当前认识的审视、分析来洞察其本质。教学反思涉及一系列相应的态度和德

性，教师完成整个教学任务，实现教育目标，一方面需要以科学的理性态度和方法对教育教学的本质加以深刻的理解，并在此基础上建立起观念理性和相应技术理性的结构体系。这自然必须对自己已有行为和习惯进行重新审视和考察，筛选并保持好的行为习惯，淘汰和改造坏的行为习惯。

另一方面，教师需要更宽泛的人的素质的提高。这要求教师认真地检讨自己的言行，在教学过程中是否表现了适当的谦恭、足够的勇气、公正的品质、豁达的胸怀、丰富的情愫，以及敏锐的判断力和丰富的想象力，是否有耐心、自知之明、亲切感和幽默感等。这诸多的品质、风格体现了教师的教育教学观、师生观、知识观、评价观。

3. 加强教学过程的反思，提升教学反思思维的清晰性

在教学反思中，教师要反思教学目标、教学设计、教学过程、教学质量、教学效果等，从反思中找到解决问题的办法，不断改进课堂教学，提高教学质量。这些反思，能够提升教师教学反思思维的清晰性。可以从以下几个方面入手。

（1）要收集问题的相关信息，寻找解决的方法。

教师要反思教学情景、过程、原因、结果，自己到底做了什么、学生的感受和思考状况。特别是对发生了不正常的问题、现象的情形要回顾，通过回顾提出问题，认真反思，找出原因，思考解决的办法。

（2）对自己的行为、活动进行质疑，从反思中得到困惑。要善于质疑自己的行为，质疑所运用的理论。要对自己的行为进行解析，看是否为有效行为，无效行为是否太多。

（3）在探究中找到解决和消除困惑的办法。

针对反思中得出的经验、教训，教师要进一步思考：我能做什么？我怎么改进？有没有更好的办法？如何给学生带来较大的益处？

针对以上问题，教师可以尝试从以下几个方面来解决和消除困惑：

①认真撰写反思过程中的问题，增强反思意识。这个过程可以呈现为：回顾教学——分析得失——查找原因——确定对策——优化成效。在这个过程中要注重连贯性和系统性，具体可以从以下几个方面来做：一是多记录、勤观察；二是学会观察，善于从细微之处找到教学的意义，以小见大，捕捉教学中的关键性问题；三是持之以恒坚持反思。

②注重反思的效率。这个过程主要体现在：一是是否在教学中实现了

"学生为主"，课堂的大部分时间应安排给学生自主学习，合作探究。二是反思随堂训练的指导是否到位。随堂练习，是教师最重要、最直接接受学生学习反馈的途径，也是课堂教学重要的环节。三是合作学习的组织与实施是否有效，合作学习的组织与实施必须以独立思考为前提，发挥学习小组的自我管理和相互督促的作用，力争把最重要的课堂反馈完成于课堂之内。

四、教学反思中教师思维品质表现的案例分析 *

（一）学习相关的理论知识，研读教材，反思教学材料的选择，体现反思的深刻性

教学要遵循教育规律，注重基础知识、基本技能、基本方法的深刻理解，引导学生学有所思、思有所疑、疑有所问、问有所悟。教师如何选择例题教学的反思，是教学反思中深刻性的重要表现。

【案例一】有关数学建模例题选择的反思

在人教版《数学》必修3第二章"统计"第55页的阅读与思考中有一个著名的案例：在1936年美国总统选举前，一家颇有名气的杂志做了一次民意测验，调查兰顿（Landon）和罗斯福（Roosevelt）谁将当选下一届总统。为了了解公众意向，调查者通过电话簿和车辆登记的名单给一大批人发了调查表（注意：在1936年电话和汽车只有少数富人拥有），通过分析收回的调查表，显示兰顿非常受欢迎，于是此杂志预测兰顿将在选举中获胜。

实际结果正好相反，最后罗斯福在选举中获胜，接下来给出了一个思考：你认为预测结果出错的原因是什么？

通过这个案例，教师想带给学生的启发是：在做调查统计时，抽取的样本必须具有好的代表性。

在新课程教材中这样的案例有许多，且多选自与我们的生活密切相关的、能给人以启迪和深思的问题，对学生的教育具有现实意义。然而在和

---

* 作者:陈忠才。

教师的深入交谈中得知，有的教师对这样的案例教学很不重视：有的认为学习时间紧，这部分内容又是阅读与思考，对高考影响不大，所以不去深入讲解，有的一笔带过，有的干脆不提，有的让学生自学。这是急功近利的表现，也是对新课程理念不深入领会的浮躁表现。

教师通过对新课程增设的这部分案例教学，有这样几点体会：

（1）案例教学促进了学生的学习积极性。由于这些案例来自现实生活，是经过作者精心选择的，又与现在所学的数学内容密切相关，能用我们所学的数学知识进行分析和解释，所以具有极强的活学活用的现实意义。我们经常说要提高学生数学学习的积极性，让学生认识到数学是有用的，然而我们用枯燥空洞的说教又岂能让学生提高学习数学的兴趣？不如认真分析这些案例，让学生自觉产生学好数学的冲动，这又反过来促进了学生学习数学的主动性和积极性，提高数学的学习能力。

（2）有利于培养学生的探究意识。新课程实施以来，探究性学习备受青睐，教师也在课堂上积极营造氛围，创设探究性的学习环境。然而从教师的教学实践观察看，许多课堂实际上只是在形式上进行了探究而没有"实质探究"，课堂看似热热闹闹，其实缺乏真正的效果。

（3）这些案例的教学，促使教师自己编拟一些富有时代特色的教学案例。新课程教材中提供的这些案例都可以启发教师自己编拟一些好的、符合学生认知实际的教学案例，这无疑给教师提供了一个借鉴学习和提高自身教育教学水平的平台，同时也为教师相互学习，取长补短提供了机遇。当然，在教学案例的编拟过程中必须注意以下几点：

①具有时代特色。这往往更能吸引学生的学习注意力，更能激发学生的学习兴趣。而新课程在这方面提供了很好的知识基础。

②必须与所教班级学生的数学实际能力相匹配。由于所教班级不同，学生的知识水平与解决问题的能力不同，这就要求教师在编拟案例时不能脱离学生的实际，过高或过低的问题会使学生产生无从下手或没有意义的感觉。

③必须与学生当前所学知识相衔接。教师对提出的问题总是希望学生能解决得了，如果案例所用到的知识学生还没有掌握则往往会使学生感到数学很难，从而失去学习数学的积极性，不利于数学的学习。

④尽可能撷取现实生活中的实例。让学生感受到数学在我们的生活中

无处不在，学好数学很有意义。

⑤适当穿插一些历史上的趣事和科学家为之奋斗的案例。这样做有利于培养学生勤奋刻苦的学习风气，也有利于让学生了解数学发展的历史，增强学习数学的内驱力。

《普通高中数学课程标准》中指出："教学中，既要有教师的讲授和指导，也要有学生的自主探究与合作交流。教师要创设适当的问题情景，鼓励学生发现数学的规律和解决问题的途径，使他们经历知识形成的过程，体验数学在实际生活中的应用，学习科学的探究方法，领悟科学的思想和精神，对于培养学生学会学习是至关重要的。"因此，教师在数学教学的过程中多进行一些数学案例的教学，多进行一些探究意识的培养，学生的学习热情调动起来了，数学教学就会事半功倍。从这个案例中可以看出，这个教师不仅通过《普通高中数学课程标准》的学习，领悟了教学的核心，也能充分利用教材本身的系统性，有效组织教材资源，针对学生的实际情况，适时有效选择资源，这个反思的深刻性，是一个很好的案例。

（二）通过教学过程的反思，体现思维的清晰性

教学反思中，有一种反思是教师对自己整个教学过程的反思。这种反思不局限于某一节课，而是针对自己所有课堂中问题的反思。这种反思，不仅有利于教师对自己整个教学过程的反思，也能提升整个教学过程的清晰性。

【案例二】对数学课堂教学的反思

作为一名高中数学教师，不仅要上好每一堂课，还要对教材进行加工，对教学过程以及教学的结果进行反思。因为数学教育不仅仅关注学生的学习结果，更要关注结果是如何发生发展的。我们可以从两方面来看：一是从教学目标来看，每节课都有一个最为重要的、关键的、处于核心地位的目标，高中数学不少教学内容适合开展研究性学习；二是从学习的角度来看，教学组织形式是教学设计关注的一个重要问题，如果我们要充分挖掘支撑这一核心目标的背景知识，通过选择、利用这些背景知识组成指向本节课知识核心的、极富穿透力和启发性的学习材料，提炼出本节课的研究主题，就需要我们不断提高业务能力和水平。

以下就是我对教学的一些反思。

（1）对数学概念的反思——学会数学。

对于学生来说，学习数学的一个重要目的是要学会数学思维，用数学的眼光去看世界。而对于教师来说，他还要从"教"的角度去看数学，他不仅要能"做"，还应当能够教会别人去"做"，因此教师对教学概念的反思应当从逻辑的、历史的、关系的等方面去展开。

（2）对学数学的反思。

对于数学课堂上的每一位学生来说，他们的头脑并不是一张白纸，而是对数学有着自己的认识和感受。教师不能把他们看成"空的容器"，按照自己的意思往这些"空的容器"里"灌输数学"。师生在数学知识、数学活动经验、兴趣爱好、社会阅历等方面存在很大的差异，这些差异使得他们对同一个教学活动的感觉通常是不一样的。应该怎样对学生进行教学，教师会说要因材施教，可在实际教学中，又用一样的标准去衡量每一位学生，要求每一位学生都应该掌握某些知识、完成同样难度的作业等。每一位学生固有的素质、学习态度、学习能力都不一样。对学习有余力的学生教师要帮助他们向更高层次迈进，平时布置作业时，让优生做完书上的习题后，再加上两三道有难度的题目，让其多多思考；对于学习有困难的学生，则要降低学习要求，使其努力达到基本要求；布置作业时，让学困生尽量完成书上的习题，课后习题不在家做，对于书上个别特别难的题目可以不做。

总之，教师在上好一堂课的同时，结合新课程的教学理念进行相应的教学反思可以不断提高业务能力和水平，从而更好地服务于学生。

这个反思，没有从一个点上反思，而是从数学课堂最本质的两个角度反思，一个是教，一个是学，反思点似乎很小，但这种突出本质的反思，恰好突出了反思中的最重要的两个本源性因素：教师和学生。这个反思，立足点似乎很小，但也体现这个教师反思活动中思维的清晰性。

（三）反思教学中的不足和优势，体现反思的批判性

批判性是反思的核心属性，批判性不是否定，而是科学、辩证的评判，是理性反思自己教学过程中的不足和优势。教师在反思教学过程中表现出来的批判性反思可以培养教师的问题意识，促进教学水平的不断提升。

案例三：对数学课堂中教学过程的反思

另一位数学老师的反思如下：

1. 要有明确的教学目标

教学目标可分为三大目标，即认知目标、情感目标和动作技能目标。因此，教师在备课时要围绕这些目标选择教学的策略、方法和媒体，把内容进行必要的重组。教师备课时要依据教材，但又不拘泥于教材，灵活运用教材。在数学教学中，教师要通过师生的共同努力，使学生在知识、能力、技能、心理、思想品德等方面达到预定的目标，提高学生的综合素质。

2. 要能突出重点、化解难点

每一堂课都要有教学重点，而整堂课的教学都是围绕着教学重点来逐步展开的。为了让学生明确本堂课的重点、难点，教师在上课开始时，可以在黑板的一角将这些内容简短地写出来，以便引起学生的重视。讲授重点内容，是整堂课的教学高潮。教师要通过声音、手势、板书等的变化或模型、投影仪等直观教具，刺激学生的大脑，使学生兴奋起来；还可以插入与此类知识有关的笑话，使学生对所学内容在大脑中刻下强烈的印象，激发学习兴趣，提高对新知识的接受能力。尤其是在选择例题时，要注意例题最好是呈阶梯式展现。我在准备一堂课时，通常是将一节或一章的题目先做完，再针对本课的知识内容选择相关题目，往往每课都涉及好几种题型。

3. 要善于应用现代化教学手段

在新课标和新教材的背景下，教师掌握现代化的多媒体教学手段显得尤为重要和迫切。现代化教学手段具有显著的特点：一是能有效地增大每一堂课的课容量；二是可减轻教师板书的工作量，使教师能有精力讲深讲透所举例子，提高讲解效率；三是直观性强，容易激发学生的学习兴趣，有利于提高学生的学习主动性；四是有利于对整堂课所学内容进行回顾和小结。在课堂教学中，对于板书量大的内容，如立体几何中的一些几何图形、一些简单但数量较多的小问答题、文字量较多的应用题，复习课中章节内容的总结、选择题的训练等都可以借助投影仪来完成。可能的话，教师可以自编电脑课件，借助电脑

第三章

教育与管理中的教师思维品质

第一节　班主任班级管理中的思维品质*

班级管理是以自然班级为一个整体，在学校内开展一切学生的教育活动，班主任在教育活动中运用科学的管理办法履行管理职责，对学生进行教育。班主任的思维品质，实质是班主任在进行班级管理中所运用的一些好的方法。思维品质反映了班主任管理水平或思维能力的差异。班主任的思维品质直接决定了班级建设是否合理、内容是否全面、发展是否具有全程性等。

一、班主任班级管理中思维品质的常见问题**

班主任在进行班级管理中运用最多的管理方法的来源，是以往的班级管理经验，或者是班主任之间口口相传的土办法。班主任在管理方法上，缺少系统的梳理，没有形成自己的带班特色，同时由于事务性工作或者家

　＊　作者:裴晓林、屈春玉。
＊＊　作者:屈春玉。

校沟通方面的压力，班主任疏于思考，对学生的心理、认知、年龄等特点认识不够，往往采用"喝令式""说服式"的管理方式，凸显教师在班级管理中思维品质的一些问题。

（一）班主任在班级管理中思维的清晰性不够

清晰性是思维品质的起点性、前提性要求。对于班主任来讲，思维清晰的首要表现是对每个学生的了解。这指的是班主任要对班级所有学生的特点有精准透彻的了解与把握。例如，学生的个人爱好、家庭情况、性格特征等。思维清晰最重要的一点是对班级管理目标的清晰。一个班级的管理目标首先应该定位于如何做好管理班级的秩序，保证各个学科上课时的课堂秩序，培养学生最基本的行为规范、学习习惯。但在班级建设实践中，有些班主任关注更多的是学生的学习状态、班级荣誉称号的获得、一些例行或突击检查工作在班级内的落实等。如今班主任的工作除正常的班级管理、教学外，还有一些琐碎的事务性工作占用大部分时间，高负荷的状态使其疏于思考班级目标、班级文化以及班级评价等。当前班主任的思维局限于特定的事务性的和繁杂的工作，缺乏对教育本质的思考，缺乏对学生的细致研究，缺乏对班级这一组织之育人价值的深刻认识。

（二）班主任在班级管理中思维的开阔性不足

开阔性，表现为深度、广度。教师要打破固有的思维模式，从封闭走向开放，从局部走向整体，用多角度、多维度视角和思维方式进行班级管理与建设，提炼自身的管理经验，从而拓展已有的管理方法，让格局与视野在开放多元中"广域"起来。传统的班级管理中，教师总是会运用说教的方式管理班级，缺乏统一的班级管理规范，缺少必要的激励手段。

（三）班主任在班级管理中思维的创新性不够

班主任在班级管理中思维的创新性指其新颖独特且不可替代的班级管理理念、教育思想、管理策略等。富有创新思维的班主任，要有强烈而持久的探索精神。因此，班主任应该热爱自己的教育对象，必须勤学善思。在目前的班级管理教学中，传统的管理制度替代了创新，一些教师已经习惯了多年来积累的经验，缺少创新的意识，在班级管理中不能调动更多学生参与班级管理的积极性，更别提培养他们的创新能力。同时，由于家长式的管理，导致了师生关系的紧张，和学生沟通时不注意语言，直接导致了学生的逆反心理。在进行家校沟通方面班主任更需要创新的思维，需要沟通的技巧，每一次家校问题的出现一定是因为沟通得不够顺畅。

（四）班主任在班级管理中思维的生长性不足

生长性是指班主任在思维能力上具有积极向上、生生不息的持续性生长力量，持续保有想让班级管理变好的冲动，同时在班级管理中，不墨守成规，不固执于原有的观念、视角与方法。小学阶段的学生大部分都无法根据班主任的主观评价，对自己产生更准确的认知。在新时代背景下，创新班级管理的方式和评价方法可以让学生清晰地发现自身存在的优势和不足，进而进行针对性的纠正与改进。

二、班主任班级管理中思维品质的重要性[*]

唐宋八大家之一的韩愈，在其《师说》中，为"师"作了诠释："古之学者，必有师。师者，所以传道受业解惑也。"从这段对"师"的文字阐述中，不难理解和发现，古之为师者不仅仅是文化知识的传递者，同时也是人生道理的传播者、生活中困惑问题的解答者。

班主任的班级管理思维品质具有重要的意义。

（一）班主任思维的深刻性是班级建设的基石

班主任往往喜欢那些听从自己指令、聪明伶俐、懂事乖巧的学生，对一些调皮捣蛋、爱耍小聪明的同学，有时会深感头疼甚至是无可奈何，不知如何处理。这就要求班主任任何时候都要保持清醒的头脑，不被小朋友的行动左右心情而失去理智的判断。只有具备深刻思维品质的班主任，才能获得学生的信任和认同。

作为经历过高等教育洗礼的班主任，对所有学生"一视同仁"的道理都知道，但发生事情时，往往会主观地把问题归结到"问题学生"身上。这种偏颇的对待方式，会让学生和班主任之间出现隔阂，时间久了班主任更会失去信任。

那么如何做到时刻保持清醒的头脑呢？《论语》中说"吾日三省吾身"，

---

* 作者：裴晓林。

班主任应每天回忆自己在班级活动中的言行，做得好的地方要进一步巩固和加强，做得不当的地方要及时进行改正。如此日复一日，锲而不舍，做到摒弃主观性思维，时刻与客观性、深刻性思维为伍，处理班级事务时保持客观、处事公正，语言和行动上务必做到尊重学生。

深刻的思维品质要求班主任有全面看待事物和慧眼识人的能力，这样才会不只看到"优秀学生"的优秀的一面，也能看到"问题同学"的症结所在，全方位地认识每个学生的内心世界，从而寻找到有效的助力成长的经验之法。

"世有伯乐，然后有千里马。千里马常有，而伯乐不常有。"这是《马说》中的话。班主任要有成为班级里每一位同学的"伯乐"的情怀，而不应根据主观喜好有选择地亲近部分学生。班集体建设过程中，班主任思维的深刻性品质是建设的基石，它好比万丈高楼的地基，只有地基打得扎实，楼才能盖得高耸入云。

（二）班主任思维的清晰性是学生成长过程中的启明星

班主任面对的是一群鲜活的个体，他们天真烂漫，想法也是千奇百怪。班主任要把种种纷杂的问题进行梳理，引导学生的思考方向朝着确定性的一面发展。

例如，我们可以在班级中开展如下教育活动。

案例一：挑战不可能

接收一个新班级之初，班主任不妨和班级里同学共同完成一项趣味活动，活动的名字就叫做"挑战不可能"。活动要求自己制定一项任务，任务期限为一个学期。任务目标：完成自己认为不太可能完成的事，如学会一项运动、读一本书、培养一个爱好、取得一项成绩、获得一项证书或荣誉等。目标制定的过程中，全班可以参与讨论，讨论完成后请每一位同学在班级中公开讲述，同时要求制定者做好记录，记录每天或每周为完成目标所制订的计划和完成的情况。班主任本人也要一起参与，我为自己制定的目标是40分钟内完成5公里的慢跑。我作为班主任要做好表率，将自己为何制定的目标表述清楚：平时运动少，身体素质一般，下班回家吃完饭就懒得动，日常爬楼会略感吃力，想通过运动的方式恢复体能。

任务计划：每周进行 3 次慢跑。第一周每次跑 15 分钟，坚持 3 周后，第四周增加到 20 分钟，之后以此类推增加时长。跑步前做好热身活动，跑步完成做好拉伸活动，热身和拉伸活动各 10 分钟。

每周打卡记录表

时间	项目		
	热身	慢跑	拉伸
第一周			
第二周			
第三周			
第四周			
第五周			

一个学期后，班主任和每位同学将"挑战不可能"的结果在班级活动中一一展示。这项活动向同学们传递一个信念：每个同学的起点不同，家庭教育不同，甚至领悟力也不同，但经过确定性的努力和训练，坚持、不放弃，每个人都能成功挑战自我，完成不可能。挑战任务完不成，或者遇到困难和问题时，有的同学可能从外部找各种各样的借口和原因。这种借口和原因都是不确定的，但确定的原因只有一个，就是向内找，问问自己是否足够用心和努力。

班主任思维的清晰性，可以帮助学生更好、更快地成长。

（三）班主任思维的批判性是学生扬帆起航的助推器

单一性思维只看到事物的一面，看不到对立的另一面。班主任应将批判性思维在日常班级生活中深化和沉淀，培养学生的独立思考和反向思维能力。古人云"行成于思毁于随"，要鼓励学生表达不同的立场，不要害怕提出与众不同的见解。日常工作中的方方面面、大大小小的琐事中，都包含着教育契机，班主任把握住这些机会，就能促进个体成长，提升班级凝聚力。

很多时候，班主任把"乖、听话"等词汇，当作赞美之词来表扬学生。"乖"是说他们行为规范得体，无需老师费神，这点自然需要继承和发扬，但同时可能造成学生们思维不活跃、不积极的隐患。所以批判式的思维在育人上是必不可少的。

在教育教学中，班主任应主动倾听孩子的心声，了解孩子的真实想法，从而更有效地解决问题。

案例二：主动倾听孩子的心声

学生之间彼此起绰号的情况屡有发生。有的绰号是根据长相和外形特征，有的是根据行为特点，有的可能只是因为偶然闹出的笑话，而被同学拿来命名当作"笑谈"。遇到这种情况，班主任作为班级价值取向的引导者，绝不能坐视不理、无动于衷。我审视了这件事，并和几名同学沟通，了解他们真实的想法。这些绰号大多由一些"爱玩好动"的同学发起，而平时那些"听话的乖孩子"虽然觉得有些不妥，但也没有表达过相反意见，甚至也被带动着给其他人起绰号、叫绰号。班主任对待此事如果一笑了之，不予理会，不仅会影响被起绰号同学的自尊心，同时也会将班风带向消极不健康的一面；如果对叫别人绰号的同学采取呵斥等简单粗暴的方式，也只能起一时的作用，对根本性的问题解决无济于事。于是，我决定开展一次班级活动：班级个人荣誉称号征集。我讲了"己所不欲，勿施于人"的道理，并引导他们换位思考：如果自己被别的同学起绰号，而自己对所起的绰号反感，是不是会很沮丧很悲观又生气。同样的，作为一旁看到这种事情发生而又觉得和自己不相干的同学，虽然你们感到这种起绰号的行为有所不当，却也没有主动站出来，表达立场，同学犯了错误，不及时提出建议，帮助他们改正，是不是也是一种不够勇敢又不敢表达自我的表现呢？这时有的同学低着头不发一声，有的同学频频点头。不发声的大多是起绰号者，频频点头的大多是与起绰号事件不相干的旁观者。此时，班主任如果只进行批评而没有改进的措施，那么效果只能说起到一半。好的教育方式，既能发现问题，又能提出改进的方法。我建议，我们不妨设立一些个人荣誉称号，每周进行一次公开评选，由班级里每个同学决定荣誉称号的归属。这时低头的同学和频频点头的同学，瞬间都来了精神，一齐大声地说好。接着就在这种开心活跃的气氛中，同学们讨论出以下个人荣誉称号：勤劳小能手，文明之星，乐于助人之星、友善之星、自律模范、智慧之星、劳动之星、活跃之星等。

班主任在遇到问题时,首先想的不是默不作声,也不是简单处理,应该是通过一次次机会进行批判式的教育和引导,要全面调查、深入思考,采取理性的解决措施。在上述案例中,班主任思维的批判性起到了关键性的作用:还原了事情发生时学生们各自内心的活动和想法,保护了当事学生,融洽了师生关系和集体气氛,更培养了学生们基于公平中立原则和反省批判的思维方式。

三、班主任班级管理中思维品质提升的路径*

思维方式决定着人们的言行,提升思维品质是班主任开展、创新班级管理工作的前提。如何提升教师在班级管理中的思维品质呢?

(一) 在阅读中提升思维品质

阅读可以增长知识、丰盈思想,是教师开展专业学习的途径之一。丰富的阅读是发展、提升教师思维品质的内在支撑。

1. 在广泛阅读中提升思维品质

读书让人明智、深邃而达观,广泛的阅读有助于在潜移默化中提升教师的思维品质。

例如,班主任在阅读《论语》的过程中,能深切感受到其对教师、对教育教学甚至班级管理都有着价值。

2. 在主动探究中提升思维品质

班主任在班级管理中难免会出现一些问题,绝大部分班主任的做法是出现问题、解决问题。但作为一名班主任,应该分析学情,思考问题产生的原因,探索解决问题的方法与策略。

班主任可以将读书、实践、反思结合起来,改进自己班级管理的方法。例如,班级的后进生一直都是困扰班主任的一大难题,那如何更好地助力学困生的成长呢?我们可以带着这样的问题,有针对性地选择、阅读书籍,汲取书中好的方法与经验,运用到自己的班级管理中来,然后反思自己在班级管理中存在的不足并继续改进。

---

* 作者:裴晓林。

班主任在工作中以开放的思维多观察、多发现，针对问题，主动探究。阅读的过程、探究的过程，其实就是思考的过程、创造的过程，当然，也就是思维品质提升的过程。

（二）在反思中培养思维品质

教育家孔子曾经说过："吾日三省吾身"。勤于思考是培养良好思维品质的重要环节，作为班主任，要想让自己的思维品质得到提升，就需要对自己的班级管理不断反思。

班主任在实践中不断反思、不断成长的过程，就是思维品质提升的过程。反思能力是教师专业发展的核心要素，也是一种重要的思维品质。班主任在班级管理过程中，要不断反思自己的工作方法、班级建设的内容、思维的方式等。

例如，目前很多班主任的工作状态是"头痛医头""脚痛医脚"，或者根据学校布置的任务，机械性地完成任务，缺乏自己的思考和反思。班主任可以针对班级管理中存在的各种问题进行追因分析，比如，学生之间发生矛盾后班主任处理问题的方法，班级管理的模式，小干部的培养等。班主任反思的主要方法有：写反思日记，结合具体事例反思自己的教育观念或教育行为；借助交流、研讨等活动，反思自己的教育方法，更新观念、拓宽思路。

（三）在交流中巩固思维品质

在日常的工作中，我们可以采取"头脑风暴法"进行交流，在交流中不断巩固自己的思维方式。

头脑风暴法的核心是：基于充分的自由联想，通过举办小型会议（一般以 8~12 人为宜），使与会者自由畅谈，大胆提出各种想法，从而使得大家相互启发、产生联想，导致创意设想的连锁反应，产生更多的创意。

头脑风暴法可训练发散思维能力，让思想尽可能地发散，从而产生两个或多个可能的答案、设想。发散思维追求的目标是获得尽可能多的设想。参加会议的每个人都要抓紧时间多思考，多提设想。在某种意义上，设想的质量和数量密切相关，产生的设想越多，其中的创造性设想就可能越多。

在进行该思维训练之前，要事先通知教师本次活动的主题，帮助教师明确要解决的问题，让教师有所准备，从而保证每个人都能有机会发表自己的见解，然后在思维的碰撞中获得解决问题的办法。

这样的交流，可以帮助参与活动的教师客观地审视他人的经验、做法，反思自己的做法，通过与其他教师的沟通和交流，获得对事物多方面的认识，拓宽自己的思路，从而更好地巩固自己的思维品质。

（四）在实践中深化思维品质

思维品质的提升是一个长期的过程，班主任要在实践中不断深化思维品质。例如：在解决班级突发事件的过程中，班主任要不断深化解决、分析问题的思维；在处理班级突发事件后，要不断反思，以积累成功的经验。

实践是对理论知识的验证，验证过程中得到的结果和反馈，对理论知识进行升级和调整，从而实现理论的完善。

实践可以体现在丰富多彩的班级活动中。班主任在组织活动时，应充分发挥同学们的主观能动性，让同学们在实践活动中，都有负责的岗位、有角色、有体验、有成长。

四、班主任班级管理中思维品质表现案例分析*

现在的中小学班主任多数是在接受性教育的体系下接受的教育。我们是否需要自我反思一下，在工作中有没有不知不觉沿用了以往自己的老师的那一套？有没有成为自己做学生时最痛恨的那个样子？试想一下，如果我们不主动打破思维定式，用传统的教育方式教育学生，后果会怎么样？

班主任组织班级活动，不仅是为了帮助学生增长见识、增进友谊，班级活动也不仅是对学生进行教育。班级活动的开展，需要调动各类资源，在活动开展中，还要处理学生之间的各种关系、出现的各类问题等。一个班主任是否能够在活动之前细致谋划并做出相关安排，直接影响活动的结果以及学生的状态。

案例三：歌咏比赛

每学年的春季学期学校都会举办歌咏比赛。去年的比赛，按照学校整体工作部署，要求每班出两个集体性节目。两个节目除一个是合

---

* 作者:屈春玉。

唱外，另一个不规定具体内容。于是班主任经过思考决定让班里朗诵较好的同学准备一个集体朗诵节目，全班同学准备了一支合唱歌曲《我爱你中国》。班主任对这次活动不够重视，只是让班级小干部自行组织编排，从始至终没有参与。在节目的排演过程中，因为没有班主任的介入，班干部之间产生了严重的分歧，甚至还发生了不小的摩擦，同学之间的感情受到影响，节目编排的也非常不好。这个时候，班主任已经意识到了这个问题的严重性，但由于班主任不擅长组织文艺活动，比赛结果差，班集体参加活动的热情大大降低。

案例二：比赛结束后，班主任懊悔不已，试想很多可能，如果自己当时积极参与组织，比赛的成绩就不会影响孩子们的士气；如果当时能够请有经验的老师指导，也不会让学生间的矛盾激化。自此，他学习了相关理论知识，并适时开展班级活动为下次比赛做准备。在今年的活动中，班主任早早地在班级中进行了活动的宣传工作，并按照学生特点把孩子们进行了分组，设计了活动方案。他利用课余时间与班干部、音乐教师精心挑选了适合学生年龄特点的合唱《红旗飘飘》及集体朗诵的《少年中国说》。这次班级通过公平竞争，选出两名领诵人员。同学们热情高涨，利用课余时间不厌其烦地一遍又一遍练习。班主任抽出时间进行细节指导，语文组朗诵比较好的老师也参与了辅导和指点。在语文老师的悉心指导和同学们的刻苦训练之后，同学们信心满满，一有时间就组团练习。经过老师和同学们的一番共同努力，结果当然是大家最愿意看到的第一名。事后，班主任又搞了一系列主题式班级朗诵活动，均得到了学生的积极响应，参与率极高。

这两次同一主题的活动所产生的不同效果值得反思。在教育实践中，班主任接触学生，生成大量的感性认识。怎么样把感性认识上升为理性认识，这就需要班主任的缜密思考。班主任要随着思维客体的变化而变化，要学会"审时度势""多谋善断"。下面就上述两个案例进行简要分析。

（一）确立新思维，创新活动方式

1. 自我反思，打破思维定式

通过两个案例可以看到班主任前后的变化。班主任组织班级互动，不仅是为了帮助学生增长见识、调节气氛，班级活动也不仅是对学生进行传统教育的载体，更是让学生在活动中学会分析、判断、求助、变通等做人的道理，让学生学会自我疏导、人际沟通、团结协作、激发创新意识等的重要载体，是学生适应未来生活的重要途径。作为一名班主任，首先要进行自我反思，敢于打破传统意义上的思维定式，以活动为载体，充分挖掘学生本身的能力及其闪光点。

2. 提升自我，提高创新思维能力

创新的社会需要具有创造力的创新人才。班主任作为班级学生活动的组织者，不应该被动照搬学校政策；作为一名教师，担负着教书育人的职责，而不是单纯意义的管理者。班主任在学校教师团队中，起到领导作用，而不是简简单单的服务人员。所以班主任在组织班级活动时应该运用立新理念、拓展新思路、采取新策略、寻求新路径、解决新问题、开创新局面。在案例二里，班主任意识到去年搞活动时出现的问题，今年在组织时，提前策划、全程参与，保证了活动的效果，学生也因此获得成就感。

(二) 优化新思维，优选创新活动的内容

思维方式决定着人们的处事方法，提升思维品质是班主任班级活动创新的前提所在。

1. 学习远景构想思维，让活动主体化、系列化

远景构想思维又称全局思维、战略思维，是制定宏观规划、长远规划，做出战略决策的重要前提和必要条件。作为班主任，要多了解一些事实，同时要以全局思维，引领学生从全方位着眼，对客观事物进行分析、判断与推理。学校组织的活动要积极参与，班主任可以根据班级实际与学生商讨，做成班级系列化的活动。这样可以起到事半功倍的效果。在案例中，班主任一改上次的管理方式，提前着手策划这次的歌咏比赛和朗诵比赛，让学生成为活动的主体，小组分工合作，找专门教师指导，事后又举办系列的朗诵活动……这不仅激发了学生参与活动的积极性，也有利于班级的文化建设。

2. 培养预见性思维，使互动前瞻化、系统化

预见性思维是班主任根据事物变化发展的规律进行先见性推理，进而对事物发展做出自己的科学预见。班主任组织学生活动需要一步一个脚印，同时要主动与学生讨论活动的内容，不仅要问传统意义的"是什么""为什么""怎么办"等这类基本的问题，更要多问"谁有不同的建议""谁有更

新的想法""如果换个思路，我们还可以怎么办"。在此过程中班主任应该给予有价值的评价。案例二中，班主任全程参与谋划、排练，保证了效果。这是班主任工作的一大进步。

（三）拓展新思路，打开活动创新的新局面

活动的创新都始于思维的创新。对于班主任而言，如何打开创新思维、开创班级管理的新局面，是值得研究和思考的。

1. 灵活变通，尊重活动主体

班主任组织活动，要灵活变通，不要一成不变。从案例中这两次活动的对比不难发现，第二次显然班主任认识到了这一点，从最开始的策划到最终的演出，班主任都尊重学生的主体地位，调动了孩子们的积极性。

任何形式的班级活动，都应该以学生为主体。以学生为主体是教育活动最根本的任务。新课程方案和新课标发布后，以学生为主体地位越来越受到重视。但是，这并不代表将班主任或教师的地位进行削弱。教师在班级管理或者班级活动开展时既不能强制学生，也不能放任学生，而要在尊重与积极引导上寻找结合点。在第一次歌咏比赛中，班主任忽视了学生这一主体地位，因此遭到了学生的反对与不愉快。第二次比赛时班主任提早准备，尊重学生，让学生参与其中，发挥学生的主体性，最终取得了理想的结果。这正是灵活变通的思维品质导致了实质性的变化。

2. 灵敏捕捉，找到情感表达的按钮

在教育活动中，班主任要有捕捉情感的灵敏度，并做出恰当的反馈，结合了解的实际情况用自己最真实的情感指导学生怎么运用语言、表情、动作等恰当地表达出内心最真实的感受，并寻求适当的帮助。

第二节　突发事件处理中的教师思维品质*

教师在面对校园突发事件时，必须冷静、理智，不可一味地针锋相对，一时冲动往往会导致矛盾更加激化，错过妥善处理的最佳时机；也不能逃避，将事情推诿给他人。教师应根据事态，迅速、敏锐地观察和判断，并

---

* 作者：郭兴、金然。

时刻保持情绪的控制能力，针对特别棘手的问题应学会随机应变，这样才能保证面对突发事件而不丧失恰当的处理能力。教师应该冷静、理智地通过个人的行为和语言传递给事件参与者，使各方都能够冷静下来，防止突发事件扩散。

一、突发事件处理中教师思维品质的常见问题 *

班级突发事件，是在教学过程和班级工作中，突然遇到的难以预料的特殊事件，或者突然发生的有不良影响的事件。教师对突发事件处理是否得当，直接影响着教育教学质量和效果。教师通过训练提高自己处理突发事件能力，具有特别重要的意义。

突发事件不可怕，重要的是突发事件出现后如何去处理。要正确处理突发事件，教师就必须在教育学生的实践中透过纷繁的表面现象，抓住关键环节，随机应变地处理各种问题，使突发事件得到妥善解决，也让学生感受到老师炽热的心肠、闪光的智慧和高尚的品格，从而接受教育。突发事件处理的好坏，是教师工作能力的综合体现，也是衡量一个教师成熟与否的标准之一。

在突发事件处理中教师思维品质的常见问题主要表现在以下几个方面。

（一）思维品质深刻性方面的问题

主要表现为：不能深入分析事件的缘由，容易感情用事；不注意挖掘突发事件背后的隐藏问题属性；分析问题的思维单一，不能用联系的观点从不同侧面了解突发事件。例如，惯性思维导致教师武断地认为"好学生"不会犯错，"后进生"犯错的可能性更大。

教师的应变能力，来源于日常管理中的体验和琢磨，它是教师长期积累教学经验的总结和提炼。班级管理实践是应变能力的基础和源泉，离开了管理实践，应变能力就成了无源之水、无本之木。同时，应变能力又以其特有的方式服务于班级管理，并在实践中经受检验和提高。

（二）思维品质灵活性方面的问题

主要表现为：处理问题过于教条，不能多方位、多角度灵活选择解决

---

* 作者：郭兴。

问题的方法。教师在处理方式和方法上一定要灵活机动。例如，有的教师对待学生打架问题，永远采取一个流程：批评双方，请双方家长来校，让家长对学生批评教育。其实，教师应先分析打架的原因，矛盾产生的过程，隐藏的学校教育问题和家庭教育问题；针对不同类型的学生和家长，要采取不同的安抚、批评策略，用灵活的思维面对不同类型的家庭问题。

教育管理的灵活性主要体现于教师应变能力的技巧性。在班级管理中，影响管理过程的因素是复杂多变的，随机性很强，它要求教师在面对突发事件时，要针对实际情况，因事、因时、因人而异。这种灵活处理突发问题的方法，决定了应变能力具有技巧性的特点。

（三）思维品质批判性方面的问题

主要表现为：一些青年教师不善于独立思考问题，不敢大胆质疑。新教师更容易相信"表象"，认为第一眼看到的或听到的就是事实，缺乏对"权威"的质疑。突发事件的形成条件复杂，干扰因素多，若对问题不做深刻分析，就容易受到表象迷惑，掉入思维陷阱。

教师对班级教育教学工作要起到统领全局的作用，尤其班主任必须成为批判性思维教育者。处理突发事件时，教师应该辩证地看待问题，要站在中立、客观的立场，不能主观臆断，要考虑事情前因后果、事件发生时的环境；一方面设身处地为他人着想，另一方面客观冷静分析来龙去脉，这样可以更全面客观地了解事情。

（四）思维品质独创性方面的问题

部分教师在分析和解决问题时，思想保守、狭隘，惯于依赖现成的解决问题的方法及别人的思想和暗示考虑问题，思维缺乏独立性、新颖性和发散性。

教师从事的教学工作是一种创造性的劳动。这种创造性劳动本身就决定了应变能力的创新性。一旦突发性问题在课堂上发生，而那些既定的教学方案和固有的教学模式又不能应对时，教师就要敢于突破陈规，勇于创新，果断地采取应对措施，使矛盾及时得到化解。在处理问题的过程中，教师的构思应是独特的，凝聚着自己的经验、智慧和生机勃勃的创造力。

（五）思维品质敏捷性方面的问题

主要表现为：在遇到突发事件时，不能快速、准确地做出应对策略。

例如，课堂上发生学生不舒服状况时，学生说自己能坚持上完课，教师便想着下课后再详细询问身体状况，其实这样可能容易耽误病情。教师及时、果断、恰到好处地解决突发问题时，往往会收到意想不到的、事半功倍的教学效果。因为突发事件所引出的问题，往往是学生最关注的问题。此时教师如能及时地在解决问题的同时，不失时机地向学生传授一些相关知识，定能收到极佳的效果。

（六）思维品质系统性方面的问题

不少青年教师的教育管理工作基本停留在正常上完课、不让班级出乱子，和应对各种检查评比的层次。表面上看，这是因为缺乏经验，根源之一却是缺乏系统性思维。所谓系统性思维，就是把工作看成是一个系统，从系统和要素、要素和要素、系统和环境之间的相互联系、相互作用中综合考察和处理工作的一种整体性思维方式。

面对突发事件，教师首先要把突发事件看成是一个系统，而不是一个孤立的事物或事务；然后从整体思考，理清突发事件涵盖的要素及其相互关系；之后要分析突发事件产生的原因，并寻找最优解决策略。所以培养教师优秀的系统思维品质，对于处理突发事件能起到事半功倍的作用。

二、突发事件处理中教师思维品质的重要价值*

面对突发事件，教师必须快速做出反应，积极应对，迅速、果断地遏制事态发展。尤其对突然发生的且有可能继续扩大影响的突发事件，一定要快速采取有效的措施。突发事件处置原则主要有及时、理智、艺术性、教育性和考虑学生自尊以及化解矛盾等。

（一）突发事件处理中教师思维品质的深刻性，构筑了班级建设的基石

突发事件往往情况复杂，对于突发事件背后的问题要深入研究，这对教师的思维深刻性有很高要求。对一件事情的深入剖析，可以避免更多类似事件发生。思维的深刻性指思维过程的抽象程度，指是否善于从事物的

---

* 作者：郭兴。

现象中发现本质，是否善于从事物之间的关系和联系中揭示规律。具有思维深刻性品质的人，能从别人看来是简单的甚至不屑一顾的现象中，看出重大的问题，从中揭露出重要的规律。

现实中，部分班主任的思维表现为主观性强、权威感重，而尊重事实是开展实际工作的前提，这就要求班主任始终头脑清醒，具备深刻性和客观性思维品质。

教师在处理突发事件时所体现的教育观、价值观，会影响学生的成长和发展。因此，教师利用深刻性思维品质将突发事件处理的经验心得汇总后，可以从更广、更高的角度思考自己的工作及其对学生的影响。这不仅是教育理论建设的需要，更是教师实际管理工作的需要。这些宝贵经验是构筑班级建设的基石。

（二）突发事件处理中教师思维品质的灵活性，有利于激发教师的潜能

突发性事件产生的原因复杂多样，对组织和成员产生的冲击也颇为严重，在这样特殊情况下，常规的方法可能无能为力，而此时的机动灵活则是教师必须把握的重要原则。灵活性的原则在处理突发性事件的各个环节上都有所体现。教师停留在经验主义的教条、刻板式思维，阻碍着教师管理水平的提升，更使得这种僵化思维下的班集体缺少活力，缺少张力，缺少持续的成长力。

首先，教师在面对突发事件时，需要有迅速的应对能力，发挥其教育机智。在处理事件程序上传统的思路是教师要临危不惧，迅速查明原因。在这里临危不惧是对的，但迅速查明原因却并不一定现实。原因一定要查，但不是在开始，而是在局面得以控制之后。有许多教师，在突发事件发生后，首先关心的是事件是如何引起的，是谁的责任，先打官司论长短，导致局面恶化。打破传统思维方式，因地制宜，从实际情况出发，这是处理突发事件灵活性原则的要求。

其次，突发事件随时会有各种情况出现，处在第一线的教师执行上级命令天经地义，但绝不能成为一个死板执行命令的机器：面对变化了的实际情况，盲目执行上级的指示，会给组织带来损失。

最后，执行方式要灵活。在解决问题时，我们虽然强调快速，但也要

考虑学生和家长的心理承受度，采用不同的处理办法。总之，离开了灵活性，突发事件就得不到圆满解决。

（三）突发事件处理中教师思维品质的批判性，有利于促进教师终身发展的意识

突发事件处理的过程中教师要对不同的观点或已有结论提出疑问，要根据客观事实生发不同的看法，这是教师必备的素养。批判性思维让教师重新思考事件的过程中是否有问题，存在什么证据及是否可信。"批判性思维"就是评估证据并区分证据证明力强弱的方法。在突发事件处理中，教师鼓励学生或家长发表观点，提倡怀疑、质疑，使思路更开阔、更灵活，多角度地探索，提出独特、新颖、符合实际的见解。

批判性思维不仅注重我们的主张，更注重主张背后的理由和推理。给出支持主张的理由叫论证。评估论证好坏的核心标准：理由要真实；推理要符合逻辑规则。论证里面有三个要素：主张、理由和推理。要想评估一个论证的好坏包括两个方面：第一要有理解力，充分理解所要评估的事物；第二要基于中立标准去评估其好坏。批判性思维是促进突发事件处理的强有力思维，对于教师自我素养的提高也有很高的促进作用。

教师在处理突发事件的过程中，教师的认识和经验也在不断积累，是完善自己的学习过程，有利于促进终身发展的意识。

（四）突发事件处理中教师思维品质的独创性，是教师管理能力的可持续发展动力

很多突发事件的复杂性、教育对象的多样性，决定了教师工作的复杂性、艰巨性，要求教师有灵活多变处理问题特别是处理突发事件的工作能力，把管理的艺术性、坚持原则的坚定性与灵活性、把握工作的策略性高度完美地统一起来，形成自己独特的处理艺术，并运用到处理班级实际问题的工作实践中去。教师要从学生的言谈举止中去观察其思想动态，探索解决问题的有效方法和途径，因人制宜，有的放矢，使班主任工作常做常新。要培养具有创新精神的学生，首先必须有创新型的教师。班主任的教学与管理，更要解放思想。因此，教师除了具备扎实的专业知识外，还应爱好广泛，涉猎邻近学科知识，掌握最新最前沿的信息，善于运用求异思维、发散思维、形象思维、逆向思维等创造性思维方法对事物进行深入的

观察与思考，寻得解决难题的最佳方法。

教师通过处理突发事件展现出的独创性，往往是具有推广性的，这些经验和方法为日后教育管理工作提供了重要保障，不仅让本人产生成就感和荣誉感，也为其他教师提供了思路，更为教师的职业发展和管理能力提供可持续发展的动力。

（五）突发事件处理中教师思维品质的敏捷性，有利于提升教师的管理素养

思维的敏捷性是指思维对外来事物反应的及时性和敏锐程度以及能够迅速抓住事物本质和规律的特性。它体现了思维处理信息时的接受能力、反应能力、判断能力、分析能力、综合能力的总体思维水平。敏捷性还表现在思维的果断和机智方面，指在遇到突发事件时，能够即刻捕捉到关键因素加以决断，取得立竿见影的效果。

对突发事件的处理，考验的是教师的思维敏捷性和快速响应能力。信息的及时传递和报送，对于赢得时间上的主动、有效控制局势、事件得到妥善处置至关重要，决定了造成损失的大小及危害程度、处置成本的高低。一方面，教师要按照"严、慎、细、实"的要求，实事求是、严肃认真、规范有序报送，切实做到早发现、早报告。另一方面，信息报送与处理要全过程管理。教师要迅速做出指挥方案。全过程管理包括三个原则：一是首报（初次报告）要快速，报送信息要突出时效性、主动性，具备首报意识和首报责任，接到突发事件线索或预警信息，采取相应措施尽快了解情况，按照程序立即报告。特别是对带有苗头性、预警性、倾向性的信息，要进行分析汇总，向主要领导、上级管理部门汇报。二是续报（阶段报告）要准确，对于持续时间较长的特重大突发事件，应对事件进展情况进行持续跟进、准确报告。三是终报（总结评估报告）要全面，即事件结束后，对整个事件的应对进行全面的总结评估，举一反三，不断提高应急处置能力。

教师在面对处理突发事件的方案时，要迅速及时地考虑各方面的条件和因素，因人、因地、因事制宜，达到对学校、家庭都有益处的效果，努力取得多重效果和长期效益。另外，要准备备选方案。为应对各种突如其来的变化，必须做多方面慎重考虑，对可能出现的情况做到胸中有数，从

而使突发事件得到妥善解决。

（六）班级突发事件处理中教师思维品质的系统性，有利于完善教师的管理技能

突发事件具有突发性和不确定性，所以在平时班级管理中教师就要做到系统管理，逐级排查，防患于未然。系统思维是思考力的重要标志之一。教师要预先将一些可能的应急事件辨识出来，这是最为关键的一步，也是我们在未来能够有效应对突发事件的关键前提。对于突发事件的辨识度越高，未来的响应和防范也越有效。

整体性是系统思维方式的基本特征。整体思维要求把思考问题的方向对准全局和整体，从全局和整体出发。在突发事件中运用整体思维，实际上就是要求班主任从突发事件的整体着眼、部分着手，统筹考虑和协调各方面。

三、突发事件处理中教师思维品质提升的路径*

我们的教育教学工作中时常会出现各种各样的突发事件：上课时突然飞进教室一只小鸟，午休时一位女生突然伏桌大哭，课间两个男生突然大打出手，讲解习题时教师突然说错了话……面对这些突发事件我们该如何处理呢？在处理这些突发事件时教师的思维品质又该怎样提升呢？

（一）具备良好的个人修养，是突发事件处理中教师思维敏捷性和灵活性提升的前提

个人修养主要包括知识修养、品德修养和良好的心理素质等。古人云：亲其师，信其道。一个教师，只有具备了良好的个人修养，才能得到学生的尊重，被他们"亲之""信之"。有了信任与尊重，教师处理起突发事件来，自然会得心应手，游刃有余。

知识修养是指教师掌握和运用文化知识的能力或水平。教师具有良好的知识修养才能实现突发事件中教师思维敏捷性与灵活性的提升。例如，教师在备课时，对教学内容的知识储备越全面，教学活动设计越能有的放矢，教学活动完成过程中遇到突发事件也能迎刃而解；反之，教师有限的

---

* 作者：金然。

知识储备和运用能力，在完成教学过程时，可能会产生事倍功半的结果，更无法较好地处理突发事件。

品德修养主要是指教师良好的职业道德，包括：高尚的道德情操；敬业爱岗的作风；宽厚仁慈的心胸；豁达乐观的性格；随机应变的能力；机智幽默的谈吐等。教师的工作是与人打交道的工作，这就意味着会有各种突发性的事件。例如，当教师在课堂上发现学生玩手机时，品德修养不同的教师，采取的方法就会各不相同。具有思维灵活性和敏捷性的教师会选择温和、幽默且智慧的方法提醒学生，快速解决快速回归教学，顾全大局；课后再进行二次甚至三次教育引导，探究学生行为背后的根本原因，制定改进措施，帮助学生形成较好的自我管理习惯。反之，教师如果以简单粗暴的方法解决，可能治标不治本。教师良好的个人修养不但能教育和影响学生，更是自身思维敏捷性和灵活性的体现。

处理突发事件还需要教师具备良好的心理素质。例如，课堂上如果突然出现了学生故意让老师难堪、同学之间因言语行为不当而发生冲突等违纪情况时，教师不要惊慌、着急，更不要因一时冲动而出言不逊。体现思维敏捷性与灵活性的做法是：暂停授课，先分析一下事情的起因，查找一下矛盾的根源，如果真是教师错了，就要当众向学生道歉，学生的故意行为常常是对教师的不满引起的。如果教师能做到当众认错，那么教师诚恳的言语、开明的风范，对犯错误学生的充分尊重和对自己的严格要求，一般都能很快消除学生的对立情绪，使课堂教学继续进行。但要做到这一点，教师必须具备良好的心理素质，战胜自己，不要以为向学生认错是丢面子的事——这样做最终不但不会降低自己的威信，反而会赢得学生的尊敬。

良好的个人修养可以帮助教师敏捷、灵活地捕捉到教育教学工作，尤其是突发事件中学生各方面的需求。渊博的知识、良好的品德、过硬的心理素质不但能够感染、帮助、指导学生，更能帮助他们很好地发展核心素养，而在这个过程中教师思维的敏捷性和灵活性也在不知不觉中得到了提升。

（二）树立科学的学生观，是突发事件处理中教师思维创造性和预见性提升的保障

在传统的教育观念中，教师"一日为师，终身为父"。教师的话就是

"圣旨""绝对的真理",教师说了算,学生听也得听,不听也得听,没有质疑和反抗的余地。随着社会的发展和人们法治观念的增强,人们的教育观念特别是接受新事物能力较强的青少年学生也在发生着转变。他们在教师面前不再是百依百顺的"小绵羊",他们有自己的思想、情感、自尊和辨别力,他们希望得到教师的承认、关爱和尊重,害怕在同学面前丢面子。尤其是教师在处理突发情况时,稍不注意就有可能会伤害到敏感的他们。因此,作为教师就必须树立科学的学生观。

科学的学生观,首先要求教师热爱学生、关心学生。爱学生不仅表现为教师用慈爱对待学生,还表现在教师心甘情愿地把自己的全部知识、才能与精力献给学生。但光有这些还是远远不够的,众所周知,我们的教育对象是活生生的、实实在在的人,每一个人都有自己的个性。为此,教师要想做好教书育人工作,就必须处理好突发事件。一个没有创新思想的老师,必然会压制学生的思维,削弱学生的想象力和创造力。只有不断进取、不断创新的教师,才能在焕发自身的生命活力的同时,促进学生的发展,也才能使自己的创新思维得到不断提高。

科学的学生观,还要求教师要有优化思维的意识,善于多维度去思考问题。优化思维,改变不良的思维习惯是培养教师思维品质的保障。教师在教育教学实践过程中面对突发事件时,一方面,要学会用专业的眼光去观察,然后进行理性分析和逻辑推理;另一方面,要善于多维度思考问题,保持思维的开放性、创造性,不墨守成规,能打破线性思维和惯性思维的束缚,根据突发事件的实际情况准确判断、把握时机,及时转化矛盾、冲突,迅速调整自己的教育行为。

21世纪的教育是创新的教育,这种创新的教育热切呼唤教师开动脑筋、随机应变、不断创新,把教育教学中的突发事件当成考验自己能力的契机,在不断思考、不断预见、不断创新中教师思维的创造性和预见性必会得到提升。

(三)坚持积累与反思,是突发事件处理中教师思维深刻性和批判性提升的关键

教师的思维品质实际上与教育教学经验密不可分。一些教师之所以在突发事件出现时处乱不惊,应付自如,就是因为他们有丰富的处理这方面

事件的经验。而刚登上讲台的新教师们，有的处理教学的常规事件尚嫌吃力，何谈机智灵活地处理突发事件？年轻的教师，很多人在知识上并不逊色于他们的前辈，二者的差距主要在于经验。因此新教师要多听有丰富经验的教师的课，多向他们讨教相关经验，要树立终身学习的理念。新的科技革命带来知识的飞速增长，也带来学校教育内容和组织形式上的急剧变化，教师只有通过不断的学习，才能不断地更新自己的知识，了解社会的需求，把握学生的需求，发展自己的专业。

另外，教师自己把教育教学中的"所作所为"记录下来，并进一步反思，也是一种非常好的提高思维深刻性和批判性的方法。反思的过程是教师能力和思维品质不断提升、成长和发展的过程，成功的经验在反思中得到固化与提升，失败的教训在反思中得到溯源。教师在处理突发事件时要以让学生受教育，促进每个学生的成长为目的。教师要本着教育从严、处理从宽、化解矛盾、教育全班的精神，实事求是地分析问题，找出问题的症结，并对方方面面的原因进行分析、判断、反思，尽量做到公正、公平，让学生真正受到教育，达到惩前毖后、治病救人的目的。教师坚持对突发事件保持积累与反思的习惯，有助于思维深刻性和批判性的快速提升。

一个学生一种性格，一个学生一种思想，突发事件自然也会是五花八门、防不胜防。处理、解决的方法，也应当是不拘一格、灵活多样。

四、突发事件处理中教师思维品质表现的案例分析*

突发事件往往是事先预料不到的，所以处理时必须因势利导，随机应变，其方法技巧应随着情况的不同而不同，好像没有什么统一的可机械照搬的模式，但仔细分析起来，还是有一些规律可循的。

（一）让教师思维的灵活性在对突发事件的共同讨论中绽放

有的突发事件是由于学生的行为失当造成的。对此，教师不能进行简单化处理，因为纠正学生的不当行为是教师育人的重要任务，它比知识学

---

* 作者：金然。

习和能力培养更重要。这就需要教师采取共同讨论法，借助集体的力量和学生的自我反省、自我批评来解决，任何简单、粗暴的做法都是行不通的，而且还有可能激化师生之间的矛盾。

案例一："发脾气"的水壶

课堂教学在快乐地进行中，坐在教室后排的小刚突然用水壶使劲敲打桌子，脸上有些怒气。刘老师走到他身边问怎么了，他气冲冲地说："我看不见大屏幕，怎么听课？"说着便把课本"叭"的一声扔进桌洞里。刘老师低声问他为什么要敲打桌子，他说："我叫你拉上前边窗帘，你怎么不理我？反光让我什么都看不见！""在课堂上你怎么如此嚣张，你以为教室就你一个人啊！"此刻的刘老师也比较气愤，让小刚站着，自己回到讲台继续上课。下课以后，刘老师经过反思第二天在班会课上开了一个有关学生个性发展的主题班会——新时期的学生应该如何张扬个性。经过激烈的讨论，各小组代表纷纷发言。后来刘老师又提起了昨天课堂上发生的冲突，让学生们发表看法。最后，让小刚谈谈他的想法。他说："人应该有个性，但要懂得如何控制，自己在这方面还很欠缺，以后需要提高自我控制力，昨天做得不对，希望老师、同学们原谅，并能多多帮助我改正缺点。"这时，全班响起了热烈的掌声，他不好意思地回到了座位上。

在这场突发事件中，小刚仅仅因为看不见多媒体屏幕上的内容，就生气动怒，用水壶敲打桌子，显然属于失当行为。刘教师面对情绪失控的学生发了火，这种处理方式显然不妥。可喜的是，接下来刘老师用课堂专题讨论这种灵活的方式，不仅化解了师生矛盾，而且使学生的认识得到提高，帮助学生激发改正缺点、完善自我的强烈愿望。这个过程学生成长了，但随之而来的也是刘老师处理突发事件时思维灵活性的绽放。

（二）让教师思维的批判性在对突发事件处理的自我批评中绽放

有的突发事件是由于教师的行为不当造成的。面对这样的事件，必须要求教师端正态度，勇于承认自己的错误和失误，诚恳地作自我批评。只有这样，才能既纠正了错误，又启发和教育了学生，真正收到实效。

案例二：对不起，小蜜蜂！

在进行"世界因生命而精彩"教学时，一只小蜜蜂嗡嗡地从敞开的窗户飞进了教室，落到第二排小丽的头发上，她一声尖叫，吸引了全班同学的注意。为避免蜜蜂伤人，维持正常的课堂秩序，马老师毫不犹豫地拿起一本书，迅速地将它打晕在地，然后用一只脚非常麻利地将它置于死地。突然，坐在最后一排的小军"唰"地一下从位子上站了起来，脸上带着笑意但却毫不客气地发问："老师能否告诉我，您刚才的行为是不是爱惜小动物的行为？"嗯?! 马老师一下子愣住了。怎么办？她只好坦诚地解释道："刚才老师犯了一个错误，无意中伤害了一只蜜蜂的生命。蜜蜂是人类的朋友，是组成这丰富多彩世界的个体，需要每个人的关爱与呵护，我们没有任何理由伤害它，老师为刚才的行为向同学们认错，也向被伤害的小蜜蜂道歉。"说完之后，同学们为马老师的道歉热烈鼓掌，并争先恐后地对过去曾有过伤害生命的行为进行深刻的自我批评与反省。

蜜蜂的"光顾"显然是课堂的突发事件，学生对马老师打死蜜蜂的行为提出疑问更不是偶然。将蜜蜂置于死地，确实是教师之过，可喜的是马老师真心悔过，勇于自我批评，不仅表明自己对待错误的态度，而且表达了对生命的尊重。学生们对自己伤害生命的行为进行的自我批评与反省，更增强了学生的生命意识。这样做的成功之处就在于，教师采取自我批评法，与学生真诚沟通，使学生深刻体会到生命的珍贵、世界因生命而多彩，进而培养学生热爱生命、珍惜生命、关爱生命的人文情怀，从而超越了课堂单纯传授教材知识的功能，不仅有效化解了课堂突发事件，而且历练了学生的情操，培养了学生的人文精神。这个过程也是马老师处理突发事件时思维批判性的绽放。

（三）让教师思维的深刻性在对突发事件行为、语言的辨别中绽放

有比较才有鉴别，有鉴别才有提高。有的突发事件，是学生认识上的偏差造成的，纠正学生的错误认识，有许多行之有效的方法，比较法就是其中之一。

案例三：生命的价值

心理课讲到"珍爱生命"这一课时，张老师让学生列举有关轻生的例子。这时，有位学生大声说："黄继光拿自己的身体去堵枪眼。"紧接着又有几位学生附和道："是啊，还有董存瑞舍身炸碉堡。"为了让学生理解黄继光、董存瑞的行为不是轻生而是实现生命价值，张老师选用了某校一位学生因考试成绩不理想被父母训斥后竟跳楼自杀的轻生行为与黄继光、董存瑞的行为做比较，让学生对这两种行为发表看法。之后，张老师顺势做了这样的引导：在特殊的战争环境中，黄继光、董存瑞等很多革命战士牺牲个人的生命，是为了保全部队、保护老百姓的生命，这种"轻生"是另一种珍爱生命的表现。他们的生命虽然短暂，但却实现了崇高的人生价值，而那些因为人生的一些失意就跳楼、服毒自杀的轻生行为，是一种对家庭、对社会不负责任、生命意识淡薄的表现。

学生把"牺牲"当作"轻生"，既是对珍爱生命的错误解读，又是对实现生命价值的错误理解。如果不纠正学生的这一错误认识，就难以使学生真正珍爱生命，理解生命的价值。张教师用比较法辨析"牺牲"和"轻生"，处理得当、必要且有效。学生在这个问题上学会了明辨是非，明确了牺牲与轻生是两个截然不同的价值取向，端正了价值观。这个过程让学生成长了，张老师处理突发事件时思维深刻性也绽放其中。

（四）让教师思维的创造性在对突发事件的"先扬后抑"中绽放

反思教师自身素养的提高，运用先扬后抑的教育机智，保留现实生活本来具有的丰富性，真正培养出学生的实际能力与思维品格，也是当今教育改革的一个重要方面。

案例四：扑克牌的奥秘

英语高老师走进六（2）班时，教室里聊天的、打闹的、唱歌的……更有甚者，几个人围成一圈正在打扑克牌，玩得是不亦乐乎。上课铃声响了半天，同学们才发现讲台上的高老师。学生们本以为会是"暴风骤雨"，没想到高老师却给每个小组加了朵"小红花"，而后又全部擦掉，接着微微一笑说道："同学们，看到你们牌场上那股争强好胜的精神，我很感动。我也很喜欢打扑克牌，今天就让我们来研究研究扑克牌吧！""老师不上英语课啦？"面对学生们满脸的诧异，高老师摆摆手说："Don't be nervous! Answer my questions first. How many cards are there in a deck?"学生们回答："Fifty-four."高老师接着问："What do they mean?"同学们纷纷摇头，这时高老师说道："Let me share with you. 大王代表 sun，小王代表 moon；其余的 52 张代表一年中的 52 个星期，4 种花色分别象征着 spring, summer, autumn and winter，你们猜猜顺序（红桃、方块、梅花、黑桃），每个花色有 13 张牌，表示每个季节有 13 个星期。So we can ask each other：How many weeks/seasons/days are there in a year? There are…"高老师举着扑克牌问道："你们知道 4 种花色的英文名称是什么吗？J、Q、K 各是什么字的简写呢？它们各代表什么人物呢？"学生们的脸上出现了热切求知的表情，这时高老师就简单介绍了扑克牌的一些知识。同学们赞叹不已，满眼都是对高老师的崇拜。此时，高老师又说："一副小小的扑克牌里就有这么多的英文知识，可见，学好英语是多么的重要，那么就让我们一起来好好学习英语吧！"回答她的是那一张张坚定的笑脸。

这次"突发事件"反映了课堂中普遍存在的纪律问题，如果高老师强制停止或没收扑克牌来解决这件事，可能会产生比较差的效果，不但无法让学生真正信服，反而会影响师生关系。高老师采取"先扬后抑"的方式，先表扬学生争强好胜的精神，接着用幽默的语言、渊博的知识来打动和征服学生。这样不仅拉近了师生关系，而且满足了学生的求知欲，既培养了学生们的学习兴趣、拓宽了学生视野，又提高了思维品质。在这个过程中学生成长了，高老师思维的创造性也在不知不觉中得到了提升。

在我们日常的教育教学工作中，每个教师都会遇到各种各样的突发事件，但要做到恰如其分、得心应手地去处理，却也不是那么容易。如何处理好突如其来的问题，是对教师应变能力的考验；如何将问题化解得巧妙，是对教师思维品质的考验。教师只有处乱不惊、从容不迫、巧妙机智、因势利导，才能使"山穷水尽"演变成"柳暗花明"，收到事半功倍的效果。

第四章 专业阅读与论文写作中的教师思维

第一节　专业阅读中的教师思维品质 *

　　阅读是人获取信息的重要渠道，教师的专业阅读与日常的阅读有所区别。日常阅读就像走进森林漫步，沿途领略美好风景，采撷鲜花硕果，滋养身心。专业阅读则更像是去超市采购，强调目的性，在有限的时间内能否找到自己需要的商品，是满载而归还是两手空空，取决于是否有清晰的认识和规划。在信息爆炸的时代，每天都有新的信息源源不断地被"送上货架"，教师能够获取的知识变得庞杂，就像走进一家琳琅满目的超市。用逛超市的行为习惯比拟教师在专业阅读中的行为倾向，会让我们发现，要解决教师专业阅读中遇到的问题，需要着眼于教师的思维特点，即教师的思维品质。❶

一、专业阅读中教师思维品质的常见问题

　　教师在进行专业阅读时往往具有较强目的性，但又缺乏目标的明确性。

---

　　*　作者:张泽宇。

　　❶　傅渊,茶世俊.教师思维品质的内涵与分析框架初探——以教师行为差异为逻辑起点[J].成都师范学院学报,2016,32(8):30-35.

阅读材料与获取渠道的增多，反而令许多教师迷失了方向，缺乏计划性和系统性。一项中小学教师阅读现状的调查结果显示，近 50% 的教师表示在阅读时很少制定计划或规划，凭借兴趣或工作需要进行阅读。❶

教师的专业阅读时间碎片化阻碍了教师的深度阅读，使教师在阅读中缺乏深刻性和反思性。许多教师反映，在阅读重要的文献时，常常被工作或其他事务打断。例如，一位参加培训的教师表示自己"读不进"培训者推荐的学术期刊论文："我知道这篇论文对我的学习很重要，但里面的概念比较难懂，又有很多工作上的事，一个电话接着一个电话（打断），就更难读懂了。"时间的碎片化，阅读进程不断被打断，影响了教师自主学习中的专业阅读。教师无法形成连贯的思路，难以深入思考一个问题，长此以往，思维会缺乏深刻性，阅读的收获浮于表面；缺乏反思性，难以将获得的知识内化，对于抽象的概念、复杂的问题缺少深入的分析与反思。

深度阅读的缺乏，还导致教师在阅读中探究性不足。教师跟随新课标要求、校本研修或培训主题或自己工作中遇到的问题等进行阅读，急于知道"是什么""怎么做"，但较少探究"为什么"。教师在为论义写作而进行文献阅读与研究时也经常表现为不愿追本溯源、查询原始文献，长期在理论水平不高的论文中寻找只言片语，导致教师意识不到自己正在努力研究的课题具有跨学科的特点。如皮亚杰对儿童发展的理论论述，具有启发性、广泛适用性，起到提纲挈领的作用，但常常较为抽象化，离教师的实际教学工作中的具体问题有一定距离。阅读这些书或文章可以为具有探究精神的教师提供重要的精神食粮，但常常不能立刻看到行为上的效果，需要时间内化和转化。最终，缺乏探究性使许多教师没有花费时间思考哪些问题是重要的，哪些是自己最感兴趣的，哪些是自己擅长的、可以深耕此领域研究的，导致教师在专业写作与科研中遇到瓶颈。

综上所述，教师的专业阅读欲速则不达，教师越想快速达成目标，没有清晰的定位和规划，缺少对研究问题的探究，反而易产生迷惑，阻碍了自我反思与发展。

---

❶ 曹立峥.基于专业发展的中小学教师阅读现状调查研究[D].济南:山东师范大学,2010:11-15.

二、专业阅读中教师思维品质的重要价值

专业阅读是教师学习的重要手段。教师的思维品质是影响教师从专业阅读到专业发展的学习过程的关键因素。教师学习不仅有利于自身专业发展，对于整个教育系统的改革与发展的重要意义也变得越来越突出。费什曼（Fishman）等以学习科学视角回顾了教师学习研究的历史与重要意义。❶ 首先研究者们以学习科学的研究方法设计支持性的学习环境，包括开发新的课程资料和提供计算机技术支持的个性化辅导等，促进学生掌握学科知识和提升解决问题的能力，但很多探究性项目例如费什曼等人参与的城区学校学习技术中心项目在教学改革实践中发现，教师的学习是推进课程改革、促进学生达成学习目标的关键。因此研究者们开始关注教师学习，并认为教师的思维方式与掌握知识的水平从多方面影响学生的发展。❷

要实现改善教学实践的学习目标，教师思维品质中的批判性和创造性至关重要。李爱霞认为教师通过专业阅读促进自身发展，需要经历读—思—行的转化过程，将阅读、思考与实践联结为一个整体。❸ 阅读是启发思维的第一步，说与写都是通过信息从输入到输出的过程来推动教师对信息的再加工，在这一过程中，教师的思维要具有批判性。教师将所学知识应用于实践并在实践中不断进行检验的过程，需要教师的思维具有创造性。

（一）教师在专业阅读中需要有批判性

随着现代教育中知识观的转变，教师的角色在发生转变，相应地，教师的思维也需要转变。传统的知识观强调知识的客观性与真实性，以及社

❶ FISHMAN B J, DAVIS E A, CHAN C. A learning sciences perspective on teacher learning research//SAWYER R. The Cambridge handbook of the learning sciences [M]. Cambridge：Cambridge University，2021. 707-725.

❷ 索耶，徐晓东. 剑桥学习科学手册[M]. 北京：教育科学出版社，2010. 732-742.

❸ 李爱霞. 中小学教师"读·思·行"校本研修中的知识转化研究[J]. 中小学教师培训，2021，425（12）：15-19.

会公认的权威性，认为知识是描述客观存在并被公认的真理。现代建构主义的知识观认为知识具有社会文化的属性，是社会成员共同参与建构的结果。权威专家编写的教科书与学者的著作等，包含的知识从前被认为是静态的，读者只能被动接受。建构主义的知识观认为读者应当与作者进行对话，反思作者的观点并提出自己的想法，将所获取的信息整合到相关的概念系统中，在新旧知识与经验间建立联系。在这一过程中，教师不仅要促进学生的深度学习，也要促进自身的深度学习。教师在研究课标、教材时，需要意识到自己不再仅仅是书本知识的传播者、专家提供的理论知识的消费者与执行者，同时也是教育知识的生产者。学习理论与教育实践存在着互相促进的关系，教师应用学习科学的理论可以改进教育实践；而教育实践中的经验总结与探索，也可以进一步发展学习科学的理论。[1] 这一角色转变对教师思维的品质提出了更高的要求，教师不仅要在阅读中领会作者的意图，还需要对作者的观点进行评价，分析观点与结论之间的联系是否符合逻辑。教师需要批判性地检视作者的逻辑与理论依据，不对他人和自己的观点轻易下结论，并不断对自己的理解以及学习过程进行反思。

（二）教师在专业阅读中需要有创造性

教师在学习一般性的学习理论或教学策略时，常常发现相关知识难以迁移到自己的学科教学中。因此在教师培训中，最受欢迎的往往是同学科的案例或课例。主要原因之一是教师在专业阅读和知识应用中常常只重视如何实现操作化而忽略概念化的重要性。与新手教师相比，专家教师在新知识的学习与迁移方面表现更好。专家教师对于不同概念之间的关系结构，倾向于根据逻辑关系进行推理和建构，而新手教师更倾向于根据表面的、字面上的联系绘制思维导图。[2] 对于不同概念间的关系结构形成的相关概念系统，被称为图式。图式的建构是迁移发生的关键，图示的质量决定了迁移能否顺利

---

[1] 李琼,倪玉菁.从知识观的转型看教师专业发展的角色之嬗变[J].华东师范大学学报(教育科学版),2004(4):31-37.

[2] 李琼,倪玉菁.小学数学课堂对话的特点:对专家教师与非专家教师的比较[J].课程·教材·教法,2009(11):36-40.

发生。❶ 例如，当学习者掌握了某一策略的关键结构，便能清晰地定义这一策略包含的要素，以及各要素与问题情境要素之间的因果关系。根据所建构的图式，学习者不仅能够准确回忆和表述自己遇到过哪些适用于此策略的问题情境，并能在遇到新的问题时，不受到其他备选策略的干扰，采用恰当的策略进行解决。❷ 霍利沃克（Holyoak）等学者认为，迁移是创新的核心过程之一，是人适应环境、提高问题解决能力的重要途径。❸

随着新课标的发布，教师现在面对解读新课标、培养学生的核心素养、教学评一体化等多重任务的挑战。教师需要跳出原有的想法和做法，通过研读多种文献，对已有的认知框架进行调整，接受和建构新的概念体系，提升创造性思维，积极探索新的教学方法与评价方式，给课程带来新意。

三、专业阅读中教师思维品质提升的路径

（一）培养教师阅读习惯

教师的思维品质提升，需要考虑教师行为差异的因素，思维与行为相互影响，傅渊和茶世俊通过观察和总结教师的行为方式与表现的个体差异，将教师思维品质概括为 11 个维度，包括客观性、积极性、利他性、清晰性、独立性、连续性、深刻性、灵敏性、综合性、批判性和创新性。教师阅读行为问题的改善与思维品质提升相辅相成，培养良好的阅读习惯，是提升思维品质的第一步。茶世俊认为，培养教师的读书习惯需贯通职前职后的教育资源，将师范生与教师的专业阅读指导联系起来，培养深度阅读的能力和提升思维品质。❹

❶ GICK M L, HOLYOAK K J. Schema induction and analogical transfer[J]. Cognitive Psychology, 1983, 15(1):1-38.

❷ GENTNER D, LOEWENSTEIN J, THOMPSON L, FORBUS K D. Reviving inert knowledge: analogical abstraction supports relational retrieval of past events[J]. Cogn Sci. , 2009, 33(8):1343-82.

❸ HOLYOAK K J. The Pragmatics of Analogical Transfer[J]. Psychology of learning and motivation, 1985, 19(1). 59-87.

❹ 傅渊, 茶世俊. 教师思维品质的内涵与分析框架初探——以教师行为差异为逻辑起点[J]. 成都师范学院学报, 2016, 32(8):30-35.

曹立峥在对教师专业阅读的研究中发现，参与调查的教师阅读过的书籍中教育参考书占比超过 60%，大部分教师在有限的时间里会有意识地选择阅读对提高专业能力或解决教学问题有帮助的书籍。占比第二多的文学艺术与生活休闲类书籍约为 26%，也是教师评价为最喜欢阅读的图书类型之一。而教育理论类书籍占比不足 10%。曹立峥发现教师在繁忙的工作之余更偏好休闲类图书，阅读时不需要深入思考，而较少人能主动花费时间和精力来阅读较为艰深的理论类书籍，尤其当这类书籍不能让教师立刻体会到对自身工作的帮助时。❶

朱永新认为专业阅读是教师专业发展的基石，而能决定教师思想高度的书籍需要教师深刻理解。朱永新阐述了新教育实验在教师专业阅读方法上的主张："一种带有咀嚼性质的研读，是指阅读者通过对书籍的聆听、梳理、批判、选择，在反复对话中，将书籍中有价值的东西吸纳、内化到阅读者的结构之中，从而使原有结构得到丰富、优化或重建的过程。"朱永新认为无论是精读还是泛读，在专业阅读中，教师需要"抓住一本书的核心以及框架并开展对话反思"❷。

明确专业阅读的学习目标，通过阅读与作者进行"对话"，进行反思，建构自己的知识体系，形成自己的思想，是培养良好的专业阅读方式，提升教师思维品质的重要路径之一。

针对教师专业阅读方式培养中周期长、见效慢、监管难等困难，刘胜兰与荼世俊等人在多年从事乡村教师培训与专业阅读引领的实践工作的基础上，展开了大量实证研究，总结了推进教师专业阅读的策略：首先是引导教师认同专业阅读的价值，促进教师主动进行专业阅读，提高积极性；规划阅读书目，统筹阅读时间，掌握阅读方法，组织集体阅读，有助于教师持续增加学习时间投入，逐步改善阅读习惯与方式方法，有助于提高阅读中思考的深刻性、清晰性、连续性和综合性；引导教师尝试读写结合，在教师遇到困难时提供专家指导与政策支持等，有助于教师将阅读中获得

---

❶ 曹立峥.基于专业发展的中小学教师阅读现状调查研究[D].济南:山东师范大学,2010:12-16.

❷ 朱永新.专业阅读:教师专业发展的基石[J].教育科学研究,2009,171（6）:1.

的知识进行迁移，从输入到输出，有助于提高教师思维的批判性和创新性。❶

（二）扩展教师发展空间

有学者提出要扩展教师的发展空间，教师的目标不仅是成为课堂上的名师，还可以具有更大的影响力，对于教育政策的制定和教学理论的发展做出贡献，成为教育家型教师。❷ 教育家型教师，需要兼备研究者思维和领导者思维。培养研究者思维，需要借助课题引领，鼓励教师参与科研活动，从引导教师提出研究问题、确定研究方法、收集证据与数据、分析研究结果、反思研究过程五个大方面，逐步实现教师参与和领导课题研究。这一过程中，提出自己的研究问题的前提是对于前人的思想进行理解、分析和总结，教师总结概括的能力得到提升；教师为了适应新的问题或挑战主动进行专业阅读，调整自己的方法与策略，教师反思与探究的能力也得到提升。培养领导者思维方面，培训者应帮助优秀的骨干教师逐步以科学的思维总结自己的实践经验，向上抽象化形成关键概念，向下具体化形成他人可以遵循和复制的操作步骤。培训者鼓励教师提升思维水平，凝练自己的教育思想，从为学生、同事、学校乃至整个社会带来积极正面影响的角度，系统性、综合性地看待问题。

在总结中外政策与学术研究的基础上，有研究者指出，培养教育家型教师，需要从突破心智模式、扎根本土实践、搭建交流平台和完善政策保障四个方面入手。❸ 其中，创新的心智模式是教育家型教师的认知基础。为引导教师像教育家一样思考和创新，参考已有的培养方案，提出教育家型教师专业阅读的四个关键要点，同时也是提升教师思维品质、向教育家的境界发展的四个要点：充分了解背景知识；提出和探究核心问题；分析和审视不同角度或观点的文献资料；进行讨论与反思。

---

❶ 刘胜兰，刘向银，茶世俊，等.阅读，遇见更美乡村教师[M].昆明:云南人民出版社,2022:193.

❷ 周春良.教育家型教师:当代教师发展的现实追求[J].上海教育科研,2012,297（3）：76-78.

❸ 靳伟，廖伟.论教育家型教师的内涵与成长路径[J].教师教育研究,2019,31(4)：53-59.

（三）建设支持性环境

费什曼与戴维斯在前人研究基础上，提出了支持教师学习的专业发展项目或学习环境的特征，主要包括六点：持续性，学科性，一致性，反思性，合作性和实践性。第一点，已有的研究表明，教师学习是一个持续发展的过程，在要求教师参与单独一次工作坊或是研讨会，缺乏后续学习计划或持续性的培养目标的情况下，教师难以有显著的转变。第二点，尽管许多教师在职培训着眼于一般性教学策略与知识，但应考虑学科特点，聚焦于帮助教师促进学生对本学科知识的理解。第三点，对于教师的期望和要求应具有一致性。第四点，应培养教师反思的观念和能力。第五点，应为教师提供与其他教师合作的机会其他资源。第六点，应与教师的课堂实践紧密联系，引导教师自发、顺畅地将所获得的信息迁移到自己的教学活动中。❶

支持教师专业阅读的环境的建设，主要目标是培养教师良好的阅读习惯，促进教师的知识迁移，提升教师的思维品质。第一，持续性的环境，有利于教师树立长期的阅读目标，制订阅读计划并定期检验成果，培养连续性和系统性的思维品质。第二，学科性的环境，有利于教师通过阅读丰富、更新自己的学科知识，根据教学改革要求补充学科教学知识，培养清晰性、深刻性的思维品质。第三，在课堂、学校、研修培训项目等不同情境中，若对教师的要求具有矛盾性或冲突性，则可能降低教师的学习兴趣和工作热情。为教师树立一致的标准，在绩效考核、荣誉评比等方面有所体现，有助于教师明确专业发展的方向和目标，有动机长期坚持专业阅读促进自我提升，培养教师积极性的思维品质。第四，利于教师与自己先前的知识和教学经验相结合，针对阅读材料提出自己的观点和看法，培养批判性的思维品质。第五，利于合作的组织氛围、学习共同体的建立等，使教师更有效地与同侪互助，接受前辈指导，引导后辈，与他人交流阅读心得与经验，更易接受多元化的观点，从不同角度考虑问题，培养开放性与广阔性的思维品质。第六，强调实践性的环境，可以减少教师从枯燥的理论学习到复杂的教学实践之间的割裂感，促进教师的知识迁移，适应教学

---

❶ 索耶,徐晓东.剑桥学习科学手册[M].北京:教育科学出版社,2010:732-734.

改革与工作环境变化，培养创新性的思维品质。

四、专业阅读中教师思维品质表现的案例分析

王晓春在《做一个聪明的教师》一书中表示，教师的工作能力取决于综合素养，而不是具体的工作方法。王晓春在教师培训工作中发现，教师学习往往具有功利性，希望"拿来就能用"，校长等管理者也具有同样的情形。如果读书被当作短期行为、任务行为，过于急功近利将失去读书的乐趣，人的思维也将变得狭隘。王晓春希望教育工作者与管理者们重视教师读书的问题，但不是一味追求功利。例如，哲学书籍的理论可能无法被教师直接应用到班级管理、课堂教学等日常工作中去，但可以启迪心智，培养教师的逻辑思维能力，使教师在工作中思路更清晰、活跃，产生更多解决问题的方法。王晓春呼吁应当引领教师"自愿读书，读出兴趣，读出乐趣，读出自我超越的感觉"。❶

刘胜兰、茶世俊等人在云南师范大学多年从事乡村教师培养培训体系的协同机制研究与促进云南乡村基础教育学校教师专业发展的阅读路径研究。多位参与茶世俊教授组织的"茶博士乡村教师读书会"的小学教师表示，在专家的指导下，自己的阅读更讲策略和方法，变得更容易、收获更多；同伴互助，感到更有动力；敢于阅读以前认为自己读不懂的书，得到了成长。茶世俊教授的教师读书会能获得成功，长期在云南边疆地区为乡村教师培训提供助力，获得广大教师的认可，促进教师的专业成长，取得丰硕成果，离不开其对于教师行为、思维方式与思维品质的深入研究，在读书会活动中注重潜移默化地提升教师重要的思维品质。❷

（一）掌握阅读方法，提升思维品质

教师掌握阅读方法，培养良好的阅读习惯，不仅提高了阅读效率，还促进了教师的知识结构化与信息再加工，从根本上提高了教师的思维品质。茶世俊总结了阅读的四个层次，以分项任务的方式帮助教师进行专业文献

---

❶ 王晓春.做一个聪明的教师[M].上海:华东师范大学出版社,2007:34-35.
❷ 刘胜兰,刘向银,茶世俊,等.阅读,遇见更美乡村教师[M].昆明:云南人民出版社,2022:248-251.

的阅读。在原文解读环节，教师往往只关注与实践操作有关的细节，而忽视重要的基本概念。细节操作易于习得，结合情境的描述也易获得教师情感上的共鸣。基本概念与理论论述往往成为教师阅读中匆匆略过的部分。而茶教授强调，对原文的解读应当客观而有条理：从明确基本概念的界定与概念之间的逻辑关系开始，绘制心中的认知地图，明确作者要表达的概念框架，到能总结概括作者的基本观点，分析作者使用的认识论与方法论。经历这一系列过程，才能为后续的批判性分析，知识建构和知识应用打下基础，分析作者的论述是否能逻辑自洽，比较不同作者的观点的异同，最终建构自己的知识体系，促进自己教学实践中的迁移和创新。[1] 这一过程从客观性、深刻性、清晰性、创新性等多个方面，对教师思维水平提出了要求，也明确了教师通过阅读提升思维品质的路径。

在读书会中，罗慕璇老师深有体会，她根据茶教授的阅读学习层次理论，循序渐进地开始阅读《阅读教学设计的要诀：王荣生给语文教师的建议》这本书，将自己的阅读学习层次总结为从表层信息的获取到文意理解，再到知识结构与生活关联，最后进行知识运用。罗老师不断改进学生的阅读计划，实现了与学生的共同学习与进步，实现了专业技能的提升，也能更加深刻地看待和理解学生的阅读表现。李彦玲老师也在自己的阅读经历中表示，自己已经能够做到读有所思，读后有所想。李彦玲老师通过画思维导图的方式，将所阅读书籍的每一个章节进行梳理和呈现，锻炼了自己的思维能力。在读书会与其他教师共同学习的过程中，李彦玲老师也感受到："不同的人会有不同的阅读方法，不同的书也有不同的阅读方法，只要我们愿意在阅读中去总结自己的经验，一定会得到不一样的阅读收获。"

（二）建立学习共同体，实现自我超越，提高思维品质

茶博士读书会的推荐书目中，有一些理论性较强，论述较为系统，但也被教师认为"难"、"读不懂"的书。为了促进教师直面阅读中的困难，敢于突破自我，茶教授在阅读活动中设置了读书感悟的分享环节，请教师们讲述自己的阅读故事，帮助教师们交流经验，互相鼓励。

从事语文教学工作多年的雷顺雯老师，在读书会中分享了自己的专业

---

[1] 傅渊，茶世俊. 教师思维品质的内涵与分析框架初探——以教师行为差异为逻辑起点[J]. 成都师范学院学报，2016，32（8）：30-35.

发展经历——伴随着专业阅读的重要转变。初上讲台时,雷老师遇到教学中的问题,就到书中积极寻找答案;再到开始思考教育的意义,通过阅读李希贵的《学校如何运转》,佐藤学的《静悄悄的革命——课堂改变,学校就会改变》等书启迪自己的思想。雷老师表示,在将近不惑之年选择成为一名在职研究生,可能是一次"向死而生"的选择。在繁忙的工作之余,她开始需要阅读更加艰深的学术著作。导师布置的阅读任务包括《教育哲学》《认知天性》等书籍,在坚持阅读之后,雷老师发现自己不仅完成了任务,还提高了阅读效率,开阔了眼界,通过读书找到了自我超越的感觉。雷老师表示:"真正的读书人要敢于去看难读的书,走泥泞的路。阅读也需要向上向纵深走去,在教育哲学里思辨。这条路荆棘丛生,但进步也会在我们觉察不到的地方自由生长。"

为了促进教师对书中理论的深刻理解与灵活应用,茶教授在读书会中设置了引读人。作为引读人的教师,需要先通读书籍,并为其他教师进行讲解,分享自己的思考与实践应用成果并在小组中共同进行讨论。"引"意味着"引领,启发",引读人往往是自主性更强、自省能力较强的读书会成员,但在交流讨论中,共同参与阅读和讨论的教师们之间是平等的关系。读书会中这种互助交流的方式,帮助教师们建立了学习共同体,使引读人与其他教师都有收获,在交流中获得思维的提升。

作为读书会引读人之一的段仙桥老师,她的这段话充分体现了茶博士读书会对于乡村教师思维方式与思维品质的深刻影响:"阅读照亮了知识的盲区,了解到许多新词,例如'心流''六顶思考帽''教育的普适性'等。当你不知道的越多,你的好奇心便被调动起来,你想了解的就越多,这个时候你的思维盲区越大,你懂的越多,不懂的也越多,便产生了持续不断阅读的动力。阅读可改变思维的单一性,当我看了许多书后,它不自觉藏在我的思维里。同样面对孩子活动课上扮鬼脸的问题,我可以选择做严师制止他,可以选择像妈妈一样包容他,可以选择像同伴一样和他一起。你有了更多的选择,当然也会有不同的结果,阅读让我整个人更饱满更立体,找到了对教师工作的热爱。"对此,引读人钟李萍老师也表示,在阅读中要做到努力输出,"争取摆脱思维病","学而不思,等同于零"。

茶教授坚持"读进去,说出来,写成文"的阅读理念,不仅指导教师如何阅读、引读,也为教师的论文写作和课题研究提供专业指导。为教师提供全面的、科学的指导，促成学习共同体的建立，帮助乡村教师收获成长，提升思维品质。

第二节　论文写作中的教师思维品质 *

论文写作是教师描述教育教学实践经验，反思凝练教育教学成果，表达教育教学主张的专业活动，而教师思维品质的高低是影响论文写作质量的关键要素。中小学教师论文写作的主要形态包括案例研究类论文写作、经验总结类论文写作、叙事类论文写作、课例研究类论文写作和行动研究类论文写作等。教师所撰写的论文表面上以文本方式呈现，但深层次上是教师思维品质的体现。有什么样的思维品质，便会有什么样的文本。正如尹德谟教授所讲，思维影响着语言，同时语言同样会影响着我们的思维活动。[1] 本部分首先考察了论文写作中中小学教师思维品质表现出的问题，接着分析提高思维品质在论文写作中的价值，在此基础上分析论文写作中提高思维品质的路径，最终以一个完整案例呈现思维品质在论文写作中的体现。

一、论文写作中教师思维品质的常见问题

笔者参与指导过大量中小学教师撰写的各类论文，结合笔者的指导经验以及相关的学术研究成果，我们发现中小学教师论文写作中折射出的思维品质问题主要包括以下四个方面。

（一）思维缺乏深刻性

论文写作中，教师思维缺乏深刻性的表现，首先，是教师通常多用叙事或描述的方式写作，无法使用观点或概念来总结经验、表达自我。教师的写作多为叙事性写作，而论文写作的本质是有理有据地表达自己的观点。叙述是为观点服务的。在教师案例类论文写作中，教师能呈现出案例故事发生的背景，事情的经过和结果，但不太能够从案例中总结出观点和论

---

　* 作者：靳伟。

　❶ 尹德谟. 论语言与思维的关系[J]. 西华大学学报(哲学社会科学版),2005(4)：47-50.

点，只能就事论事。论文写作中思维缺乏深刻性容易导致论文缺乏灵魂，缺乏主张表达和观点输出。其次，教师难以使用理论分析或解释论文写作中所描述的现象。教师在论文写作时能描述事情的来龙去脉，无法揭示出事件中的事理以及事理背后的学理。而论文的基本特征是要学会在理论分析视角的情况下开展写作，或者在描述和提炼实践经验的基础上给予理论解释。

（二）思维缺乏逻辑性

中小学教师论文写作中思维缺乏逻辑性是指思维前后不一致，相互冲突，存在矛盾，不符合推理的基本逻辑。反言之，论文写作中，如果表现出较好的思维品质，则体现为从原因到结论，从条件到结果，是循序渐进层层推论的关系。思维缺乏逻辑性的具体表现包括：第一，概念使用不一致。例如，一位教师论文写作的主题是"数学运算素养"，但在正文写作的过程中使用过"数的运算素养""符号的运算素养""数学运算能力""数学核心素养"等概念，导致作者在行文过程中容易出现表述的内容在内涵上不一致，自然导致推理过程经不起推敲。第二，推理过程不符合逻辑要求，导致结论、前提和论证之间存在矛盾。这一点在论文写作的问题提出部分尤为常见。第三，概念之间的关系不清晰，导致逻辑推理过程断裂。第四，缺少对相关资料的分析。不少教师在论文中呈现了大量的图片，但这些图片和作者论说之间的关系是断裂的。

（三）思维缺乏广阔性

思维缺乏广阔性是指论文中呈现的素材仅仅来自经验或者网络素材，缺乏广泛的文献使用，缺乏将他人的研究成果或政策文本纳入论文写作中。教师论文中的素材主要来自自己的教案、教学实录、学生作品等，并且常常只是摆出材料，缺乏对材料的分析；无法将这些材料与教育系统的状况以及其他素材联系起来，无法将材料放置在社会脉络、实践脉络和历史脉络中加以考察。思维的广阔性则表现为教师能旁征博引，能够从整体上全面地把握素材。不少教师直接将自己的教案等经过整理变成一篇论文，但无法将这些案例与他者的叙述和言说联系起来思考，最终导致论文的质量不高。

（四）思维缺乏创造性

思维缺乏创造性是指思想观点无法实现对日常观点和学界观点的突破，论文写作的观点主要是印证已经发表的成果，缺乏对已有观点的创新。主要表现是：第一，作者较少了解其他人的思想和观点。中小学教师在写论文时，常只表达自己的经验和案例，不了解其他人已经发表的研究成果。既然不了解他人的研究成果，那么，超越别人的研究成果，或者说站在别人的肩膀上持续推进就变成一件极其困难的事情了。在课题申报书的撰写中，不少中小学教师申报者的文献综述不够丰富，甚至只用3~5篇文献来描述当前的研究状况。不了解前人研究成果，很容易出现自以为是，但实际上并非真正意义的创新。第二，容易被别人的观点带着走，缺乏一定的批判性。批判性不仅是指对他人观点的批判，而且还包含能够从多个角度看待同一个事物。但是，中小学教师在看待问题时，常被别人，尤其是专家型教师的思维带着走，很难看到思维上的其他可能性，最终导致思维缺乏创造性。

上述问题并不是每个教师都会遇到的，但这些思维问题是导致论文质量不高的基础性问题。

二、论文写作中教师思维品质的重要价值

教师思维品质是教师论文质量的保证。影响论文质量的因素有很多，譬如教师的实践经验是否充分，教师积累的文献素材是否充分等，但这些实践和素材只有经过教师的思维过程才能转变为文本，成为论文。教师思维是教师整理素材并转化为论文的保证。如果把握不好这一点，教师的论文可能会变得混乱、零散，导致读者一头雾水，难以卒读。论文写作中教师思维品质的价值主要表现在如下四个方面。

（一）教师深刻性的思维品质有助于提升论文的深度

思维的深刻性能带来表达的深刻性。教师的论文写作是一种有理有据的思想表达，思想性是其最关键的特征。如果教师在思维上缺乏下定义的意识，教师在论文中会表现出论述的边界不清楚、张冠李戴的情况。如果教师在思维上缺乏逻辑性的意识，教师所使用的案例和教师所表达的观点

可能会出现裂痕，导致表达不清晰，从而影响论文的深刻性。相反，只有作者能清晰界定概念的边界，建立在清晰的思维框架的基础上表达，论文质量一定会得到提升。

（二）教师逻辑性的思维品质有助于提升论文的流畅度

逻辑性的思维品质可以保障论文的标题反映论文的主题，标题与子标题之间，子标题与正文之间、段与段之间、句子与句子之间的有效衔接和自然过渡，最终保障论文的流畅性。逻辑性是好的论文的基本标志。教师论文写作需要运用逻辑的线条将论文的素材和表达串联起来，表达出清晰的主题。高质量的论文一定表现出逻辑之美。教师逻辑性的思维品质还表现在教师能够建构出系统性的分析现实问题的框架，或者借助成熟的理论框架来分析现实问题，从而提高论文表达的逻辑性。

（三）教师广阔性的思维品质有助于提升论文的宽度

广阔性的思维品质意味着教师能将自己所见所闻、所思所想、所作所为转化成文本，并以此为圆心，从古今中外旁征博引，将自己的论题放置在历史和国际的时空背景中加以定位，保障论文具有宽阔的视野。中小学教师能够将自己论述的问题放在国际国内的背景中，放在全球化的视野之下研讨，确保论文的视野宽阔与宏大，确保写论文的过程不仅是自我开阔视野的过程，更是开阔读者视野的过程。教师在论文写作的过程中，在思维品性上要表现出能够将微观的教育现象放置在中观的实践脉络，以及宏观的政策脉络和历史脉络中加以考察，既能见微知著，又能纲举目张。

（四）教师创新性的思维品质有助于提升论文的高度

创新性的思维品质意味着作者的求异思维、质疑思维，能够不断转换视角和角度，洞察别人的盲区，发现新的事实，提出新的洞见。论文写作不仅是记录教育现象，更要体现出对教育现象的分析，能够推动教育实践的改善。在这种情况下，论文作者要能够从司空见惯的教育现象中觉察出教育的门道，能够探索出新方法、新工具和新策略，推动实践的改善。

教师思维品质是教师论文写作的基石，尤其是上述四种与论文写作密切相关的思维品质，是撰写一篇高质量论文的重要基础。

三、论文写作中教师思维品质提升的路径

(一) 提高教师思维深刻性的路径

首先，教师要从描述现象和事实的写作转变到解释现象和事实的写作。在描述现象和事实时，教师要做到遵循时间逻辑，将现象出现的来龙去脉和事实的基本状况描述清楚。教师要思考现象背后的理论基础是什么，是否有哪些理论可以用来解释。教师要加强理论学习，学会用理论的视角来透视现象，追问现象，直到发现现象背后的本质和问题为止。

其次，教师要学会对概念下定义。要遵循定义的逻辑写作，而不是遵循自己的日常生活逻辑写作。正如米尔斯在《社会学的想象力》中所言：如果你要抓住自己论述的真正问题，你必须从总体上认识你的主题、观点或思考领域，必须考虑一些基本原理和定义，注意定义和原理之间的逻辑联系，必须删除由于遗漏必要元素、错误或含糊的术语定义。❶

(二) 提高教师思维逻辑性的方法

提高教师思维逻辑性的首要方法是要学会画概念图。论文最终是以文本的方式呈现的，但文本背后的脉络要清晰。要理解每句话、每个段落和文章的主题的关系，理解每段话和每个句子与中心思想的关系。概念图的基本形态是金字塔结构，即要梳理清楚表达的观点是什么，观点的维度有哪些，支撑观点的事实证据和文献证据有哪些。世界大脑先生东尼·博赞提出，思维导图是"一项全方位的视觉和图解思考的工具，它能够驾驭和帮助你表达思维和创意"❷。其次，考虑论题时要考虑论题的全过程、全要素，全人员。考虑论题本身的构成要素以及相关影响要素，将两者统一起来。

(三) 提高教师思维广阔性的方法

第一，论文写作中对任何问题的思考，要坚持时空意识，即要学会从时间和空间的角度思考论文中的问题。教师在撰写"作业分层"的论文时，

---

❶　米尔斯.社会学的想象力[M].陈强,张永强,译.北京:生活·读书·新知三联书店,2016:229.

❷　博赞,格里菲斯.思维导图实践版[M].卜煜婷,译.北京:化学工业出版社,2016:4.

要考虑从古代到现代学者和实践者对作业分层问题的思考。能够将自己的思考放在时间脉络中，增强论文写作的历史厚重感。同时，可以考虑自己所在学校、所在区域、国内以及国外不同实践者和学者的作业分层案例，能够在丰富的素材和内容中受到启发，增强思维的广阔性。

第二，教师要多了解他人的想法，增强思维的广阔性。思维开放性是思维广阔性的前提，思维开放性表现在不仅要了解自己的思维，更需要了解他者的思维，剖析他人思维的表达、脉络以及背后的假设，不断在自我思维和他者思维之间调和，增强思维的联结性和开放性。

（四）提高教师思维创新性的方法

提高教师思维创新性的方法包括：第一，假想对立面思维。当论文作者写出一个观点后，可以站在对立面的角度上思考对立面的观点是什么；如果出现了对立面的思维，我作为论文的作者如何回应？只有坚持辩证、矛盾和悖论的思维方式，思维才能最终变得比较统一，才能显示出比较好的周延性。第二，邀请他人提出他们的观点。认知是分布的，因此，论文在写作的过程中，要学会运用周围人的力量，不断拓展自己的思维。当论文初稿形成后，可以邀请同伴、专家等提出意见。论文是不断锤炼出来的，锤炼论文的过程便是思维的过程。

四、论文写作中教师思维品质表现的案例分析

中小学教师撰写的优秀论文很多，本部分以发表在《中国教育学刊》的《"双减"背景下课后服务供给中的小学劳动教育课程：为何与何为——以"农耕的乐趣"课程为例》一文为例❶，考察论文写作中中小学教师思维品质的表现。

（一）论文写作中教师深刻性思维品质表现的案例分析

在这篇论文中，作者深刻性思维品质表现在作者重视引证学术观点，并将学术观点和自己的工作实践经验结合起来，形成写作文本。例如，作

---

❶ 蔡京华."双减"背景下课后服务供给中的小学劳动教育课程：为何与何为——以"农耕的乐趣"课程为例[J].中国教育学刊,2023(2):94-98.

者在论述农耕课程的定位时，首先引出了"在信息化、数字化时代，城市青少年的'大自然缺失征'现象愈发凸显，并不断困扰城市学校教师和家长的教育方式，直接影响学生身心健康成长"的观点。由此可见，作者是将农耕课程的定位放置在时代洪流和时代特征中加以分析的，并且从"大自然缺失征"的视角来分析，提高了农耕课程定位的高度，让文章的深刻性增强。作者相似的思维品质还表现在对劳动教育课程的意义，知识对行动的重要性，以及劳动教育课程中生活原则重要性的论述上（见表4.1）。

表4.1　引文分析增强论文论证深刻性的案例

作者的引文	作者对引文的分析	分析的目的
苏霍姆林斯基强调："认识到劳动是一种创造，对参加课外小组的学生产生巨大影响，他们关于劳动的叙述还能够影响所有学生。"	由此可见，从认知层面培养学生的劳动意识及其所进行的劳动叙事对于学生个体与群体成长具有深远影响	因此为了培养小学生的劳动意识，增强他们在劳动中的自我效能感，北京小学天宁寺分校开发了"农耕的乐趣"课程
王阳明曾言："知者行之始，行者知之成。"	—	了解和掌握有关农耕的科学知识是"农耕的乐趣"劳动教育课程有效实施的基础，既包括有关农耕的学科知识的学习，也有操作的学习
在教育与生产劳动相结合的马克思主义教育原理指导下，学生的劳动教育课程从以往的书本知识学习，走向具身性、沉浸式的手脑并用、理实交融的真实生活世界	这里所谓的真实生活世界，包含了学校的学习生活、家庭的学习生活与社会的学习生活三种类型。应该说，生活化是劳动教育课程的最本质特征	在"农耕的乐趣"课程开发与实践中，我们遵循劳动教育生活化的原则，选择日常生活中的小白菜种植、过程观察与成果采摘，也可将劳动对象扩展到花生、红薯、大豆等其他农作物……也可以进一步促进"农耕的乐趣"课程内容的多元化、立体感、丰富性

资料来源：蔡京华. "双减"背景下课后服务供给中的小学劳动教育课程：为何与何为——以"农耕的乐趣"课程为例［J］. 中国教育学刊，2023（2）：94-98.

　　通过上面的案例，我们发现作者在展开自己的论述时，会通过引证已有学术文献中的观点，作为陈述的理由。譬如，作者为了论述本校开展劳动教育课程对学生发展的意义，并不是直接写开发劳动教育课程的事实，而是先引证苏霍姆林斯基的观点，在此基础上分析劳动教育对学生成长发展的影响，在此基础上再介绍自己的观点。

（二）论文写作中教师逻辑性思维品质表现的案例分析

在本文中，作者逻辑性思维品质主要表现在三个方面：第一，表现在标题、子标题的逻辑一致性上（见表4.2）；第二，体现在观点和证据的一致性上；第三，体现在逻辑关联词的使用上。

文章的架构是作者思维品质的体现。从文章的主标题可以看出，作者试图在文中阐明的议题包括两个：一是为什么"双减"背景下要在课后服务中开发小学劳动教育课程，即"为何"的问题；二是如何开发小学劳动教育课程，即"何为"的问题。前者主要对应文章的第一部分，后者主要对应文章的第二部分和第三部分。其中第二部分是对小学劳动教育课程实然"何为"的描述，第三部分是对小学劳动教育课程未来"何为"的描述。从上述分析，我们可以看出作者的思维是非常系统的，保障了论文写作的严谨性。

表4.2 论文标题、子标题之间的逻辑一致性分析

文章标题："双减"背景下课后服务供给的小学劳动教育课程：为何与何为——以"农耕的乐趣"课程为例	
一级标题	二级标题
一、"农耕的乐趣"课程开发：为小学生劳动意识形成奠基	（一）劳动意识培养：小学劳动教育课程的价值追求
	（二）农耕课程定位：城市学生劳动教育的最佳选择
二、"农耕的乐趣"课程实施：兼顾"知识—实践—观察—感悟"四环节	（一）知识学习："农耕的乐趣"课程有效实施的基础
	（二）实践体验："农耕的乐趣"课程有效实施的重点
	（三）过程观察："农耕的乐趣"课程有效实施的补充
	（四）分享感悟："农耕的乐趣"课程有效实施的关键
三、"农耕的乐趣"课程建设的未来路向	（一）知识维度："农耕的乐趣"课程优化的多学科参与
	（二）时间维度："农耕的乐趣"课程内容的系统性拓展
	（三）空间拓展："农耕的乐趣"课程实施的生活化整合

资料来源：蔡京华."双减"背景下课后服务供给中的小学劳动教育课程：为何与何为——以"农耕的乐趣"课程为例［J］.中国教育学刊，2023（2）：94-98.

如果我们继续分析论文的一级标题和二级标题之间的关系，我们会发现二级标题是对一级标题的支撑，体现了逻辑上的一致性和支撑性，是作者逻辑思维品质的体现。譬如，在论文的第二部分，作者在一级标题中提出了四个环节，即知识—实践—观察—感悟，而本部分的四个二级标题则是对这四个化解的细化，并且是用观点的方式表达出来，组建作者思维的严谨性。

同时，我们在文中发现作者在表达自己的观点时，还会引用工作中的数据和文献中的证据证明自己的观点（见表4.3）。通过对论证结构的分析，我们发现观点和证据之间的一致性原则。第①句阐明了作者的观点，接着作者用第②句描述现实中的做法，初步引证自己的观点，接着作者引用文献中的观点，即第③句引证自己的观点，进一步增强文章的逻辑性。最后作者用第④句描述做法产生的实际效果来证明自己的观点。

表4.3　作者论文观点和证据一致性的案例

作者的观点	工作中的证据	文献中的证据
①现代大都市学生对传统农耕劳动认知体验的兴趣使然。	②北京小学天宁寺分校坐落于西城区二环边，身处大都市的学生接触农耕方面的知识、实践机会较少，其对传统的农业劳动体验更是阙如。基于此，我们把传统的小白菜种植作为劳动教育课程的载体，以便形成大都市小学生对于传统农业劳动的兴趣、好奇心与吸引力。④事实也证明，"农耕的乐趣"课程中的一系列关于传统的农耕劳动活动	③正如有研究者所言，"学校在选择劳动教育载体时，应充分考虑到城乡的差异性，应基于对本校学生实际情况的必要了解：对于城市学生，可以选择具有乡土气息的传统农业进行劳动教育。"

资料来源：蔡京华."双减"背景下课后服务供给中的小学劳动教育课程：为何与何为——以"农耕的乐趣"课程为例 [J]. 中国教育学刊, 2023 (2)：94-98.

除此之外，作者注重逻辑性的思维品质还表现在作者善于使用提示词来架构文章的结构。譬如，作者在阐明为什么要选择小白菜种植活动作为小学生的劳动对象的原因是运用了"第一""第二"；在阐述农耕的乐趣课程相关的知识模块时，使用到"其一""其二""其三""其四""其五"；在阐述农耕的乐趣课程实施时，运用了"一是""二是"。上述的证据表明，作者在论文写作中具有逻辑性思维的品质。作者的逻辑性思维品质通过关键的语言表达手段呈现出来。作者使用逻辑提示词体现出作者思维的秩序性，这是逻辑性的重要表征。正如米尔斯所讲："思考是一种寻求有序化、全面化的努力。你不能太着急而停止思考，否则你将无法知道应该知道的东西；你也不能不加控制地一直思考下去，否则你会使自己的头脑塞满。"❶

（三）论文写作中教师广阔性思维品质表现的案例分析

案例论文中，作者思维广阔性的表现是从政策的宏观视角考察微观问题。例如在文章的开头，作者引用了两份国家层面的政策文本，这意味着作者的思维具有开阔性。笔者在与中小学教师的沟通中发现，多数教师比较关注学科教育，尤其是关于学科的知识如何教的问题，而缺少将学科教学、学科教育、学科问题放在更宏大的政策脉络中思考。案例文的作者将学校的劳动课程建设和国家的政策文本结合起来，体现了作者思维的开阔性。

在《大中小学劳动教育指导纲要（试行）》和《关于进一步减轻义务教育阶段学生作业负担和校外培训负担的意见》政策指引下，如何切实有效开展劳动教育活动、提升课后服务质量，成为当下中小学校有效落实"双减"政策、达成"五育融合"育人目标的重要命题。北京小学天宁寺分校在总校"城区小学劳动实践研究"课题引领下，尝试构建四季课程之"农耕的乐趣"劳动课程，成功地探索出课后服务劳动教育课程实施路径，为小学生劳动意识的形成奠定了坚实的基础。

（四）论文写作中教师创新性思维品质表现的案例分析

案例文作者思维创新性体现于在学校四季课程的背景下，开发了"农耕的乐趣"劳动课程，提出了"知识学习—实践体验—过程观察—分享感悟"四个环节，并且作者使用概念图的方式将四个环节表达出来。这体现了作者在论文实践中能够提出自己的概念和分析框架。

---

❶ 米尔斯.社会学的想象力[M].陈强,张永强,译.北京:生活·读书·新知三联书店,2016:248.

　　教师思维品质是教师实践经验转换为论文的重要中介，具体表现为教师能用简明、精准、清晰的语言描述实践、解释实践，表达出教育观点。论文写作是教师思维品质的一种呈现，同时教师可以通过写作以及不断修改来提升思维品质，并反哺和优化自己的教育实践。

第五章 课题研究中的教师思维品质

第一节　课题选题与拟题中的教师思维品质*

一、课题选题与拟题中教师思维品质的常见问题**

课题选题和拟题是课题研究的开始，起着重要的定向作用。一线教师在选题与拟题过程中面临视野过窄、切口过大、视点过多、思考过浅等困境❶，造成选题与拟题不足的主要原因是教师思维品质缺乏的表现。例如，视野过窄，反映了教师思维创新性的不足；切口过大，反映了教师思维逻辑性的不足；视点过多，反映了教师思维灵活性的不足；思考过浅，反映了教师思维深刻性的不足。

（一）视野过窄，教师思维缺乏创新性

教师在教育教学中表现出来的视野是指其对教育教学工作的认知范围。

　　*　作者：邓晶、李春艳。
　**　作者：邓晶。
　❶　费岭峰，陈微.教师教育科研选题的困境及其突破要点——以我区小学数学教师申报的课题为例［J］.小学教学研究，2022，782（4）：8.

教师的工作需要通过实践去落实，但仅仅埋头实践，缺少学习与思考，同样也是无法提升工作质量的。教育科研课题研究更是如此。

我曾经对某小学的 102 位教师进行过选题调研，发现 75% 的选题来源与教学实践息息相关，因为教师每天的主要工作就是教学，他们特别关注教学中的实践问题并且想努力解决。但是如果教师的课题选题仅仅局限于实践层面，视野就过窄了。主要原因是，平时教师们忙于各种教学任务，对出现的实践问题思考不够深入；出现的实践问题比较集中，创新空间不大，易做重复性研究。例如，某老师发现小学中年级学生在学习语文知识的过程中不会小组合作，便想以"小组合作"为研究点，确立了"在小学语文教学中，提高小组合作学习实效性策略的研究"这样一个课题。这个课题从教学角度来说，有一定的研究意义，但是从科研角度看，缺乏创新性。我们在中国知网搜索关键词"小组合作"，有八万多篇相关文章，以"小学语文小组合作"为关键词，可搜到五千多篇相关文章。可见关于"小组合作"的研究，应该有很多的成果可以借鉴，教师更需要考虑如何应用这些研究成果来解决实际问题。

所以，教师在选题与拟题的过程中，要有所突破，有所创新，可以多关注当今教育教学领域出现的热点、难点问题。例如，对于一些政策文件的学习——"双减""课后服务""五项管理"等；对于新课程方案和新课标的学习；对于一些教学热点概念的学习；"大概念""深度学习""跨学科学习"等。当然，课题题目不能一味求新求异，还要看自己是否有驾驭的能力。

（二）切口过大，教师思维缺乏逻辑性

课题选题中的"切口过大"同样是一线教师在课题选题与拟题时比较常见的问题。究其主要原因是教师思维缺乏逻辑性。

在实际研究过程中，由于聚焦不够，研究过程不能切合课题研究的核心内容展开，造成研究质量无法保证，成果缺少深度。例如，刚参加工作不久的 H 老师是一名美术教师，研究生专业是美术史。H 老师常带领学生参加各种美术比赛并屡屡获奖。通过几年的积累，H 老师想自己申报一个课题，做专题性的研究。考虑到专业和学校书画院大背景，她确定的研究内容是"美术学科中培养学生创造性思维能力的策略研究"。我和 H 老师讨论之后，认为题目有些大，不够聚焦。美术学科的范围太大了。再一次和 H 老师讨论之后，发现她有纸工、拼贴上的专长。我们把题目再次聚焦到"拼贴艺术在培养学生创造性思维中的应用研究"。这个题目的范围更小，在实施过程中更加聚焦，也更容易操作。所以，教师在选题和拟题过程中，一定要注意逻辑性，选题范围要适度，选题内容要适于操作。

（三）视点过多，教师思维缺乏灵活性

随着教育的不断深化改革，学生的学习方式发生了很大变化，一些"热点词语"也涌现出来。有的老师为了赶"时髦"就把很多热点词语叠加在一起，形成了自己选题和拟题的依据。这显然是对教育科研创新的误解，也是教师思维缺乏灵活性的表现。

例如，一位教师的选题是"双减背景下以微电影为载体的小学作文系统训练的学习方式研究"。这个课题涉及的关键词有"双减""微电影""学习方式"。核心词过多，研究问题的重点就不突出了。研究过程也难以扎实，很难取得良好的研究质量。所以，教师在选题与拟题过程中，要具有灵活性。选题可以减少关键词，突出实践创新点；或者明确核心点，剔除非本质要素。这样才能突出研究的核心内容，更加清晰地进行研究。

（四）思考过浅，教师思维缺乏深刻性

行动研究一直以来是一线教师做课题研究时比较推崇的"教育科研方法"。同时，也因为许多一线教师对行动研究的本质缺乏真正的了解，以为行动研究的特点是在行动中研究，便不太重视课题研究的起始阶段。长期以来，一线教师在进行课题研究的选题时，更多关注研究内容的确定，较少深入思考研究策略与研究路径，显然不利于课题后续研究的深入与扎实。❶ 这是教师思维缺乏深刻性的表现。

例如，W 是一名高年级的语文教师。这位老师一直关注语文教学里的习作内容，选题确定为《小学语文习作研究》。看完这位老师的研究方案之后，我了解到，这位老师主要是想研究当小学语文习作写完之后，学生之间互相批改、学习的策略。很显然，这位老师的选题不能明确地表达自己

---

❶ 费岭峰,陈微.教师教育科研选题的困境及其突破要点——以我区小学数学教师申报的课题为例[J].小学教学研究,2022,782（4）：9.

想研究的内容，更没有思考运用什么途径和方式进行研究。由此可见，教师在选题与拟题过程中，不仅要考虑研究什么，更要思考如何进行研究以及研究的结果如何等。只有对选题内容进行深刻性的思考，才能突出研究的核心内容。

二、课题选题与拟题中教师思维品质的重要价值*

科学学的创立者英国科学家贝尔纳曾指出：课题的形成和选择，无论是作为外部的经济技术要求，抑或作为科学本身的要求，都是研究工作中最复杂的一个阶段。❶ 选题与拟题的过程不但体现了教师的专业素养，而且体现了思维品质的高低。教师高质量的思维品质具有重要的意义。

（一）有利于教师课题选题具有时代性

思维的灵敏性有利于教师紧跟国家政策，关注教育发展的前沿、改革的动向，让选题更具有时代性。近年来，国家围绕推动教育整体高质量发展，教育部印发了《义务教育课程方案和课程标准（2022年版）》《关于大力加强中小学线上教育教学资源建设与应用的意见》《关于进一步加强新时代中小学思政课建设的意见》《关于全面加强新时代大中小学劳动教育的意见》《关于加强基础学科人才培养的意见》等指导性文件。教师要深度分析这些文件，抓住本质，对于教育改革中出现的"双减""新课标"等热词，要善于思考其背后的内涵与要求；要结合学科特点、自身兴趣，挖掘亟待研究的、体现时代特点的课题，回应教育中的热点难点问题。

（二）有利于教师课题选题具有创新性

创新性是衡量选题价值的重要标准。研究前人从未涉及过的领域是创新，对前人研究的成果进行完善或者反驳也是创新。教师具有良好的观察力和丰富的经验，并保持好奇心和探究欲，对选题和拟题具有创新意义。教师可以运用逆向思维、类比思维、对立思维等思维形式，打破思维局限，用反常规的思维视角去思考问题；可以不拘泥于旧的教育理念，在理论思

＊ 作者：李春艳。

❶ 张五敏.中小学教师课题研究的价值取向探析[J].中国教育学刊,2020(S2)：125-129.

想上进行创新；可以深入、全面认识研究对象，从新的研究视角和研究方式来进行研究；也可以在教育实践中发现新的问题点，对于行动路线、方法策略进行创新。

(三) 有利于教师的课题选题解决实际问题

课题往往是由教育教学中有价值的实际问题转化而来。因此，问题是课题研究的逻辑起点，解决实际问题是课题研究的最终目的。当发现问题后，要分析事物的真相，揭示真实的矛盾及因果关系，思考解决问题的方法。教师不仅要具有理论基础，还要强化抽象概括、提炼问题本质的意识与能力，把实际问题转化为课题；要按照"发现问题—分析问题—转化问题"的思维路径，不断修改、完善课题选题，提高思维的深刻性，让教育教学中的实际问题得以解决。

(四) 有利于教师的课题选题实践切实可行

可行性是实施课题研究的基础。思维的广阔性让教师能多角度地认识、分析问题，充分了解相关信息，这样在思维操作中才能综合客观地考虑选题的可行性，应对各种复杂的情况。切实可行的选题包括两个方面，主观上包括研究者的理论基础、研究能力、知识结构、兴趣爱好等，客观上包括研究所需的财力保障、时间保障及相关的技术支持等。在确定课题选题之前，要调查事实和数据，客观准确地分析现状，综合全面地考虑主观和客观条件，为选择力所能及的课题指引正确的方向。

(五) 有利于教师的课题拟题表述精炼准确

课题拟题是教师把研究内容有条理、有逻辑性地进行表述。它的准确性直接影响到课题的实施。拟题的过程中需要通过分析、理解、比较、判断、概括等有效的思维活动，组织语言进行表达。高质量的思维品质决定了课题拟题表述效果。如果课题涉及两个变量时，可采用陈述式，规范地表述出两个变量之间的关系，更有利于细化、全面化地解决问题。精炼准确的表述能客观地表述出研究内容、课题的观点，达到文题相符；能具体地指出研究对象，让人一目了然；能恰当地表述出研究方法，体现出科学严谨精神。

总之，教师思维品质对于课题选题与拟题的质量起到了举足轻重的作用。思维品质的提升能更好地帮助教师打开思路，明晰选题的方向，拓展选题的宽度，寻找真正有新意、有价值的选题。

三、课题选题与拟题中教师思维品质提升的路径*

选题与拟题就是发现、选择、确定研究方向，是从感性到理性，从现象到本质，从问题到假设的思维转化，其过程并不是一蹴而就。当确定一个选题后，必定是对课题的可行性和价值性做了全面的衡量，经历了充分的思维活动。选题与拟题的过程也是教师思维品质提升的过程。

（一）课题选题与拟题中运用思维方法提升教师的思维品质

1. 分析教育改革政策热点

分析就是将研究对象的整体分为若干部分，并逐一研究的认识活动。教师在选题和拟题过程中，关注教育改革政策的热点，深度分析政策制定的依据及预期目标，了解教育发展的大趋势。例如，针对中小学生学习负担较重的现状，2021 年 7 月，中共中央办公厅、国务院办公厅印发《关于进一步减轻义务教育阶段学生作业负担和校外培训负担的意见》，其根本目的是减轻学生的学业负担，减轻家长的负担，教师作业布置更加科学合理，让人民群众的幸福感不断增强。为达成此目标，减少并规范校外培训机构，让学习重回学校主阵地；在校内，课堂上提高学习效率，增强学生能力培养；课下优化作业布置，使其更加科学合理；课后增加课外活动，全面提升学生综合素养。这一政策的制定与一线教师关系最为密切的就是课堂上如何提质增效及如何优化学科作业。教师可根据自己所教学科及研究的兴趣点，逐步聚焦选题。这种方式即从教育政策入手，再把教育政策分解为几个部分进行分析，进而确定选题并拟题，同时也提高了思维的灵敏性。

2. 综合教育教学中的经验

综合是把事物各个部分、方面、属性按内在联系有机地统一为一个整体，从而掌握事物的本质和规律。❶ 教师在教学实践中会积累一些成功的经验，综合这些经验也是选题的渠道之一。例如，教学中，经验型教师无论

---

* 作者：李春艳。

❶ 杨耕．关于认识过程与思维方法的再思考[J]．广西大学学报（哲学社会科学版），2022,44(4):1-19.

是对教学目标的制定、教学策略的选择，还是教学评价的实施都有很多心得体会，可把这些教学经验通过思维加工和理论提升，形成具有普遍意义的研究成果。《全日制义务教育语文课程标准（2022年版）》指出："教师应树立'教—学—评'一体化的意识，科学选择评价方式，合理使用评价工具，妥善运用评价语言，注重鼓励学生，激发学习积极性。"❶ 这种理念把教师教学、学生学习、教学评价融为一体，更有利于提高学习效率。如何通过教—学—评一体化，促进学生有效学习呢？教师在一体化的前提下，综合前期的经验，聚焦某一方面，总结其背后的规律，开展《"教—学—评"一体化在习作教学中的应用研究》的课题研究，让经验型教师转化为研究型教师。

3. 比较教育教学实践中的问题

比较是人类认识事物的一种基本思维方法，根据一定的需要和标准，把彼此有某种联系的事物加以分析、对比，从而找出它们的内在联系、共同规律和特殊本质的方法。❷ 在教育教学中，教师经常会遇到一些困惑和问题，可以把这些问题转换为课题。是不是所有问题都可以转换为课题？例如，①我觉得部编版语文教材个别单元的编排不合理；②我们班两个学生经常打架；③我们班学生早读时总不喜欢大声朗读；④学生在写作文时总是表达不够细腻生动；⑤数学应用题可以分为哪几个类型？⑥皮亚杰提出的认知发展阶段论不符合学生的实际发展特点。通过比较，我们发现，问题②是个别性问题；问题①和问题⑥不是我们的能力所能解决的；问题⑤通过经验就可以解决；只有问题③和问题④具有普遍性，是我们一线教师的研究范围，具有一定的研究价值。教师在比较的过程中发现这些问题的区别及共同点，经过多向思维后，判断有价值的选题，进而进行拟题；同时也提高了教师思维的客观性。

4. 演绎教育教学理论

演绎多为由普遍原理以推定特殊事象，要求前提与结论间具有必然性

❶ 中华人民共和国教育部. 全日制义务教育语文课程标准(2022年版)[M].北京：北京师范大学出版社,2022:48.

❷ 杨耕.关于认识过程与思维方法的再思考[J].广西大学学报(哲学社会科学版),2022,44(4):1-19.

之可推关系，三段论是最常见一种演绎推理形式。教育教学理论都是前人教育实践的成果，或是教育经验的概括提炼。教师可以运用演绎推理的方法，从和自己教学中关系比较密切的理论观念中，推理出合理的选题。例如，大语文教育理念是指语文教学的主要目的是将学生生活与课堂学习有效地融为一个整体，全面提高学生的素养。此理念的关键点是学生为学习的主体，要发挥学生的主观能动性，目前存在的严重问题是学生的学习动力不足。"学习共同体"是促进学生主动学习的方式之一，由此，我们可以推理出"学习共同体"能促进大语文教学观下的语文教学。结合日常教学，我们可以把《混合式学习环境下，小学"大语文学习共同体"实践研究》作为研究课题。运用这种方法进行选题，教师也可提高思维的逻辑性。

（二）课题选题与拟题中运用思维策略提升教师的思维品质

1. 运用批判性思维

批判性思维是以一种合理的、反思的、心灵开放的方式进行思考，从而能够清晰准确地表达、逻辑严谨地推理、合理地论证，以及培养思辨精神，课题选题和拟题需要这种理性的批判性思维。它不仅仅是在教育教学活动后对其回顾和反省，更重要的是以研究者的心态对教学理念、教学设计、教学活动、教学效果等方面出现的问题进行理性的分析、思考和研究。反思的过程实质上是对自身的教育教学再认知的过程。长此以往，才能抓住问题的关键，找到合适的选题。例如，四年级学生在阅读后，概括课文主要内容的能力不强。教师需要思考：概括课文主要内容属于哪方面能力？是什么原因导致学生提取信息的能力弱呢？有什么方法可提高学生的此项能力？批判性思维的精髓在于提问。通过反思提问，可发现真正问题所在，确定研究课题。

2. 运用发散思维与聚合思维

发散思维是根据已知事物的信息，从不同角度、不同方向思考，以寻求解决问题多样性答案的思维方式。聚合思维是利用已有的知识经验，把众多信息逐步引导至条理化的逻辑思路中，以便设计合乎逻辑的解决问题的方案。对于课题的选题和拟题往往需要反复的发散—聚合。例如，提升英语口语表达能力，对于英语学习十分重要。教师可思索提升英语表达能力的方法：借助图片、讲故事、利用软件配音、自创英语游戏、课本剧表演……这是发散思维的过程。然后，对这些方法途径进行比较，课本剧表演作为研究对象更符合高段学生的年龄特点，能够激发学生的学习兴趣，提高课堂的趣味性，提升学生的参与度，这是聚合思维。接着，课本剧表演可从哪些角度进行研究——又开始发散思维……在发散思维和聚合思维的共同作用下，最后确定选题《"双减"背景下基于课本剧表演提升小学高段英语口语表达能力的实践研究》。

3. 运用推理拓展

从一个或几个已有的判断推出一个新的判断的思维形式叫作推理。在课题选题的过程中，也可以在原课题的基础上进行推理拓展，提出新的问题，产生新的选题，让课题滚动发展。例如，"双减"政策实施后，各学科都开展了作业设计的研究，在课题结题后，反思此次研究的不足之处，如果"分层作业设计"在研究实践方面存在一些问题，可以针对此点再做深入研究；也可以由作业设计的研究拓展到作业评价的研究，扩大研究范围；还可以提升研究内容，由一门学科扩展到多门学科，研究课程整合视角下的跨学科作业设计。这种推理要客观地分析研究成果，以最新教育政策为依据，结合教育实践，才能让新课题更具有价值性。

4. 总结提炼进行拟题

总结是对某一阶段的工作、学习、思想中的经验或情况进行分析研究，做出带有规律性的结论，提炼是去粗求精的过程。在形成选题设想后，最重要的是确定一个与选题相匹配的课题名称，一个新颖而又符合实际的课题会让人过目不忘。教师在前期的选题中，结合教育改革热点及教学实践，可总结几个关键词：深度学习、混合式学习、PBL（project-based learning，项目化学习）、小学语文教学。由此表述课题：基于深度学习、混合式学习环境下 PBL 在小学语文教学中的应用研究。通过分析，显然研究重点不突出，还需对课题进行推敲，提炼出研究重点。"深度学习"是课题研究的背景理念，"混合式学习环境下"进行的"PBL"研究则是课题的创新点，为此，题目可以表述为《混合式学习环境下小学语文 PBL 实践研究》。提炼后的题目让研究视角更加清晰，更能突出实践创新点。

（三）课题选题与拟题中按照一定思维过程提升教师的思维品质

教师按照一定的思维过程进行选题，是教师思维的具体化、条理化过程。下面以"小学语文教学培养学生生态文明素养的实践研究"为例，分析"定向—寻差—确题—表述"的思维路径，将政策要求或工作任务转化为课题选题的思维方法。

1. 定向：确定课题研究目标方向

2015年，中共中央、国务院印发的《关于加快推进生态文明建设的意见》，指出"把生态文明教育作为素质教育的重要内容，纳入国民教育体系和干部教育培训体系"。学校作为学生教育的主阵地，对学生进行生态文明教育责无旁贷。因此，把课题研究的目标定性为生态文明教育。

2. 寻差：发现实际情况与目标差距

国家政策与学校实际教育情况相比，小学课程没有设置特定的生态文明课程，生态文明教育内容散落在各个学科中，需要教师对教材内容进行深度挖掘，有意识地设定相关的教学目标。学生在脑海里对于生态文明没有清晰的认知，尤其是生态文明行为与行动有所欠缺。因此，各科教师依托教学内容，提高学生的生态文明素养刻不容缓。

3. 确题：根据实际情况确定研究内容

小学语文是基础教育课程体系中的一门重点教学科目，其教学的内容是语言文化，通过语文教学培养学生的生态文明素养。此选题符合语文学科人文性的特点。《全日制义务教育语文课程标准（2022年版）》指出：课程资源的使用要以促进学生核心素养发展为目的，多角度挖掘其育人价值，与课程内容形成有机联系，促进课程目标全面达成。[1] 因此，作为语文教师，可以确定对部编版小学语文教材进行分析，对教学策略进行探究。

4. 表述：优化与课题相匹配的表述方式

确定研究内容后，拟定的课题需要包括研究对象、研究内容及研究方式。经反复优化，明确课题的关键词为"生态文明素养""小学语文教学"，最后确定课题为"小学语文教学中培养学生生态文明素养的实践研究"。

这种思维过程来自对研究目标思考后的再加工，最终实现了选题从宏大到具体的思维转换，提高了思维的深度。

---

[1] 中华人民共和国教育部.全日制义务教育语文课程标准(2022年版)[M].北京：北京师范大学出版社,2022:54.

（四）课题选题与拟题中运用各类资源与途径提升教师的思维品质

1. 借助文献拓宽选题与拟题思路

文献是具有历史意义或研究价值的图书、期刊等。查找文献伴随着课题研究的全过程，尤其是在选题阶段可以借助文献拓宽选题和拟题的思路。在阅读文献的过程中，会受到一定思想、理论、方法的启发，结合自己的教学实践，生成选题的思路。例如，课题"基于SOLO分类理论小学数学图形度量深度学习的评价研究"就是阅读"基于SOLO分类理论，建构语文课堂教学模式"后受到启发的。教师在教学实践中遇到问题时，在思考解决问题的过程中，查阅相关文献，也会提炼出具有一定深度的课题。例如，针对班级内很多学生在写作文时不知如何选材、组织材料的问题，教师经阅读相关文献，最终确定选题为"运用思维导图提升习作选材和组材能力的行动研究"。借助文献进行选题和拟题，提升了思维的广阔性。

2. 在教师沙龙讨论中选题与拟题

教师沙龙是指教师围绕教育教学进行交流学习的活动，是解决教师困惑或分享教学经验的有效方式。在教师沙龙活动中，教师通过思想的碰撞，不但能为自己带来许多新的教育理念，而且对自己的教育教学实践活动有一定的启迪。新课标颁布以来，"任务群""大单元"一直是语文教师沙龙里出现频率很高的词汇，在交流的过程中教师们对"任务群""大单元"的认知有细微的差别。教师在争论和怀疑中，可借鉴他人的成果，运用逆向和纵向的思维，联系教学实际不断总结和完善选题与拟题。例如，关于"大单元教学"有些教师认为教学内容就是整合教材单元内部的资源，有些教师则认为"单元"不应以教学内容为依据，而是要有相同的教学目标、统一的大情境，以此为依据去选择教学内容，可以是本单元教材内容的内部整合，也可以是跨单元教材内容的整合。基于教师们的分享交流，再联系"学习任务群"，大单元教学其实就是指向学习任务群的教学。因此，聚焦其中一个学习任务群，可以开展课题"思辨性阅读与表达任务群视域下的大单元教学的实践研究"。

四、课题选题与拟题中教师思维品质表现的案例分析*

课题研究是促进中小学教师特别是年轻教师专业成长的重要途径，但很多中小学教师却经常苦于找不到课题，始终不能迈开课题研究的第一步。课题到底从哪里来？这是中小学教师开展课题研究面临的第一个也是关键性的问题。其实，选题和拟题过程是对教师思维品质的一个考量。教师如果拥有创新的思维、敏捷的思维、预见的思维、深刻的思维……就不难进行选题和拟题了。

（一）提升教师思维的创新性，从课堂教学中选题

创新思维是指克服惯性思维，重组、归纳、演绎已有知识经验，提出新的技术方案、创造新的思维成果（包括新理论、新设想、新方法）的思维方式。● 开展课题研究的主要目的是解决教育教学实践中遇到的各种问题，从而提高教育教学质量。因此，毫无疑问，课题归根结底是从教育教学实践中来。课堂教学是课题选题的主要来源。选题过程可以发展教师的创新性思维。下面我们就结合案例来看一看。

> 徐老师是一所学校的体育老师，教学经验丰富。在日常的教学中，他发现在动作示范时有许多运动技术较复杂，须在一瞬间完成，学生很难看清楚。对于一些复杂动作的学习，教师不能边示范边讲解，例如田径跳跃项目的空中动作、体操支撑跳跃的连续动作。同时由于老师的示范动作受各方面的限制，如教师对动作要领的领会程度、教师的年龄、临场身体状况、心理因素或自身其他条件等，随意性往往较大。如何能让学生看清楚示范动作又能反复观看呢？并且老师还能及时进行讲解呢？经过思考，他打算把平板电脑引入体育课堂，把信息技术与体育课有效结合。他以此为课题开展持续的研究，把课题选题定为"合理运用平板电脑提升小学体育课堂实效性的实践研究"。

---

* 作者:邓晶。
● 彭飞,孟子惠.基于创新思维培养的实践教学体系构建与研究[J].轻工科技,2022,38(6):156.

从这个案例中我们可以看出，很多教师的课题选题都是来自课堂教学。案例中徐老师在体育教学中遇到了实际教学困难，如何进行解决呢？这引发了徐老师的思考。徐老师找到了很好的切入点——把信息技术与体育学科相结合。

课堂是中小学教师开展教育教学实践活动的主要阵地。在课堂教学的过程中，教师面对的是不断发展的人，每天都会面临各种各样的实际问题：教学有效性问题，教学方法问题，教学内容问题，课堂评价问题等。同样的课堂，不同的教师遇到的问题各不相同，不同的学科遇到的问题又各不相同；同一个老师，在不同的班级遇到的问题也可能各不相同，在不同的时间遇到的问题也不相同。因此，课堂教学可以说时时处处都存在这样或那样的问题，而这些问题都是需要教师们去研究和解决的，每一个问题都是值得深入思考和研究的，每一个问题都是潜在的课题。可以说，课堂教学是中小学教师取之不尽用之不竭的课题之源，也是发展教师创新思维的源泉。

（二）提升教师思维的敏捷性，从班级管理中选题

思维的敏捷性是指在思考时能够迅速把握事物要点、内涵、实质，把握住其内外在关系，并做出科学判断，寻找到最优的问题解决方案，整个过程中快速和高效是基本特征。[1] 班级管理是每一位中小学老师在教育教学实践中都要进行的一项重要工作。在管理班级的过程中，教师与学生要进行各种沟通交流，建立各种类型的师生关系，形成各种班级氛围，建立各种班级管理制度，建设各种班级文化。这些都是中小学教师课题的重要来源，其过程也是发展教师思维敏捷性的有效途径。

> 郭老师是一名心理教师，还承担了一个班的班主任工作。她对班里孩子们的心理健康状况尤为关注。平时她非常喜欢和孩子们一起聊天。在一次偶然的聊天中，她得知了这样一件事：班里品学兼优的小 A 同学，竟然在同学们都上操的情况下，跑回班里偷着拿了老师放到讲台桌柜子里的"梦想花"。不巧被班里另一位同学看到。这位同学把这件事告诉了郭老师。刚开始郭老师还是不太相信这件事，可是对"梦

---

❶ 钟斌.培养思维敏捷性的策略探索[J].中学语文,2020(15):79.

想花"进行清点以后，发现确实少了几个。在班会课上老师向孩子们说明了"梦想花"丢失的事情，课后小 A 同学思索再三跟老师承认了这个事是她做的。郭老师向小 A 同学了解过后，才知道是小 A 同学的虚荣心在作祟。除了这件事，郭老师还发现班里有一些同学对其他同学不友好、不包容。作为班主任她一直在思考：如何让孩子们以阳光的心态和同学正常交往呢？这确实是一个值得研究的问题。所以她以此为切入点进行课题选题"'梦想花'激励机制对高段小学生阳光心态的影响"。

从上面这个案例我们可以看出，郭老师是一个非常细心的老师，她运用敏捷性的思维捕捉到了孩子们在心理方面的一些问题，对孩子们进行正向引导，并以此为切入点进行课题选题。

班级管理本身是一个复杂的、系统的、创造性的管理活动、教育活动，每一个细节、每一个环节、每一个学生都是中小学教师需要认真研究的对象，都是一个个值得研究的课题。比如，面对各种各样的问题学生，教师们需要深入了解、具体分析和研究学生的个性心理特点，了解学生的不良行为出现的内在原因，采取针对性的矫正措施帮助学生改正。教师要时刻洞察班级管理中的一些问题。

（三）提升教师思维的深刻性，从教研活动中选题

思维的深刻性是指思维活动的深度、广度和难度，以及思维活动的抽象程度和逻辑水平。[1] 教研活动是中小学教师解决教育教学实践中遇到问题与困惑、交流教育教学经验的有效途径，教研员会带领教师进行深度的研究。教研活动本身就是一个发现问题、解决问题的研究过程，通过教研活动可以更清晰、更深入地发现教育教学实践中的问题，从而为中小学教师提供更加可靠的课题来源，发展教师思维的深刻性。

开学初，李老师参加了本学期第一次教研活动。教研活动的主要内容是围绕大单元教学展开研究。教师们可以自己申报教研内容。大

---

[1] 孔德宇.数学教学应从三个方面培育学生思维的深刻性[J].江苏教育,2021
(71):69.

单元教学是现在教研活动的热点内容。到底什么是大单元教学？李老师虽然听说过但是从来没有尝试过。所以，这次李老师打算挑选一个内容和本年级老师一起尝试一次。经过几个月的研究，李老师和团队老师顺利地进行了教研活动展示，也对大单元教学有了深入的了解。不仅如此，她还打算从图形方面对大单元教学进行深入研究。所以她的课题选题是"基于大单元教学背景下图形测量的实践研究"。

教研活动与科研活动实质上都是解决问题的途径，二者是相辅相成、密切联系的。一方面，教研活动是与教育教学实践活动有直接联系的，是教育科研的实践基础与灵感来源。另一方面，教研成果往往是个别的、具体的、不具有普遍意义的经验，科研活动正好是教研活动的提升。科研活动可对教研成果加以系统的、科学的提炼总结，进行思维加工和理论提升，使之成为具有普遍意义的教育规律。通过教研活动的交流和研讨，老师们更容易从中寻找和挖掘到关于教学的研究课题。因此，教研活动无疑是中小学老师寻找和提炼研究课题的重要源泉，也是发展教师思维深刻性的有效途径。

（四）提升教师思维的预见性，从政策热点中选题

所谓预见，是指根据普遍的科学规律预先判断出事物可能的变化过程及大致结果，或者能预先料到的某种见识。我们可以对教学预见做如下界定：根据时代、社会及教育发展的特点、方向和趋势对教学的未来进行预判。❶ 关注政策热点，从大处着眼发展趋势。中小学教师在寻找教育科研选题时，要适当地"登高望远"，对课题选题的方向进行预判，可以从这几方面入手：一是关注近年国家教育政策。通过深度解析政策制定的社会背景和顶层设计要点，了解教育改革的大趋势与热点议题。二是关注当地教育政策，特别是落实国家教育政策的制度、规定或实施方案。通过当地教育政策缩小选题范围，使课题更具有区域代表性和现实价值。三是关注教育热点问题。中小学教师要深入分析社会大众密切关注的教育热点问题，必要时开展跟踪调研，判断其是否适合作为课题选题。近年来，国家围绕中

---

❶ 徐珂.预见性思维在语文课堂导入中的应用[J].教材教法,2017(25):55.

小学课堂教学质量提升、教育评价改革、"五育"并举、"双减""新课标"及家校社协同等出台了一系列指导性政策文件，中小学教师在确定选题的过程中就要密切关注、深度理解和准确把握与课题相关的政策文件，以政策为指导逐步聚焦选题。❶ 例如，"课内外一体化视域下初中体育'课外一小时'教学模式与实施的研究""中小学教师'双减'政策实施能力提升策略的研究""'双减'背景下小学语文课外作业设计与实践研究"等。因此，政策热点无疑是中小学老师寻找和提炼研究课题的重要源泉，也是发展教师思维预见性的有效途径。

（五）提升教师思维的广阔性，从课题指南中选题

思维的广阔性是指思路宽广，善于多方探求，对于一个问题，能通过联想、类比，获得多种解法。它不局限于某一点或某个侧面，灵活变通，扩大视野，争取更多的信息，使其在形式、结构、材料、功能等方面扩展，提高思维的层次与高度，从而做出一定的创造成果。❷ 如何拓宽教师在选题过程中的广阔性呢？课题指南，是一个很好的选题方向。针对教育科学规划课题立项工作，教育部和地方各级教育行政部门在每个五年计划中都会制定规划纲要、课题指南，也会制定专门的年度课题指南，这是中小学教师确定选题方向的重要参考。教育科学规划课题指南涉及教育事业发展的各个维度，反映了一段时期教育事业发展所面临的重点难点与现实问题。除了全国教育科学规划课题指南以招标方式呈现外，地方教育行政机构的课题指南通常会列出具体的选题方向，老师们可以通过当年的选题指南，了解哪些选题是重要的、亟须研究的，从而提高选题立项的概率。需要强调的是，选题时不能直接使用或者以简单地替换部分关键词的方式套用课题指南名称，而是要在指南的指导下细化形成更为聚焦的小切口选题，以小见大。例如，区域教育改革方面的选题有"'互联网+'背景下教育服务实施策略研究""中小学校长职级制政策与实施策略研究"；学校发展方面的选题有"基于学校特色理念下的课程建设研究""学校中层管理干部培养策略研究"。教师专业发展的研究选题有"通过教研方式创新提升教师教学

❶ 张祥兰.找准科研选题：走好课题研究第一步[J].中小学管理,2022(7):41.
❷ 罗彦东.论思维的广阔性[J].数学大世界,1994(7):4.

水平的行动研究""'微课'校本培训提高教师教学能力的实践研究";教学研究方面选题有"中华优秀传统文化课堂教学策略研究""'翻转课堂'教学云平台的构建与应用研究"等。因此,从课题指南中选题,可拓宽教师选题的思路,发展教师思维的广阔性。

当然课题选题的角度还有很多方面。例如,可以从本地(校)资源中挖掘选题、从教育教学成果经验中选题、从教学中容易被忽视的问题中选题等。只有从遵循选题原则、丰富选题方式和注重课题表述三方面着手才能走好课题研究的第一步,才能确保后续的课题研究不走弯路,从而收获成果。

第二节　课题研究中的教师思维品质 *

一、课题研究过程中教师思维品质的常见问题 **

课题研究是运用科学的研究方法去探索教育的客观规律的过程,是教育教学改革的先行和依托,是教师实现专业成长、不断提高教育教学水平的重要途径。

相对于课题研究而言,教育课题研究是指"用先进的教育理论做指导,选择教育教学领域有价值且有待解决的问题,应用科学研究方法,通过分析问题、研究解决问题、有效表达等推广应用成果的认识和实践过程"[1]。客观上来说,中小学教师进行课题研究能够促进"教师专业成长",也是"解决实际工作问题的需要"[2]。然而,一线教师在课题研究中缺少对文献的归纳分析与提炼,缺乏从操作角度分解研究内容,缺乏研究实施的合理性规划,缺少对自我实践的自觉反思,这些都是教师思维品质不足的表现。例如,缺少对文献的归纳分析与提炼,反映了教师思维深刻性的不足;缺乏从操作角度分解研究内容,反映了教师思维逻辑性的不足;缺乏研究实

---

　*　作者:徐红钰、李梦。

　**　作者:徐红钰。

　❶　庞海云.关于提高中小学教师课题研究实效性的思考[J].教育实践与研究,2011(6):7-9.

　❷　张祥兰.找准科研选题:走好课题研究第一步[J].中小学管理,2022(7):42.

施的合理性规划，反映了教师思维系统性的不足；缺少对自我实践的自觉反思，反映了教师思维创新性的不足。

（一）缺少对文献的归纳、分析与提炼：教师思维缺乏深刻性

文献综述一般要对研究现状进行客观的叙述和评论，以便预测研究的趋势或寻求新的研究突破点。中小学教师以实际工作问题为基点，需要利用相关文献逐步明确研究问题。确定课题名称之后，教师可通过阅读文献寻求研究的理论依据，进一步明确相关研究现状，形成文献综述。

由于许多教师没有做课题的经验，只是一味地埋头苦干，虽然在教学上积累了一些经验，但对于一些教学的理论没有深入研究，导致撰写的课题报告中的文献综述部分质量不高，只是将一些自己认可的观点进行罗列，缺乏对文献的分析和比较归纳，缺乏内在逻辑，没有形成自己的观点。这样的文献综述很难看出研究的脉络，导致研究基础存在漏洞。另外，也有些教师的文献综述与研究的内容相脱节；有的教师摘录了不专业的文献，使文献水平低，研究基础不牢固；有的文献综述引用别人的观点时，理解有误，不准确，不全面；有的文献综述中只有文献的观点，没有作者自己的取舍和评价，研究角度和立场不鲜明。这样的文献综述显然不足以支撑研究者了解前人在该方面的研究进展状况，亦不能寻得有关理论的指导，无法把握研究方向。可见，一线教师需要对研究的课题具有深刻的思考，在文献综述时才能更有针对性。

（二）缺乏研究实施的合理性规划：教师思维缺乏系统性

教师在研究中缺乏对问题的整体性思考、合理性规划，缺乏对问题的分析与预判，这些都是教师思维缺乏系统性的表现。课题研究需要结合研究内容选择各种研究方法，研究方法是影响课题研究成果科学性的主要指标，缺乏研究方法或方法使用不当，直接影响课题研究的质量。很多中小学教师研究方法的欠缺也在一定程度上限制了教师的前瞻性。很多研究由于在前期缺乏对核心问题的分析，导致研究思路不清晰，就无法制订出可行性强的研究实施方案。还有的教师在分析研究内容时，忽略了课程内容与其他因素之间的关联，认为仅凭课程内容的研究便足以完成研究目标，导致研究内容片面化，这些都是教师思维性缺失的表现。

(三) 缺乏从操作角度分解研究内容：教师思维缺乏逻辑性

任何研究问题都有一定的内部结构，只有将课题按照问题的内部结构细化为几个小的研究问题，或是将问题从几个方面进行分解，才能把课题理解清楚，研究工作才能顺利开展。所以，一线教师在规划研究内容时，一定要注意逻辑性，研究内容既要突出重点，又要具体，便于操作。

(四) 缺少对自我实践的自觉反思：教师思维缺乏创新性

教师思维的科学品质指向教师的高阶能力，是一种综合性思维的体现。反思是教师思维的科学品质的开端，也是教师思维创新性的体现。"教师成为研究者"虽已成为某些教师的内在需求，但实践中，很多中小学教师很难打破常规、发现盲点、差异和需要深入考虑的问题，对于相关问题还缺少自觉的反思和探究的意识。这导致之后的教师思维无从展开。因此，一线教师在课题研究的过程中，一定要不断反思和改进教育教学的新思路、新途径、新方法、新策略、新模式，并且在教育教学中不断探索、研讨，不断进行总结、提炼。

二、课题研究过程中教师思维品质的重要价值*

课题研究是校本教研中的一项重要内容，是促进教师专业成长的重要途径，也是营造良好校园文化氛围的重要方式。教师思维品质实质是人的思维的个性特征，反映了每个个体智力或思维水平的差异。

(一) 课题研究中教师思维品质敏捷性有利于教师发现问题

课题研究的问题来源于教学实际、切身体验，需要教师敢于面对老问题、善于发现新问题，任何研究都始于问题。优秀教师都是有思考力的教师，正是基于自己的思考，他们形成和产生了各种各样的教学见解、观点、判断和想法，以从容地应对和解释教学活动中的各种问题和现象。教师要善于运用思维的敏捷性，在复杂的教学情境中针对不确定的问题进行探究、深思，通过寻找教育问题背后的逻辑，把教学行为、过程与理论及理论思维紧密结合，找出它们之间的内在联系并推进问题的探索与解决。

---

* 作者:李梦。

（二）课题研究中教师思维品质的系统性有利于教师制定研究方案

课题研究离不开相关教学理论学习。从课题研究的程序和过程来说，首先是设计研究方案。其前提工作是界定课题研究的内容，明确究竟要研究和解决什么问题。课题研究的基础工作是了解已有的同类或相关课题的研究成果，找准自己课题研究的聚焦点，同时使自己的研究站在"巨人"的肩膀上；关键工作是提出自己的研究假设，这是研究方案中最具个人创造性的部分。教师思维品质的系统性有利于把课题想要达到的结果、实现该结果的过程、过程优化以及对未来的影响等一系列问题作为一个整体系统考量，在这个过程中制定研究方案，有效地进行课题研究的开展。

（三）课题研究中教师思维品质的逻辑性有利于教师解决问题

课题来自问题又高于问题，课题是对问题的升华、提炼和论证。课题研究的过程就是学习、运用教育科研方法的过程，也是提高自己解决问题的意识与能力的过程。研究活动，包括理论研究和实践研究，理论研究的核心是"论证"，教师思维品质的逻辑性能够帮助教师提出论点和观点并进行证明。其中最重要的是讲道理和讲逻辑，讲道理就是以理服人，讲逻辑就是讲章法讲结构，言之有序，自成一体。实践研究的核心是"行动"，就是把研究方案付之于实施。从研究的角度说，它的职能是证实或证伪研究的假设，使假设不断得到确认、完善，最终解决问题。

（四）课题研究中教师思维品质的批判性有利于教师反思问题

课题研究始于"实践的困境"。研究过程是思维活动贯穿始终的过程。教师思维品质的批判性使自己逐步成为反思者。在研究结束后，教师们将按计划对整个研究过程进行分析和总结，提炼经验，把自己对教育科研的认识、体验、感悟写出来与同伴交流，从而不断从实践中总结经验，并用经验去指导平时的教学实践，以提升自己业务水平。课题研究中教师通过反思可正确地认识自己、评价自己，进而提高教育教学行为的自觉性。

（五）课题研究中教师思维品质创造性有利于提升教师实践能力

课题研究具有实践特性，这意味着教师要在具体情境中解决紧迫的现实问题。在这个过程中，教师的洞察能力、批判能力、创新能力得到不断的提升和发展。洞察能力即教师对教育现象和教育事实的本质把握、深层次认识、理性判断的能力。评判能力即教师发现教育现象和教育事实中的问题、矛盾及症结并进行教育分析评价的能力。创新能力即教师改善教育实践及建构新的教育实践的能力。这三种能力是提高教师科研能力的前提和核心。一种新观念的形成、新思想的获得、新视角的出现、新方法的运用，能够扩大研究者的教育视野，提升研究者的教育水平。

课题研究过程是教师的反思过程、思想形成过程、概念提炼过程和问题解决过程。它们相互融合，形成一个有机的整体。在这个过程中，教师思维品质起到至关重要的作用。一方面，教师要遵循教育性原则，体现教学的价值导向，实现学科的育人价值，促进学生的全面发展；另一方面，教师要遵循研究性原则，积极寻找和积累各种教学事实、证据和案例，为研究而教。

三、课题研究过程中教师思维品质提升的路径[*]

将思维品质作为探究教师发展的切入点，甚至是突破点，根本原因在于思维品质是制约教师发展的主要瓶颈。中小学教师开展课题研究的本质取向是为了解决中小学教师在日常教育教学活动中所遇到的教育教学问题，以研究的方式推进问题解决，推动教育教学改革，从而提升教师的思维品质，促进其专业化发展。

（一）从专题讲座和读书沙龙活动中，提升教师思维品质

1. 梳理文献，提升教师思维的深刻性

读书作为教师开展专业学习的途径之一，对于提升教师的思考力、学习力有着重要意义。教师唯有将读书、实践、思考关联起来，才能改进自身的教育观念和行为。笔者所在学校在教研工作中遵循如下路径组织教师开展问题式读书：在身边找问题—带着问题读书—获取书中的观点、立场、方法—用这种观点、立场、方法反观问题—在反思中改善行动。

查阅文献是教育研究的基础性工作，一般在研究过程的前期进行，以帮助研究者更好地确定研究课题，明晰本课题在该领域的已有研究成果，

---

[*] 作者：徐红钰。

获得研究思路和方法的启发。中小学教师大多未受过专业的文献检索训练，文献检索的意识和能力比较薄弱。中小学教师需要聘请专家以专题讲座和读书沙龙的形式有针对性地对研究课题进行系统指导。指导教师如何在文献综述中将研究问题的来龙去脉和相关重要信息交代清楚。学习与课题相关的专业理论是贯穿教育研究始终的活动，专业阅读既是课题研究的需要，更是教师学术能力提升的重要途径。

例如，"'双减'背景下大单元整体作业设计"这个课题，专家可以向教师推荐与课题相关的书籍、视频，学校可以开展同读一本书的活动。当然，在读这本书前，专家可以用专题讲座的方式对如何在大单元视角下设计进行整体介绍。为鼓励教师将阅读中产生的问题或收获进行分享，学校可以举办"'双减'背景下大单元整体作业设计"的主题沙龙活动，让教师分享自己的收获与感悟。为了让教师都能围绕中心话题发言，学校还可引导教师提前开展"读书三问"：书中的核心观点是什么？结合教育实践谈谈你最有感触的段落是什么？你最有疑惑的地方是什么？与会教师就"读书三问"进行观点交流和碰撞后，专家还可带领大家梳理阅读背后的思维方式，明白不仅要读懂书中说了什么，还要知道书中怎么说的，真正实现理论与实践的融合，由此掌握指向问题解决的问题式学习法。

2. 聚焦研究问题，提升教师思维的系统性

教育研究课题通常来源于教育实践。许多教育家正是通过对个人教育实践经验的反思，形成对教育实践中关键问题的认识，并以此作为课题进行深入研究，从而有所发现和创新。实际上，任何一个有责任心的教师，都会在自身工作中感受到大量需要解决的问题，但这些日常问题能否成为科学问题，是否值得持续、系统地探索，许多教师是无法把握的。带着这些问题，我们可以聘请有经验的专家通过教师的教育案例、展示课、教学设计等了解教师的已有经验，以问卷调查、访谈等方式帮助教师梳理出共性的关键经验和关键问题。在此基础上，专家和中小学教师一起进行专题研讨，从研究的必要性、创新性和可行性等角度对这些关键问题进一步筛选和优化，尤其要聚焦研究问题，明确课题研究对象、研究内容与研究方法，使研究变得具体可操作。

中小学教师平时要善于观察思考教育教学中遇到的问题，对一些现象多问"为什么"，分析思考问题产生的原因，探索改进、解决的办法；在计

划、行动、考察、反思四个基本的研究过程中，不断研究，总结经验。这样对问题和现象的思考，就会比别人站得更高一点，比别人挖掘得更深一点，从而得出别人没有得到的结论，实现课题研究有深度、有广度，在解决实践问题的同时提升思维的系统性。

（二）深入实践并反思，提升教师思维品质

反思能力是教师专业发展的核心要素，也是一种重要的教师思维品质。课题研究一般要遵循"研究—反思—再研究—再反思"这一渐进式、螺旋式上升的过程，这就要求在课题研究的各个阶段都要不断进行反思，对发现的问题及时进行总结，这样才能在下一阶段的研究过程中加以改进和提高，同时提升自身思维品质。

1. 在课题研究的活动中反思，提升教师思维的敏捷性

常规教育教学是课题研究的重要载体，二者密不可分。因此，围绕各阶段课题开展的各种活动都要及时进行反思与总结。反思的过程是一个多重的螺旋式的发展过程，教师在各过程中发现问题、观察反思、解决问题、总结经验，从而形成新结论。在课题研究活动中，教师可以对研究内容、研究手段、研究方法等方面进行反思。对问题的反应速度是体现思维敏捷性的重要标志。教师要使思维在面对众多信息时能够快速启动，需要在不断反思的过程中养成抓住关键、提纲挈领的能力。面对问题时，教师的思维要"轻装上阵"，集中注意力于关键信息。教师要有意识地用结构图、思维导图、程序图以及表格等多种形式来对所研究的知识进行系统的整理，使知识结构化、网络化、系统化。这不仅要注意知识之间的内在联系，还要把握知识之间的逻辑关系。反思不仅能有效提高教师的思维敏捷性，更能帮助教师形成严谨求实、一丝不苟的科学精神。

2. 在课题研究成果的提炼中反思，提升教师思维的逻辑性

提炼课题研究的成果是课题研究的一项重要工作。课题研究成果包括理论成果和实践成果两种。提炼成果包括各个研究阶段的成果提炼及课题研究最终的成果提炼。提炼成果的过程就是将零散的知识之间建构联系，将零星的想法提炼为流程化的思考方式，就是逻辑思维开始激活了。我们可以将每个阶段的成果用流程图的形式先写出来。一般先从各个阶段的成果开始提炼，最后提炼总成果。提炼理论成果可以从研究人物的认识、观

点、观念、行为等方面发生的转变等来写，重点要写出课题研究前后的对比。提炼理论成果还包括最终课题研究总结出的策略和方式方法等。在反思的过程中，可以预测一些可能达成的目标或成果。在课题研究中想出一个解决问题的办法时，试着想想结果可能是什么。

3. 在对课题研究存在的问题与困惑中反思，提升教师思维的广阔性

进行课题研究的过程中，肯定会遇到各种问题与困惑，如课题研究存在目标偏离、可操作性不强等。将这些问题归纳出来，及时对这些问题与困惑进行整理，这时就需要查阅大量的教育理论文献或请专家答疑解惑。遇到问题与困惑时善于查阅资料、搜集信息是锻炼和培养思维能力的一个重要方面。进行信息搜集的过程实际上就是一个思维广度提升的过程，是一个需要做出判断和决策的过程。平时信息灵通的人思路就会比较宽广，反应就会比较敏捷。另外，我们还要善于将搜集来的信息与他人进行交流，这种交流可以让我们在短时间内获得更多的信息。在研究中，研究者能进行周密的思考，善于进行分析与综合，既考虑整体，又考虑部分，从而使课题的研究更具系统性和科学性，有助于提升教师思维的广阔性。

4. 在课题研究实践的过程中反思，提升教师思维的创造性

课题研究要有创新，就需要有改进实际教育教学工作的新举措，而且这些新举措要有一定的力度：在遵循教育教学基本规律和学生身心发展规律的基础上，要与平常的教育教学工作有所区别，有所改进，有所革新。一线教师在做课题研究时，一定有通过反思改进教育教学的新思路。

课题研究是提升教师思维品质的有效路径之一，也是促进教师专业发展的必由之路。学校除了做好引导和培养工作外，还需要在评价机制方面有效跟进，为提升教师思维品质提供制度保障。

四、课题研究过程中教师思维品质表现的案例分析*

课题研究过程能够有效训练教师的思维方式，提高教师的思维品质。在课题研究中，教师要围绕研究问题梳理文献，包括对文献的分析、综合、归纳、演绎、类比等，发现不同表达之中的相同，把表面上看起来没有关

---

* 作者:李梦。

系的材料建立起联系；发现类似表达中的不同，把表面上看似相似的东西区分开来。教师通过分析、综合、归纳、演绎的思维过程发现事物发展的本质和规律。这种系统的思维品质是课题研究所独有的功能。长期的课题研究训练，必然使教师的思维水平得到大幅度提升，从而为其创新能力的提升奠定坚实基础。撰写研究报告能够检验教师思维水平。从结题报告的总体设计到每个部分的具体表达，从研究报告的结构到每个部分之间的关系，从每一个概念的使用到每一个命题的表述，从推理方式的选择到论证过程的严密程度，每一步都是对教师思维能力的检验。完成一份研究报告，就是对教师思维品质的一次提升。

（一）课题研究过程中教师思维品质系统性表现

教师思维品质的系统性注重从整体角度对工作进行要素—结构—功能分析，强调的是思维的整体性，帮助建立系统的思维方式。课题研究是一项复杂的探索性工作，又是一项有序的系统工程，需要很强的计划性，要做到有序、有控，以确保课题研究的质量。因此，课题研究必须重视研究方案的设计。当研究者确定了研究课题后，就应为完成研究课题的任务制订必需的研究方案。

例如，石景山区教育科学规划重点课题"基于小学科学学科核心素养培养的学生评价研究"，要求教师要系统性思考研究过程和研究内容，还要制定好研究方案、进度和成果规划。这里体现了课题研究过程中教师思维的系统性。案例内容见表 5.1 "基于小学科学学科核心素养培养的学生评价研究"课题研究的主要过程和活动。

表 5.1　"基于小学科学学科核心素养培养的学生评价研究"课题研究的主要过程和活动

课题研究的主要过程和活动			
阶段	序号	时间	主要过程和活动
课题研究初期	1	2017 年 9 月—2018 年 2 月	查阅文献，梳理教材，解读核心素养
	2	2018 年 3 月	课题开题汇报
	3	2018 年 4 月—2019 年 3 月	制定学生评价方案，分年级实践

课题研究的主要过程和活动			
阶段	序号	时间	主要过程和活动
课题研究中期	4	2019 年 4 月	课题带题授课：《神奇的磁铁》
	5	2019 年 4 月	课题中期汇报
	6	2019 年 5 月—2019 年 12 月	实践反思，总结经验，撰写论文
课题研究后期	7	2020 年 1 月—2020 年 5 月	整理课题资料，形成研究成果
	8	2020 年 6 月	课题结题汇报

课题研究的方案是合理组织课题研究活动的必要条件，是为完成课题研究任务而详细编制的"施工蓝图"。在制订课题研究的方案时，教师不仅需要认真考虑课题研究的理论基础、具体题目、研究方法，以及研究条件、程序步骤，还应充分预计可能遇到的问题与困难，留有备用的时间、回旋的余地。在课题研究方案的制订过程中，要广泛征询专家的意见，听取同行的建议，从而使整个课题研究方案趋向完善。

（二）课题研究过程中教师思维品质广阔性表现

教师思维品质的广阔性是教师在课题研究过程中，善于全面地观察，能从事物多种多样的联系中认识事物。教师能从某个教育现象思考该现象出现的多方面原因，从本源上思考事物的本质，从教育本身出发理解教育教学，从教育的各个方面的联系认识教育。思维品质的广阔性让教师能站在更高的角度思考教育，从教育的各方面改善教育现状与不足，从而更好地促进教育教学。课题研究过程中要对课题进行论证。课题论证是对选定的待研究的课题进行分析、预测和评价，从多方面考虑课题研究的可行性。教师进行这种课题论证，必须依据翔实的资料，并以齐全的参考文献和精细的分析来支持自己关于课题的主张。通过对课题进行论证，进一步理清研究思路，制定研究方案，使整个课题研究具体化、系统化和完善化，保证课题研究的顺利进行。

例如，在课题研究过程中，课题论证应该回答好以下几个方面的问题：①明确选题的性质、目的和任务，及具体准备解决什么问题，属于什么类型的问题，要达到什么研究目标。②阐明课题的意义，即说明课题的来源，有关理论和实践依据与背景，研究的价值、必要性与针对性。③了解与该课题研究有关的研究状况，包括前人或他人研究的情况，现在已有的结论及存在的问题，预计该研究将有哪些重要突破或创新。④论证课题研究的可行性，即主要对完成课题的主客观条件进行分析，包括人员的构成、能力水平、任务分配、物质条件及经费保障等。⑤论证课题研究的主要方法步骤、成果形式、完成时间等。这些过程，教师要充分地考虑，全面地观察，将各种联系思考清楚。

（三）课题研究过程中教师思维品质批判性表现

教师思维品质的批判性指思维活动中善于严格整理思维材料和精细地检查思维过程的智力品质。课题研究过程中，教师对教育问题的解决方案持谨慎态度，对实施过程的各环节都仔细考虑。课题研究是一项艰苦的探索过程，无论是文献研究还是行动研究，无论问卷设计、调查还是问卷分析，无论是访谈提纲的设计还是访谈的技巧，无论是研究报告的设计还是撰写，教师都可能由于缺乏经验、缺乏指导而不得要领，但是只要不断总结经验，反思实施过程，就会逐渐顺畅起来。教师在整个研究过程中要反复校正，不断否定自我。经过这一艰难探索的过程，教师不但能够取得相应的研究成果，更重要的是锻炼了自己的意志品质，形成了不怕吃苦、战胜任何困难的品格。持之以恒的兴趣、顽强的意志品质可为批判性思维奠定坚实的思想基础。

例如，在石景山区教育科学规划重点课题"基于小学科学学科核心素养培养的学生评价研究"研究中，课题负责人针对研究问题进行反思，思考改进方法，并对课题研究的成果进行梳理提炼，发现新问题。这体现了教师思维品质的批判性。案例内容如下。

1. 研究问题与改进

（1）量化评价标准。

基于小学科学学科核心素养的学生评价具有更强的综合性、情境性、内隐性等特点。后续研究中可将核心素养转化为可量化的显性指标，制定更明确的评价标准，使评价效果更显著。

（2）增加学科教师研究力量。

本课题的研究主要由课题负责人承担，研究对象也是本校学生，这样对于课题研究的局限性比较大。因此，作为课题负责人要全面统筹，以课题研究任务为抓手，与其他学校教师合作，课题研究效果才会更好。

2. 研究收获与启示

基于小学科学学科核心素养培养的学生评价方式给予学生更多方面的肯定，评价更客观、更全面、更科学，更具有激励性。学生科学素养的形成与提高是一个渐进的过程，并非一蹴而就的事，教师只有认真解读课程标准，深刻领会课程宗旨，领悟"科学素养"的真正内涵，开展有效的学生评价，才能通过科学教育使学生逐步领会科学的本质，乐于探究，热爱科学。

（四）课题研究过程中教师思维品质灵活性的表现

教师思维的灵活性体现在课题研究的全过程中。在遇到研究问题前，从多角度分析引发教育问题的各个因素。在课题研究过程中，教师学习相关经验，听取同行的建议，将可行的方法应用于教育问题的解决方案中。在实施解决方案的过程中，遇到问题应灵活变动、及时调整。在课题研究结束后，教师总结课题研究过程中的利与弊，得出有关经验。教师思维活动的灵活性，对教师的经验和能力都有很高的要求，这也在一定程度上体现教师的教育机智。

例如，在课题研究过程中，要开展多次研究活动，如开题汇报、中期检查、结题汇报等，这些活动中，教师要不断梳理课题的研究思路和研究路线，调整研究方案，改进研究方法。

教师开展课题研究，实际上是要求在更高的思维水平层次上展开教学活动，即从强化日常教学中蕴含的科研成分着手，以科研的思路去重新审视教学过程，发现问题、思考问题，形成解决问题的策略，并通过教学实践使其得到验证与完善，从而使教学工作逐步向最优化方向发展，同时也使自身的素质水平得到提升与飞跃。在课题研究过程中，教师思维品质的系统性、广阔性、批判性、灵活性为课题的开展提供研究保证，促进教师运用先进的教育理论指导具体的教育、教学工作。

第三节　课题成果提炼中的教师思维品质*

在课题成果提炼过程中，教师应提升自身思维的深刻性、逻辑性、系统性等品质。

---

* 作者:李爱霞、孙波。

一、课题成果提炼中教师思维品质的常见问题

由于课题成果提炼或学术写作经验不足，或者学术性书籍阅读较少等原因，部分教师在课题成果提炼过程中在思维品质方面表现出一些问题，具体如下。

（一）课题成果提炼中教师思维缺少逻辑性

很多一线教师在课题成果提炼中在思维上缺少逻辑性，主要表现为几种情况：其一，研究报告或论文子标题与主标题之间不能很好地对应，子标题没有充分表达主标题的核心内容，或者子标题与主标题的核心内容不一致；其二，研究报告或论文子标题之间不能很好地对应，例如，同一级标题之间存在交叉或者同一级标题不在同一逻辑层面上，上下级标题之间不是包含关系等；其三，研究报告或论文中子标题与其下面的内容之间不匹配，子标题下面的表述并不是在阐释本标题的内容，或者子标题下面所举的案例并不符合本标题的内容，子标题与其下面的内容阐释及呈现案例存在不一致性。以上这些都是教师在课题成果提炼中思维缺少逻辑性的表现。

（二）课题成果提炼中教师思维缺少系统性

中小学教师的课题研究成果应该是在教学实践基础上的总结提炼，应该具有系统性、概括性等特征。但实践中发现，很多教师的课题研究成果仍然是零散的、局部的，甚至是以案例、课例形态出现的，缺少系统性，未能通过系统性思维将研究成果全面、完整地总结出来，或者在实践过程中没有对研究进行系统性思考，无法形成系统性的研究成果。总之，课题成果提炼中教师思维系统性的缺乏，在一定程度上会影响课题研究成果的普遍意义，不利于成果的宣传、推广以及迁移应用。

（三）课题成果提炼中教师思维缺乏深刻性

中小学教师在课题研究成果提炼中的另一突出问题是思维缺乏深刻性，主要表现为两个方面：第一，成果提炼中概念使用不够准确，成果中所使用的概念并不能准确表达教师所想要表达的内容，或者教师使用了一些常见的空话、套话去描述自己的实践，缺少独立的思考和对自身教学实践探

索的准确概括；第二，成果提炼中缺少对于普遍性、规律性知识或方法的揭示，大多数教师在课题研究成果中描述了自己是怎样做的，但却很少描述为什么要这样做，其中的原理、规律是怎样的，尚未上升为普遍意义的模式、方法或类型。教师课题研究成果提炼过程中思维深刻性的不足，其原因有多种，主要为：教师教育教学理论储备不足，教师隐性知识占据主导，抽象性、概括性思维训练不足，学术写作经验不多，等等。

二、课题成果提炼中教师思维品质的重要价值

（一）课题成果提炼中教师思维逻辑性有助于成果条理清晰

逻辑性是对于课题研究成果表述的一般性、普遍性要求。只有将课题研究成果富有逻辑性地呈现出来，才能让人对课题成果更好地理解和把握。在课题研究成果提炼中，教师思维的逻辑性有助于其合理安排和展现子标题与主标题之间的关系、各级子标题自身之间的关系、各级子标题与其下面所阐释内容之间的关系，从而使得课题研究成果清晰、明白、有条理。除了标题与标题、标题与其下属内容之间关系的逻辑性之外，课题研究成果提炼中，还包含了关于成果所包含类型、要素分析、模式等的逻辑性，以及在此基础上形成的表格、思维导图、概念图等的逻辑性，这些逻辑性关系到成果表述的准确性、完整性，也关系到成果表述的清晰性、条理性、合理性。只有教师将自身教学实践探索基础上形成的成果通过标题、表格、图示等富有逻辑性地呈现，才能使课题研究成果更清晰、更有条理，使阅读者能够清晰理解其中所包含的流程、关系、关键点等，便于对其进行思考以及实践中进行迁移应用。

（二）课题成果提炼中教师思维系统性有助于成果丰富完整

课题成果提炼阶段，需要把教师日常的教学探索进行系统化梳理。这时候，教师思维的系统性将影响整个课题成果提炼的质量和水平。具有系统性思维品质的教师，能够将课题组成员的日常研究积累按照某种逻辑关系组织起来，形成一个系统的、完整的成果框架。这一框架应是涵盖了课题研究成果各个方面如内涵、价值、类型、模式、策略等。同时，每一部分成果也应具有系统性特征，将涉及的内容较为全面地进行提炼和整理，通过

教师的系统梳理，使得整个课题成果丰富、完整，能够反映出整个课题研究及成果的全貌，更易于读者理解以及更具有可迁移性。

（三）课题成果提炼中教师思维深刻性有助于提升成果理论价值

在课题成果提炼过程中，教师思维深刻性主要表现在以下几个方面：其一，促使教师使用较为准确的学术概念进行成果表述，将教师日常教学探索的发现抽象为某些特定概念，进行概念化表述；其二，促使教师提炼出某些反映实践规律的模式、策略等，从探索性、研究性实践中抽象、概括出一些模式、方法、类型等，从而反映教学现象、教学行动的本质特点或规律性；其三，促使教师运用理论或理论框架去分析、解释教学实践，发挥理论对于教学实践的指导作用，并在此基础上形成一系列行之有效的方法、策略等。总之，教师思维深刻性有助于提升教师课题研究成果的学术性和理论价值，使其更加具有普遍意义，更能反映教育教学的规律。

三、课题成果提炼中教师思维品质提升的路径

（一）通过培训、指导活动促使教师学会思维方法

在课题成果提炼过程中，教师思维方法的应用至关重要，思维方法的应用能够促使教师成果提炼更加有逻辑性、系统性和深刻性。培训、指导活动可促使教师学会思维方法，有助于提升其在课题成果提炼中的思维品质。教师需要通过培训、指导学会以下思维方法。

（1）抽象思维。抽象思维具有概括性、间接性等特点，是在分析事物时抽取事物本质的特性而形成概念，并运用概念进行判断、推理的过程。在课题研究成果提炼中，教师要将一些探索的实践方法、策略、模式等抽象出来运用概念去表述，"概念代表整个一类的或同类的事物"❶。教师还要在这些概念基础上形成判断、推理，从而建构其理性认识。这是一个运用抽象思维的过程。

（2）归纳思维。归纳思维是指从多个特殊性的具体事物中找到共同性，推导出一般知识的思维形式。对事物进行抽象、形成概念过程中，也需要

---

❶ 杜威. 我们怎样思维·经验与教育[M]. 姜文闵，译. 北京：人民教育出版社，2005：128.

归纳思维的运用。在课题研究成果提炼中，归纳思维是一种重要的思维方式。教师需要在一个个具体、特殊、情境性的实践中，找出类似的、共同的、普遍采用的方法、策略、原则等，这是由一系列"个别"到"一般"，获得规律性认识、经验与方法的思维过程。

（3）分析思维。分析思维是指把事物分解为各个部分、方面等，分别加以研究与考察，从而形成对各个部分、方面及其关系认识的思维过程。在课题成果提炼中，教师需要从主题出发，整体思考课题成果的框架结构：整个成果内容将分成哪几个部分进行阐述？每个部分又可以分成哪几个方面进行分析？这样逐层分析，形成课题成果内容的各级标题，然后再对各个层级的内容进行探讨与阐释。

（4）综合思维。综合思维是把分析对象的各个部分、方面等按照内在联系统一成为整体的思维过程。这一思维过程要求反映对象的内在统一性、整体性以及各个部分、方面、要素之间的关系。"教师整体思维方式，是一种强调教育教学系统内各要素间联系的综合认知。"❶ 在课题研究成果提炼中，教师需要把若干方法、策略、原则等联合在一起构成一系列认识，然后再将这些全面、系列的方法、策略与其他价值、特点等分析再进行大的整合，共同构成对于主题的整体认识，形成课题成果的总体框架结构，这就需要不断运用综合思维。在课题成果框架构建中，教师往往将分析思维与综合思维交织运用，既有从整个主题出发进行的分析，又有从部分出发进行的综合，整体与部分互相对照与关联，最终形成相对清晰、完整、符合逻辑的框架结构。

（5）逻辑思维。逻辑思维是指将思维内容联结、组织在一起的思维方式。在课题成果分析与综合过程中，教师逻辑思维的运用必不可少，教师要反复进行推敲和琢磨，避免成果框架中各个部分交叉、重复，成果框架中处于同一层次的内容应是并列关系，不同层次内容之间可形成包含或递进关系，等等。总之，成果框架结构要清晰、有条理、符合逻辑。此外，在具体内容阐述中，也要注意行文、判断、推理的逻辑性，避免具体内容与标题不符、具体内容不足以支撑标题或者事实不能推导出结论等。

在培训、指导教师学习思维方法的过程中，建议采用理论与实践相结

---

❶ 刘旭相. 教师思维方式转变的诉求与策略[J]. 教育科学论坛,2014(6):62-63.

合的方法，通过理论培训促使教师理解基本的思维方法，对其形成较为清晰的认识。同时，对于教师正确运用思维方法的案例以及在思维方法方面存在问题的一些反例进行分析，促使教师更加明确自身努力学习和改进的方向。另外，根据教师自己成果提炼的实践进行有针对性指导，促使教师在实际接受指导和修改自己成果框架及内容表述的过程中，逐渐体会各种思维方法应用的注意事项及效果等，体会课题成果提炼过程中的逻辑性、系统性、完整性和深刻性等特征，从而提升教师在成果提炼中的思维品质。

（二）教师在成果提炼过程中不断反思与调整课题框架结构及内容

教师思维品质可以通过教师自身有意识地进行训练而获得提高，教师在课题研究成果提炼中的思维品质也可以通过自身不断地实践、磨炼、体悟而获得提升，即教师在成果提炼过程中对成果框架结构及其内容阐述不断进行琢磨、反思、修改和调整，从而促使自身在成果提炼中的思维品质不断获得提高。

在一次访谈中，课题负责人潘老师详细谈论了自己制订和修改课题成果框架的过程。这让我们对于一线教师在课题成果提炼时如何一点点搭建与修改框架及其中的思维运用等有了一个更为直观的了解。在课题研究结题阶段，潘老师进行了"基于不同文体的小学中高年级语文阅读'语用'教学策略的实践研究"课题研究成果的提炼，经历了一个从构建框架到阐释内容、描述案例的过程，潘老师谈道："在结题报告阶段，对我来说，最困难的是怎么搭建框架。老师们平时积累的材料都是一点点、一块块放在那里的，我必须构思出一个整体的框架，把大家研究的成果都容纳进去，整合在一起。做框架，我大概花了一周左右的时间。那一周，我每天上班的时候，一有时间我就琢磨这个框架，有时候在本上写一写，晚上回到家后，我就静下来，尝试着做框架。今天想一点儿，明天想一点儿，每天就那么静静地想。一周左右时间，大致的框架终于定下来了。然后，我就开始把老师们平时积累的研究材料填充进去，再自己阐述一下，这是一个非常宏大、浩大的工程。在写成果过程中，我有时会觉得框架的哪块儿思维不顺畅、逻辑上不通，还得调整，就再修改框架。就这样，一点点地磨。这个过程真的是痛并快乐着。最后，结题时，专家还是挺认可的。以前我

也写过论文，但框架只是简单的要点，没有这么复杂，也没有这么认真、严谨对待过。"❶

可以看到，潘老师构建研究成果框架过程中花费了很多时间和精力，全身心投入，琢磨、修改。在这个过程中，课题负责人的系统性思维、逻辑性思维、缜密性思维、深刻性思维等思维品质都得到了锻炼，在自身教学研究及专业发展方面获得较大成长。

四、课题成果提炼中教师思维品质表现的案例分析

在课题研究中，教师思维品质表现为研究框架及其具体内容的逻辑性、系统性、完整性、深刻性等方面。以下以一个课题为例来说明教师成果提炼中思维品质的表现。

课题名称：通过英语单元主题作业，提升高年级小学生语言运用能力的研究。

课题成果核心内容如下。

（一）探索出布置小学英语单元主题作业的实施步骤

具体步骤见图 5.2。

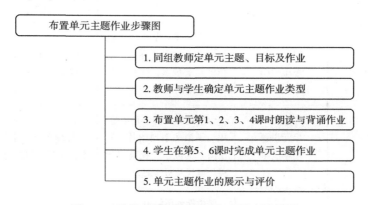

图 5.2　小学英语单元主题作业的实施步骤

（二）构建了小学英语单元主题作业体系

结合北京版小学英语教材内容，以话题为线索，整体设计单元主题作业体系见表5.1。

表5.1　小学英语单元主题作业体系

作业类别	作业形式	作业目标	作业要求
单元主题文字类作业	单元主题习作	学生能够围绕单元主题，写出简短的篇章，提高学生英语写作能力	围绕单元主题内容，写一段话，不少于五个句子，正确使用标点符号
	单元主题知识单	学生能够填写知识单，提高学生英语书写的语言技能	完成教师布置的单元主题任务单，读懂题目，书写正确
	单元主题调查采访	学生能够围绕单元主题，记录或回复简单的信息，提高英语读写的语言技能	依据单元主题，调查采访朋友，记录主要内容
单元主题图文类作业	单元主题小报	学生能够围绕单元主题，使用小报传达信息，提高学生英语语言归纳总结的能力	围绕单元主题内容，用A4纸设计单元主题小报，要求图文并茂
	单元主题思维导图	学生能够围绕单元主题，使用简单的思维导图，总结单元重难点，提高学生归纳总结的能力	围绕单元主题内容，通过思维导图梳理单元重难点
	单元主题绘本故事	学生能够围绕单元主题，用句子描述系列图片，写出简单的故事，提高学生英语复述及写作能力	围绕单元主题，写出故事，并配以相应的图片
单元主题视频类作业	单元主题知识介绍	学生能够围绕单元主题，讲述与主题相关的信息，提高学生英语语言表达的能力	围绕单元主题，介绍相关的知识，录制视频

作业类别	作业形式	作业目标	作业要求
单元主题视频类作业	单元主题对话表演	学生能够围绕单元主题，进行几轮交谈，提高学生英语语言表达能力	围绕单元主题，和同伴创编简短对话，录制视频
	单元主题情景剧	学生能够围绕单元主题，与他人合作完成表演情景剧，提高英语语言运用能力	围绕单元主题，多人创编情景剧，录制视频
	单元主题绘本分享	学生能够围绕单元主题，检索出与主题相关的绘本，向他人推荐	围绕单元主题，阅读绘本故事，讲述大意，录制视频

资料来源：由北京市石景山区金顶街第二小学丁萍老师提供。

从上述课题成果之中，我们可以看到，课题负责人及组内教师对小学英语单元主题作业进行了全面、系统的研究探索与成果梳理，课题研究成果提炼较为完整、系统、全面，体现了教师思维的系统性、深刻性；教师将小学英语单元主题作业划分为三大类，包括单元主题文字类作业、单元主题图文类作业和单元主题视频类作业，又将这三大类作业形式划分为多种具体的单元主题作业形式，如单元主题文字类作业包含了单元主题习作、单元主题知识单、单元主题调查采访三种形式。单元主题图文类作业包含了单元主题小报、单元主题思维导图、单元主题绘本故事三种形式。单元主题视频类作业包含了单元主题知识介绍、单元主题对话表演、单元主题情景剧、单元主题绘本分享。这样的作业类型及具体形式划分条理清晰、结构合理，体现了教师思维的逻辑性、深刻性。教师对每种作业形式都进行了作业目标和要求的阐释，也体现了课题成果的丰富性、严谨性、深入性，反映了教师思维的深刻性、逻辑性和系统性特征。此外，课题组教师对小学英语单元主题作业进行了丰富全面的探索，作业形式多样、活泼新颖，体现了教师思维的创新性、灵活性特征。

总之，在课题研究成果提炼过程中，教师思维品质至关重要，教师要在思维方法的学习研修过程中不断反思与调整自己，在自我研究与成果提炼实践中尝试制定成果框架，不断琢磨和修改完善框架，在成果提炼学习与实践中不断提升自身思维水平和能力。

第六章 校本研修中的教师思维品质

校本教研是教师学习和专业成长的重要途径。在校本研修的过程中，利用科学的研究方式结合科学的思维策略、思维方法和思维工具，能够帮助教师有效提升思维品质。

在校本教研过程中，需要教师发挥优秀的思维品质，敏锐地发现教育教学中呈现的关键问题，并处理这些重要信息。要运用思维方法深入分析问题之间的内在的逻辑连接。要灵活地从多角度理解教研伙伴的观点，且在研讨中有理有据地表达自己的观点，甚至创造性的生发独到的见解，从而认知新的教育理念，对问题或理念产生深层次的理解，达到改进教学的目标。校本教研本身就是教师最好的学习过程，在此过程中，运用科学的教研方式，结合科学的思维力培养，能够使教师的逻辑思维，辩证思维和创新思维获得精进，提升教师思维品质。

第一节　听评课研修中的教师思维品质*

听评课是最常见的校本研修方式，通常被视为最直接、最具体、最有效的提升课堂教学质量的方法和手段。听评课的组织方式大致可以分为常

＊　作者：王国庆、张曦。

规性听课；实验、研究、提炼性听课；扶持性听课和跨学科听课。评课是指评课者对照课堂教学目标，对教师和学生在课堂教学中的活动以及由此所引起的变化进行价值的判断。听评课对于了解和认识课堂有着极其重要的作用。

理想的听评课教研应能够及时诊断课堂问题，反思教学管理；促进教师相互学习切磋，研究教学；能够促进教师团队学习先进的教学理念和政策，转变教学观念，改进教学。而在实际教研中，常常表现为听评课活动热热闹闹，老师们的实际收获却微乎其微。其中一个原因就是教师作为听评课活动的参与者，缺少与该活动相适应的思维品质，使得教研不够系统深入、缺乏有效互动、难于创新。良好的思维品质，有利于对教研的系统性、深入性和创新性等方面做出改进，提升听评课活动的效果和质量。

一、听评课研修中教师思维品质的常见问题 *

听评课应是教师专业学习、专业成长的重要途径。但在我们实际的教研活动中，听评课常常只被当作一种对教师的考核，或成了一种走过场的形式，没能发挥其应有的作用。从教师思维品质的角度分析，我们总结出以下几方面问题。

（一）教师在听评课研修中欠缺系统性

听评课教研是校本教研活动的重要组成部分。就学校的校本教研管理而言，听评课教研活动应是校本教研体系中的重要环节和要素，应服务于学校教育理念和发展整体的目标。理应在阶段内有整体的规划设计。然而在日常的听评课中，教师头脑中通常没有这样的构架，校本教研的系统性并没有得到足够的重视，致使听评课成为一个独立的活动，流于形式，对学校教研系统整体高效的提升没有起到应有的作用。

对于个人专业成长而言，教师通常认为会讲课就会听课，往往随意性比较强，对听评课系统性的计划、目标、思路、方法不清楚，对自己要观察什么、怎么观察，记录什么、如何记录，要学习什么、交流什么、评价

---

* 作者：张曦。

什么、思考什么，没有计划和准备。听课者对授课背景、学生的情况，授课教师的个人风格、正在从事的课题没有准备，对观察目标的不敏感，常常会导致观察者错失高价值的信息，因此常常抓不住重点、找不到关联，摸不清规律，耗费大量的时间，却没有获得高效的提升。

（二）教师在听评课研修中缺乏深度分析与思考

在听评课教研中，教师常会出现疲于应付、懒于思考或不会思考的问题。常表现为：听课时"形在神不在"，记录简单、应付了事，评课空泛或凭经验，没有课堂记录的细节依据，评课缺乏实际意义；观察评价只选择浅显的项目，如语言、教态等问题，懒于对合理把握教材、课堂文化构建、教学理念运用等更深层也是更核心的问题进行思考与探讨；只关注到教学问题的浅层和表象，不能够深入剖析问题，追问本质，发现规律；只关注课堂的局部特征，忽略了课堂局部与课堂整体的关系；把课堂元素单独观察分析，忽略了各元素之间的关联与相互影响。例如，只关注教师表现，忽略师生互动中学生的状态和是否引发学生的深度学习，忽略教材与学生契合点，忽略本课教学与学生长远的成长发展的关系。这些问题使得听评课教研流于形式，难以真正深入分析问题和解决问题。

（三）听评课研修活动欠缺多元性与互动性

校本教研活动注重研讨的过程，研讨应是伙伴之间的互相促进，共同成长。多元的互动交流十分重要。听评课教研中教师常常不够注重团队合作与分工，缺乏团队意识和资源整合调配意识。大家都是泛泛地浅层观察，观察视角单一，思考维度单一，评价视角往往也是只徘徊在平时老套的几个评价点上，缺少开放性和多元性；抑或由于研究学科、领域、研究主题或方向不同，教师抱着"隔行如隔山"的想法置身事外，认为自己专业外部的经验不能带到专业性研讨之中，缄口不言，不敢也不好意思对其他教师的课堂"妄加建议"，致使听评课缺乏开放性的互动研讨。

（四）教师在听评课研修中欠缺创造性与反思性

在实际听评课教研中，欠缺创造性和反思性也是比较常见的问题。教师常会认为，听评课后的复盘与反思以及总结问题与计划改进措施是授课教师的事，与我无关的心态造成听课教师置身事外，听后无研，草草了事；听课教师没有带着对新理念的学习准备进入课堂观察，凭借经验听评，带着老眼光看新课，以经验、思维定式、老套路评课，或是“人云亦云”或是“说套话”，使得听评课教研缺乏创造性，缺少活力。

二、听评课研修中教师思维品质的重要价值*

（一）有利于教师在听评课教研中敏锐地发现问题

发现师生教学中的问题和教学管理中的问题，是听评课教研活动重要的目标之一。听课者在课堂观察中，有序观察记录课堂细节、敏锐地发现问题、抓住不同课堂问题的核心特征，系统地归纳、区分、提炼问题，对于深入教研、解决问题、高效地提升教学质量，起到至关重要的作用。听评课中敏锐地抓住重点，发现问题，有赖于教师良好的思维习惯和思维品质。

（二）有利于教师在听评课教研中系统深入地探讨教学问题

听评课教研是对课堂教学成败得失及其原因做出分析评价，并且上升到教学教育理论高度，对现象做出科学正确的解释，是感性认识上升到理性认识的思考过程。这一过程需要教师系统地认知知识和问题的构架；深度地思考和追问，发现问题的本质与核心；探究各个要素和环节中的内在联系和影响因素；批判性地思考自己和评课伙伴的观点。教研的深度决定教研的质量，教师良好的思维习惯、思维方法和思维策略能够帮助教师在听评课教研活动中更加系统深入地探究问题，提升教研质量。

（三）有利于教师在听评课中创造性地反思与提升

复盘与反思是听评课教研中发现问题、诊断问题、构建理论体系，再指导实践这一循环中至关重要的一环，它直接关系着实践实验和理论提升，决定着面对目标问题是否能够在反复课堂实践中获得持续的经验，和阶梯式的成长，实现教学研究上的突破和创新。

三、听评课研修中教师思维品质提升的路径**

听评课教研的过程，既是教师教学理念与专业技能相互探讨碰撞的过

---

* 作者：张曦。

** 作者：张曦。

程，亦是教师教学思维训练与提升的过程。借助科学的思维策略、思维方法与思维工具，能够使教师在听评课教研活动中，更好地发现教学问题、分析问题，反思提炼，投入实践，使教师教学思维品质获得精进。

（一）在听评课研修中如何做到系统化思考，提升思维品质

系统思维是对事情全面的考虑，是避免就事论事，把目标、实现目标的过程、过程优化，以及对未来的影响等一系列的问题，作为一个整体系统进行研究。在听评课研修中的系统化思维，需要教师对待所研究的目标问题、现阶段的听评课研修设计乃至整体的校本教研架构都有整体系统的视角和格局。教师系统性思维的形成有助于教师发展战略意识、规划意识，有助于校本教研高效地推进。如何能在听评课研修中提升教师的系统性思维呢？

1. 确立明确的听评课目标

在一个系统中，目标是最关键的要素，是整个系统的意义存在，因此，为提升教研的时效，应当避免教师无目标地听评课。研修活动中，教师应有明确的目标意识，在目标之下才能够形成系统。

对于教研组而言，应根据现阶段教育政策，结合先进的教学理念、学校的文化建设与发展目标，以及校本教研的总目标，运用结构思维设定目标，明确听评课教研的总目标、阶段目标，子目标，以及本节课听评课目标，形成系统逻辑的听评课目标体系。

对教师个人而言，应当对学校教研体系的总目标与自身的发展规划有系统性的认识，并将二者有机结合。要在每节听评课中有针对性地记录、思考、总结、反思。在每一次听评课中，要有意识地集中力量解决子目标，针对目标为他人提供有效的建议，同时有针对性地积累经验，获得可视的，阶梯性的成长。

2. 借助思维工具，形成听评课研修中的结构化思维

如是无准备听课，只凭经验听课，听课记录会顾此失彼，捕捉不到课堂上的重要信息。我们可以借助听评课观察表等辅助工具，帮助教师进行系统有序的课堂观察和细节记录。

教师在听评课中体现出思维混乱，是因为头脑中没有相关结构。结构化思维的特点是将要分析的元素进行层级划分，形成系统的框架结构。例

如，我们可以首先将课堂观察展开为三个层面：听内容、听教师、听学生。从教学内容来看又可以分为：教学目标、教学思路、教学时间、教学手段；教师方面可以细分为：教师的知识储备、教学语言、教态、板书设计；学生方面亦可再分为：学习效果、学生参与度、思维的角度和思考的深度等问题。每项问题又可以细化出各自的细节要求和评价指标。这样结构层级能够更好地帮助教师解决听评课中听什么、怎么听、评什么、怎么评的问题，帮助教师在听评课中逐步形成结构化思维。

3. 学习文献资源，梳理听评课思维框架，提升系统性思维

借助文献等资料，我们能够吸取前人经验。借助专家的研究成果，在运用这些思维框架作为听评课工具的实践过程中，思考和学习专家的思维方式。结合我们教学中的实际情况，跟随先进教学理念的发展变化，灵活运用并不断改进，形成自己实用的听评课框架，培养系统化思维，精进思维品质。

（二）在听评课研修中如何做到深度思考，提升思维品质

思维的深刻程度是指思维活动的抽象程度和逻辑水平，涉及思维活动的广度、深度和难度，涉及内部和外部表象的联系。教师的认知深度决定着思维的逻辑水平，它集中表现在揭示问题的本质和规律，善于预见事物的发展过程。思维的深度来源于不断的思维实践训练和反思。听评课研修中，教师该如何进行深度思考呢？

1. 抓住课堂关键点，聚焦重点，提升思维的敏捷性

听评课过程中，如何才能抓住关键点呢？我们认为课堂上有"三个点"需要教师特别关注：目标点、节点和异常点。

目标点对于教材来讲是单元及本课的教学目标及教学重难点，对于授课教师来说是在本课教学中寻求突破的目标，比如检验新的教学理念、方法手段在课堂上的运用是否有效等。听评课教师应带着自己研究的目标观察课堂。而在听评课前期准备中，教师应对这些不同的目标点有所了解，以在听评课中敏锐地捕捉到这些目标点，更好地观察和理解课堂现象和背后的意图。

节点指的是转折点或连接点。这里可以指课堂结构的连接点，同时也是教师和学生发言中的逻辑衔接点或转折点等。教师在听评课的过程中，

应抓住表示逻辑关系的语言，以便于抓住节点，判断前后之间是否有正确的逻辑关系，比如因果、承接、递进、转折，由此来评判，教师教学环节设计是否合理，课堂构架是否符合逻辑；从学生的发言中判断学生思考的层次，在师生和生生互动中判断探究的深度及教师的引导和评价是否能够起到启发的作用。

异常点指的是课堂不同寻常的或与众不同的点。可能是教学中呈现出的问题，课堂突发的状况，现场意外的生成，也可以是授课教师独特的创新点或设计的亮点。这些异常点正是教研的营养来源，是教师在听课中不可错过的关键信息。

听评课研修中养成捕捉关键点的意识，能够帮助教师提升思维的逻辑性、敏捷性和批判性，逐渐养成深度思维的习惯。

2. 换位思考，多视角观察，增加思维的广度

听评课研修中，听课者深入课堂，既是学生又高于学生，既是体验者又是审视者。为了避免听课中思维的简单和固化，我们可以从角色切换的角度，尝试切换观察和思维的视角，多角度、多层级地深入思考，敏锐发现课堂教学中出现的问题。运用学生视角，能够从接受者的角度观察课堂的深度和启发度；运用专家视角，把自己放置在评课专家的位置，能够俯视课堂，有助于从更高维度思考观察，发现问题；切换同行视角，尝试思考如果是我的教学，我会怎么设计，联系自己的教学，检视自身问题，有助于自我反思提升；换位授课教师和听课同伴视角，联系他人经验，能够更好地理解课堂设计意图和他人评课观点，有助于开放性的正向解读观点，接纳包容新异观点，从他人的观点中获得启发，增加思维的广度。

3. 运用思维工具，追问本质，增加思维的深度

深度思维的特点是能够透过现象看本质、透过变化发展的过程寻找规律。

当我们敏锐地捕捉到课堂的关键点和课堂问题之后，如何才能做到深度地思考，挖掘问题构成的本质原因呢？我们可以尝试运用思维模型，这里从众多可行的原理和思维模型中选取三个为例。

结构分析法，能够帮助我们对事物的认识从无序转变到有序，从混沌转变到清晰。其典型代表是金字塔原理，运用金字塔模型，能够帮助我们梳理元素之间的层级、关系。也可将问题产生的原因进行层级式的分类分析，帮助我们通过梳理关系，探寻问题的本质，提升思维的深度。

追问法也叫 5Why 法，以连续的"Why?"追问，直到找到问题的本质症结。追问法的核心在于建立清晰的因果关系链条，通过对问题的原因进行科学的分解，从众多原因里抓出最重要的，沿着最重要的原因向深处探寻。

（三）在听评课研修中如何做到逻辑性、创造性反思，提升思维品质

从问题分析中我们发现，听评课研讨缺少生成性和创造性的原因来自教师听评课的思维参与不够积极、思路打不开；研讨中难于开启互动，难于产生相互之间的碰撞与启发。如何能够让评课中教师研讨过程和思考过程更加活跃，充分调动教师思维深度参与研讨，让听评课教研更加高效更有实际意义呢？

1. 设计流程，明晰思考步骤

首先我们可以尝试设计明确的听评课研讨流程。例如，独立思考，列观点——个人分享，谈重点——自由发言，提启发——团队总结，做提炼。每个环节可以有明确的研讨细则。例如，个人分享环节我们可以要求简洁精炼，规定一分钟发言定时，设计好发言框架：先亮明观点，再说原因，再陈述证据和理论依据，最后小结。四个步骤让发言简洁明了，提高研讨的参与度和研讨效率。

2. 创造性生成，打破思维定式

听评课研讨中创造性的生成，有赖于多维度、多角度、开放性的思考，要打破常规固有的思维习惯和定势，充分发挥想象力，畅所欲言、同时包容接纳他人观点，以寻求启发的心态接受新观点，兼容专业领域以外的思想，以获得对教学问题创新的解释或解决方案。

打破思维定式需要教师时刻对专业领域以外的知识和信息保持好奇心，能够突破专业思维禁锢，时刻保持研究的心态，善于运用类比思维，将外部事物和理论引入教学研讨，使其产生关联，并应用于教学问题解决思路之中。打破思维定式更需要教师在评课研讨互动中，借助伙伴的不同观察视角和不同思考维度开阔视野，与伙伴的思维产生碰撞，相互启发，产生化学反应，促进生成对教学问题新的理解和解决方案。

针对现实听评课研讨中教师缺少互动性和创造性的问题，我们可以在听评课分析研讨的过程中引入多学科参与听评课的教研形式，借助头脑风暴等思考策略，以求突破定势，寻求创新。

3. 利用复盘工具，梳理反思

对听评课的反思和复盘不仅是授课教师的任务，也应是听评课教师教研程序中的重要环节，是教研团队提升教学管理的重要途径。如何对教研进行有效的复盘和反思，并从反思中获得有效的思维提升呢？我们可以尝试前人总结的复盘工具。

其一，"高效复盘 7 步走"。第一步：再次检视思考前提。第二步：重现问题情景。第三步：回顾目标，聚焦价值。第四步：评估结果。第五步：分析原因。第六步：总结规律。第七步，追踪落实。它能够帮助教师和教研组回顾梳理整个教研问题。其二，"灵魂 5 问法"。其主要步骤：问题界定、原因分析、方案制订、风险应对、计划实施。它能够从信息、思维、假设三个层次帮助教师进行教研反思。其三，"鱼骨图法"。它能从原因分析的环节，帮助教师层层剖析问题，挖掘问题本质。

复盘反思应重在反思和自我剖析，找到问题的本质和规律，重在改进和提高。

四、听评课研修中教师思维品质表现的案例分析[*]

随着教育的发展，听评课研修已经成为教师发展的重要方式，其对教师个人能力的提高和教学水平的提高具有重要意义。通过听评课研修，教师可以了解课堂教学的过程，发现问题，分析问题，提出解决问题的建议，并对今后的教学活动进行思考和计划。

这里用几个案例来尝试说明教师在教研中是如何运用思维方法和策略进行深度思考分析的。

1. 小学美术《新颖的钟表》听评课分析

科任教研组在小学美术《新颖的钟表》设计课的听评课中，发现授课班级有较大比例的学生作品出现钟表数字点位不准确的问题。授课教师认为这不是美术学科的教学重点，但却非常影响作品效果，解决起来会占用大量的课堂时间和精力，对这个问题也是比较困惑。

科任教研组运用头脑风暴研讨方式，尝试从不同角度和不同层面，帮

---

[*] 作者：王国庆。

助老师和学生寻找出现问题的原因。运用追问法，我们设问"为什么学生会出现钟表数字点位不准的问题？"评课教师们从教学要素的角度展开分析，发现学生自身、家庭教育、数学学科教学、本节美术课教学都可以影响学生对时钟的学习。教研组继续从如何影响、影响程度、教师是否能够干预这几个方面进行追问。

教研组从"学生观察不认真"这样的表层原因，深究到"学生年龄、学段的认知特点"这样更深层的因素。但是我们仍然明显感觉到问题分析卡在追究责任的层面出不来。该如何从教育理念理解层面、教育教学实践的角度进行干预？如何解决问题仍不清晰，于是大家转变思维，运用逆向思维的方法，改顺推为逆推：将"为什么学生会出错？"改为："我们（成年人）为什么不会在这个问题上出错？"分析中大家发现，我们（成年人）了解钟表与时间的关系、圆的知识、角的知识、知道垂直、四分之一、平均分、估测位置等等知识、原理和方法。因此成人对"小钟表"能够有多学科、全方位的理解，从各方面佐证数字点位排列的原理，相互间的位置关系，因此不会画错位置。到此，我们觉得这是在我们听评课教师的认知基础上能够到达的最小理论支持。我们能够就此与"全面发展核心素养理念""全人教育理念""跨学科学习"等教学理念产生链接，获得理论的支持。教研组规划运用多学科协同的方式解决当前的问题，将"钟表主题"拓展为"时间主题"，多学科参与协作，以主题单元为教学形式，拓宽知识领域，延展主题内涵，着眼学生长远发展进行教学设计，并展开教学实践。

我们尝试此法是否能够推广到课堂中其他问题的解决，以"多学科协同解决问题"为教研课题，进行多学科同主题的单元式教学尝试。教研组随即进一步寻求理论升华：提炼出听评课发现的问题—多角度分析诊断问题—多学科协同参与解决问题—归纳磨合、反思提升指导实践。经实践，以这一教研流程为骨骼框架，以跨学科主题单元设计构想为血肉，构架形成适合本校教学情况的"四步诊疗"教研法，有效地改善了学校的校本教研生态。

2. 小学劳动《房屋的设计》听评课分析

劳动课中的《房屋的设计》一课，教师采用了"学习金字塔"中的主动学习方式，把时间交给了学生，提高了课堂的实效性。课前，针对学生大多居住在楼房，对平房特别是老北京的四合院没有直观认识的情况，教师制订了上网查询老北京住房特色及与现代住房的区别等任务，然后进行预设、分析。课上，教师首先让大家讨论如何将现在的平房设计得更合理、美观，既符合北京的风情，又与时代同行。然后，在教师的指导下，学生制订学习计划，通过结对交流、学习讨论、上网查询等，互相学习，取长补短，寻求帮助。在这里，信息技术作为学习的辅助工具，帮助学生获取信息、交流信息。在整个研究过程中，从主题的确定、实施，到最后任务的完成都是由学生自主完成，而教师仅仅是整个学习过程中的指导者。这就改变了过去老师讲、学生模仿的教学模式。在学生介绍自己的设计思路过程中，创新火花时时可见，所以，教师要不断鼓励学生说出自己的想法，训练学生的求异思维，让学生亲身经历实践和创新的过程。这样的课堂才是最有生命力的。

针对《让学生在数学学习的过程中学会思考》这一描写教学环节的叙事故事，教师们纷纷提出改进意见。有的教师认为，"看学生来劲时我马上提问"中的"来劲"一词过于口语化，用"看学生兴趣高涨时我马上提问"表述更加准确；有的教师认为，"刚才同学们用好多式子表达了我们搭小棒的过程，上面4个式子中你最喜欢哪一个?"中用"最喜欢"一词进行封闭式提问导致问题指向不具体，不便于学生有针对性、深入地思考问题，如改为"上面4个算式中哪一个算式将题意表达得最清楚呢?"会更加清晰地引导学生有目的地思考问题。

通过对教师的听评课观察和分析，我们可以看出，在听评课研修中，教师思维品质表现出来的主要特点有以下几个方面。

（1）具有开放性思维。教师具有开放性思维，能够根据课堂实际情况，进行变通。例如，在授课过程中，遇到学生问题回答不出来时，老师及时纠正，鼓励学生多思考。

（2）具有创新思维。教师具有创新思维，能够对课堂内容进行创新，使课堂内容更加生动、有趣。例如，在教授"植物的生长"这一课题时，老师创新了课堂方式，采用"小组合作、大班讨论"的方式，使学生能够更好地理解课题内容。

（3）具有拓展性思维。教师具有拓展性思维，能够将课堂内容与生活实际相结合，使学生能够更好地理解课题内容。

第二节　教研组专题研讨中的教师思维品质 *

研究是促进教学的重要手段，教学是研究的重要实践基础，二者相互促进，相辅相成。所以，教师不能只是充当知识的"传递者"，也要作教育教学实践中的"研究者"。教师需要在研究的过程中转变教育思想，确立新的教育理念，对实际教学情境中出现的问题进行反思，联系相应教育理论，在教学情境中探索理论的实际价值，从而采取更恰当的行动，将理论与实践进行紧密的联结。因此，教师的"研究者"意识，是教师提升思维科学品质的立足点。

一、教研组专题研讨中教师思维品质的常见问题 **

1. 教研组专题研讨中缺乏创新性

根据教师梁娟的调研发现，处于不同学历层次和发展阶段的教师在拥有各自优势的同时，也存在着几种消极的职业心态。一是应付型，即在工作中秉持应付了事、求量不求质的心态；二是中庸型，即满足现状，在教学和工作中多凭经验做事，不去考虑如何提升专业能力；三是自大型，即自我感觉良好，不愿意接受新的教育理念。❶ 这些消极心态的出现均源于教师对自我成长定位不清、后期发展定力不足，究其本质则是由于教师的思维品质薄弱。

无论是哪种心态，教师在专题研讨中都倾向于用已有经验解决新问题。丰富的经验确实能帮助教师更快地解决问题和开展教育实践，也能使他们更好地理解现行的教育理论然而，教师经验的积累往往需要十年左右。积累的经验与现行理论水平常存在脱节现象，对经验的过度依赖或是对有经验的教师的过度依赖，会使教师陷入思维定式，难以接受新的改变，而一个思维呆板偏执的教师自然无法培养出有创造思维的学生，甚至会将学生

＊　作者：刘娜、柳伟哲。

＊＊　作者：柳伟哲。

❶　梁娟. 小学教师思维品质提升的校本实践[J]. 中小学管理,2021(9):21-23.

的思维引向更为混沌的状态。

例如，在学习四年级数学《三角形》这一单元时，学生时常会产生一个疑问：为什么三角形不叫三边形？作为教师可以根据学生的问题对授课内容进行调整，创造性地使用教材，以学生真实问题为主题，尝试学科内容系列化、教学研讨专题化，以更有利于学生的理解和领会。

创新性思维是教师终身学习成长的必经之路。当旧的方法和途径不能够有效解决问题时，就需要教师打破常规，探究新的方式方法，并在不断完善和改进的过程中，积累经验，形成与自己相适应的教育理念。教育过程本身就是一个不断创新、探索、反思、磨合的过程。因此，在教研组专题研讨中，教师要大胆创新，灵活地确定主题，创造性地解决问题，只有在学习、接纳、思维碰撞的过程中，教师唤醒主动开拓的意识与愿望，重新审视自身，在原有的基础上才得以发展。

2. 教研组专题研讨中缺乏系统性

教研组是教师职业生活的基本构成，是推动教师发展的基层组织，在专题研讨之前，教研组长需要充分设计方案，确定研讨主题，提前学习专业理论、收集案例等。

专题研讨的主题内容十分关键。教师虽然是知识的传递者，但并不是把每一节课上好就可以了，因此不能只关注教学的"细枝末节"，将目光局限在40分钟的课堂当中，只研究课堂的教学策略，却忽视了理论层面的根本问题。如果不能从学习方式、课程体系、文化育人等多角度审视一堂课，仅仅就题论题，内容将过于"窄化"，缺乏研讨的价值。而若一些主题的指向性不强，过于"大"或"空"，缺乏整合和统领，则会让参与者关注的角度、讨论的问题过于宽泛，没有重点，主题"泛化"，使研讨缺乏针对性，教研难以深入，最终收获寥寥。因此，无论是主题"窄化"或者"泛化"，都会导致专题研讨效果大打折扣。

此外，专题研讨容易散点化，不同年级、不同学科甚至同一教研组一学期内的每次教研活动都是相对独立的，没有长远规划和教学实践的支撑。尽管有些学校的教研活动是有主题的，但往往是短、平、快的碎片式研究，没有纳入系列化、长时段的深入研究过程。缺乏系统性的专题研讨则如"蜻蜓点水"，因其随意性而成效甚微，很难在专业领域促进教师教学理念的提升和成长。教研组活动要实现专题化、系列化，就要尝试让同一学科

不同年级的老师之间进行交流和沟通，以利于学科整体意识的形成，起到互相学习的作用。❶

3. 教研组专题研讨中缺乏深刻性

专题研讨要想达到预期效果，深度开展，有一点不可或缺，那就是参与者要做到"真实"。所谓"真实"，就是不说一些无关痛痒的客套话，而是一针见血、清晰客观地表达自己的想法，如实地指出课堂的闪光点和不足之处，将自己的"真"切感受"实"际表达。然而一些教研活动，成为邀请专家的"一言堂"，教师沉默地旁观，既不"研"也不"讨"，又或者碍于情面，包装自己的真实想法，一番称赞过后再提一些表面化的问题，整场教研活动在"一团和气"中走程序。正所谓"理越辩越明"，只有经历集思广益的沟通与反思，教学问题才会越来越清晰，解决问题的方法策略才会获得不断优化，教师也会渐渐形成自己对教育教学的理解和判断。缺少质疑，没有不同观点的碰撞，无论是授课教师还是听课教师，都难以获得有价值的信息及方法。长此以往，教师就成为教研活动的看客，无法促进自身发展，更无法推动学校教研组建设。

二、教研组专题研讨中教师思维品质的重要价值*

教师作为教的实践活动的主体，是推动教育发展的内因。同时，教师工作的对象是有独立思维的个体，时刻处于发展变化中，随着时代的发展和科技的进步，教育理念也在不断更新，不断变革。教师必须紧跟时代步伐，与时俱进，成为学习型教师。不同教师的教育背景、工作经验、性格特点、思维方式等存在差异，教学风格和研究领域也各有所长，而通过专题研讨，可以避免教师孤军奋战，让经验型教师发挥作用，促进青年教师成长，构建教师队伍梯队，激发团队活力，发挥集体的智慧。

通过以教研组、年级组、备课组为单位展开研讨，以研促教，不仅为教师提供相互交流学习的平台，培养了教师团队协作的精神，强化了学校师资

---

❶ 王雪茹. 中小学教研组活动的追问与反思——从某小学数学教研组专题研讨活动谈起[J]. 教育科学论坛,2011(4):32-34.

* 作者:柳伟哲。

队伍，注入学校发展的新鲜血液，同时又帮助教师自身重新构建知识体系，提高思维能力，推动学校教育质量提高，培养更多优秀的专业教育人才。

1. 教师思维运用促进教研组明晰研讨主题内容

问题是主题之源，设计出能引发思考交流、深度碰撞的研讨主题是研讨顺利开展的基石。在教育教学中如何捕捉到有价值的教学问题，需要教师发挥思维的广阔性，做教学的有心人，细心观察，并对教学中存在的问题进行全面细致的思考和分析。

教研组可以通过定期面对面交流或借助在线平台等方式，收集教师捕捉到的有价值的教学问题。教研组长需要运用发散思维，筛选出具有典型意义的问题，寻求解决该问题的相关理论，发挥思维的深刻性，对收集到的问题进行深入的分析和解剖，发现问题本质，再利用思维的逻辑性和系统性，进行整合提炼，最终将其转化为教研主题。

为了更便于主题研讨的有序开展，让每次研讨都能落细落实，使教研活动的开展有具体可行的抓手，不把所有问题都集中在一次活动中解决，要将大主题进一步细化，一次甚至几次教研活动只解决一个问题。将大主题分解成一系列指向性更强的小主题，各个小主题之间相互衔接、层层递进，以大主题为统领，形成一个研究体系。每个小主题的教研持续一个周期（一学期）乃至多个周期，力求通过扎实的教研活动切实解决课堂教学的各种难题。

2. 教师思维运用推动教研组研讨深度开展

深度教研的展开离不开真实开放的研讨环境，批判性思维更是必不可少的元素。没有批判性反思，教研活动只会流于形式，因此，批判性反思的质量直接决定了教研的成效。

反思能力是教师成长的重要途径，也是一种重要的思维品质，只有教师形成批判性反思的意识，在教研实践中逐步养成会反思、善反思的习惯，才能更好地推动每一次教研顺利、有效开展。从反思是否有他人参与这一维度出发，可将教研中的批判性反思分为交流性反思和内省式反思。❶

内省式反思是教师个体对自身在主题教研中所获得的教学经验、新认知进行反刍、沉淀的过程。借助独立性思维，教师可以从多角度重新审视

---

❶ 陈雪芳.开展主题式校本教研的四要素［J］.福建教育,2021(40):29-31.

自己，消化所得经验，将结果与实践联系起来，总结经验，尝试发现问题，独自寻求新的解决方法，再运用到下次实践当中，促进"理论的实践化"，提升教育教学实践的合理性。如此循环递进，螺旋式上升，教师在专业水平提高的同时，提升思维的深度和广度。

交流性反思发生在教研进行时教师发表观点、思维碰撞的过程中，在倾听、思考、交流、总结时，教师的反思也会更加深入和全面，自身的学习和教学经验也会在交流与思维碰撞中得到进一步的澄清，并逐步条理化和结果化。在交流性反思中，教师的思路逐渐明晰，实现教师向内卷入和向外观照相结合，保证反思路径的逻辑性和完整性。❶

然而要想开展有效的交流性反思，首先要保证"开放"的交流环境。如果教师在发表自己观点时不被理解甚至为之后的人际交往造成麻烦，那么教师的热情和信心会大打折扣，不再真实表达自己的观念而会顺水推舟人云亦云，最终导致教研活动劳而无获，而且这种风气一旦形成很难扭转，究其根本就是教师的思维缺乏批判性。因此教师需有反思的意愿，坦诚地面对自己的不足或者弱点，针对发现的问题畅所欲言，大胆地表达自己的想法，秉承"对事不对人"的处事态度。对课堂中存在的问题进行研讨是为了这节课能够上得更好，是共同研究教学中的问题，而不是针对某一个人的"批评大会"，所以每个教师都要敢于发表自己的见解，提出的表扬性意见和改进性建议越具体越好，只有这样才能推动教研深度发生，促进教研团队的良性发展。

3. 教师思维运用助力教研组研讨成果转化

教研成果是指具有一定教育理论价值或对教育实践有指导意义的知识产品。教研成果转化是指教育科研成果被运用于教育实践，给教育实践带来效益的现象。由此可见，教研成果大多是一种隐性知识，它的培育与转化必须以人为中介才能得以实现，是通过改变、修正、影响人的思维，通过人去接受新思想、理论、方法等方式去实现的。

要运用聚合思维，把握研讨重心。在研讨过程中，教师既进行了自我反思，又对教学有了一些感悟，同时听取了别人的想法，产生了思维的碰撞，因此首要的任务就是从众多获取到的观点中，提取出最适合自己的、

---

❶ 梁娟. 小学教师思维品质提升的校本实践[J]. 中小学管理,2021(9):21-23.

有价值的信息，分析其共性，通过理解吸收，内化为自己的认识，最终转化成为自己的教育成果。

要运用发散思维，灵活变通实践。教师是教的主体，推动教师成长是为了学生更好地成长，所以，教师教育成果的转化应该回归到对学生成长的关注。要把教研成果及时回馈到教育教学实践中，不断调整和完善教学策略，从而更好地解决学生成长过程中的问题。然而学生作为学的主体，是独立的个体，不同学生的素质、能力和知识存在一定的差别，其本身就具备多变性，并且每名学生都有其独特性，这也就意味着课堂教学是不确定的。如果一味地生搬硬套理论，将无法应对预设范围外的教学情境，从而使教学效果不尽如人意。因此教师要灵活变通，关注教学过程的互动生成，在师生互动、生生互动过程中，把自己转化的成果与学生进行互动、分享，在交流的过程中共同进步。教师将教研成果与自己的实践结合后，对教育理论进行创新，并在实践中进行验证，最后实现理论到实践和实践到理论的完美转化、升华。

三、专题研讨中教师思维品质提升的路径[*]

教研组在学校教育教学中兼具探究、指导、培养、服务和管理等功能，尽管近几年在教研组建设过程中出现了功能逐步弱化、活动形式单一、教师个体受益微弱等问题，但这也恰恰说明在面对教师培养的问题中，人们对教研组建设赋予了更高的期望。尤其是在教师思维品质的提升方面，教研组作为一个学习共同体，在互相的学习与影响中，更有利于晓差距、明方向，能够从不同维度促进核心素养视野下教师思维品质的提升。

（一）专题研讨中运用问题导向，提升教师思维品质

苏联教育家鲁宾斯坦曾经说过："思维通常总是开始于疑问或者问题，开始于惊奇或者质疑，开始于矛盾。"教研组专题研讨中运用问题导向，引导教师在提问中理清思维，在追问中深入思维，依托语言、思维可视化表达，培养教师更具创新能力的综合素养，让思维不断深化。

＊　作者：刘娜。

1. 多维提问提升思维的灵敏性和深刻性

提问是人类思维活动的体现，问题的广度和深度在一定程度上也代表了一个人思维的广度和深度。由此可见，引导教师积极思考，提出自己的问题是推动思维发展的强大动力。

在教研组专题研讨中培养教师的问题意识，通过一定的提问方法，引导教师从多维度提出问题，从而培养思维的灵敏性，如利用专题研讨问题征集表（见表6.1）征集教师问题，确定专题研讨的主题。

表6.1 专题研讨问题征集表

教研组		填表人		任教年级		教龄	
教学中的问题与困惑							
可能的原因							
实施计划							
需要哪些帮助							

问题征集表不仅能够呈现教师在教学中的问题与困惑，为教师提供思考的"支架"，同时还体现了困难的归因、教研行动的自主规划和教师需要的帮助。问题征集表帮助教师将研究作为起点，引导教师提出研究设想，从团队中寻求帮助。问题征集表可作为策划教研活动平台的重要依据。

在专题研讨中利用问题征集表，遵循"每个人都真实参与、轮流提出问题"的原则，力求让每位教师都能说出自己的观点，提出问题，有所收获。当教师从不同角度提出问题后，要进一步思考什么样的问题才有思维含量，寻找发现更有价值的问题路径，筛选出对解决问题最有帮助的问题。例如，可利用为问题赋分（如一颗星、两颗星、三颗星）的方式标记问题的思维含量，如果一个问题可轻易找到答案，那它就不是一个需要深入思考的好问题，可赋分为一颗星。此外，对问题进行分类、筛选，在众多问题的对比、分析中，渐渐指向提问的本质，在这一过程中学会归纳和质疑，逐步形成深刻性思维。

2. 形成问题链提升思维的系统性

杜威认为："有意义的思维应是不断的、一系列的思量，连贯有序，因果分明，前后呼应。思维过程中的各个部分不是零碎的大杂烩，而是彼此接应、互为印证。"❶ 因此在教研组专题研讨时应把教学实践中遇到的真实问题进行整理、归纳和提炼，形成特定研讨主题，围绕主题开展相应的研究活动。然而，很多教研组对某一阶段或者某一学期的活动主题缺乏整体规划和系统思考。例如，有些教研组习惯根据教育教学的工作进度确定活动主题；有些教研组虽然会提前设计主题，但主题之间缺乏关联，每次活动都如蜻蜓点水一样浅尝辄止，教师难以形成深入思考和系统研究的习惯，主题趋于"碎片化"，思维的系统性不足。

主题"碎片化"的教研组活动的产生主要是由于教研组没有建立"教"与"研"是相互关联的认识。教师的教研和一般理论者的研究不同，教师的教研更强调"教"与"研"之间的内在关联，"研"的最终目的是促进"教"的提升。只有对教学实践中的困难和问题加以提炼，进行系统而深入的研究，找到恰当的策略，才能真正改进教学。所以教研组活动不应只是简单地去解决一个个具体的实践问题，而应将实践中的问题提炼成一定主题，围绕这个主题进行系统的分析、深入的研讨，否则教研组活动对实践的推动只限于某个具体情境的具体操作方法，其有效性和持续性将大打折扣，这就需要将问题从"碎片化"向"结构化"转化。

"结构化"问题可以理解为系统化、全局化问题，是将大量零散、无序的信息加工成系统有序的整体思维的过程。❷ 在教研组研讨中将问题"结构化"的关键是把研讨问题按照"重、难点问题"和"解决思路"进行切分，并沿着"行动—思考—再行动"的循环路径，通过统一专题组织系列教研活动。在每次深入的研讨中获得阶段性成果的同时找到新的问题作为下一步研究的方向。专题是一定时限内教研活动的核心，在对专题不断进行深入研究和探讨的过程中，促进教师思维品质和解决问题能力的提升。

3. 归整与反思中提升思维的批判性

经验与反思是教师成长的两个重要因素。在教学和研讨中反思被认为是教师专业发展和自我成长的核心因素，是教师成为研究者的有效途径。因此，在专题化教研活动中引导教师积极进行归整与反思，应当成为促进教师思维发展的重要抓手。

---

❶ 杜威.我们如何思维[M].伍中友,译.北京:新华出版社,2015:26-32.
❷ 黎甜.结构化思维[M].北京:文化发展出版社,2019:46-51.

在日常工作中，教师绝大多数的时间和精力用于教学，对教学中的问题进行归整和反思较少。教师的成长离不开反思，更离不开教研组的集体性思考，因此，形成一个民主、自由、批判的反思模式，对教师的专业发展有巨大意义。在教研组专题研讨中，研讨制度和研讨活动的创新，譬如"反思—改进"的研讨制度、"试教—再教"的研讨课制度、"全员研讨"的研究制度以及"年级学科组—学科教研组—年级段—校际"的多层级专题研讨形式，对教师批判性思维的形成具有积极作用。

主题研讨式教研，内容针对性强，不仅破解了教师教学中的困惑，还促进了教师专业能力的提升。且在不断回头反思解决问题的同时，教师也就踏上了一条由问题—设计—行动—反思铺设的校本教学研究的过程。

（二）专题研讨中运用思维工具，提升教师思维品质

1. 捕捉思维迁移过程提升思维的灵活性

教师在解决新问题的时候，可以将自己如何思考、如何逐步分析出正确结果、经历了怎样曲折的思考过程呈现出来。这种呈现具有很高的思维价值。譬如，可以把"六顶思考帽""鱼骨图"分析法等引入专题研讨，将研讨或思考的过程呈现出来。

例如，教研组专题研讨中运用"六顶思考帽"分析法，在开始讨论前，红色思考帽用于确定需要达到的目标；白色思考帽用于收集信息；绿色思考帽用于发现可能的解决途径；黄色思考帽是从可能的途径中找出最好的办法；黑色思考帽则是找出缺点和不足；再次使用红色思考帽评估并选择最好的办法；蓝色思考帽则是自始至终控制整个思考过程。"六顶思考帽"法不仅清晰地体现了整个研讨过程，而且将研讨的过程更加聚焦，一系列流程均指向研讨目标的达成。

如果说"六顶思考帽"分析法能帮助教研组在研讨中清晰地体现思维的呈现过程，那么"鱼骨图"则可以用来呈现和梳理更复杂问题的思考程序。利用"鱼骨图"的"脊骨"和上下"骨刺"可以把问题分为关键节点、转化条件和策略分析三部分。"脊骨"呈现问题的关键节点，并利用关键节点将复杂的大问题分解成若干简单而具体的小问题，使问题更容易解决；上下"骨刺"分别为条件转化过程和策略分析过程，通过对问题的关键节点进行层层追问，制定解题策略，根据策略指引，利用已知条件推导

出未知条件。在"鱼骨图"的帮助下，教研组将复杂问题的解决思维过程呈现出来，帮助教师在解决问题中提升思维的灵活性。

2. 利用可视化思维增强思维的系统性

思维可视化是指运用一系列图示技术把本来不可视的思维呈现出来，使其清晰可见的过程。[●] 被可视化的"思维"更有利于理解，因此可以有效提高信息加工及信息传递的效能。

思维导图是帮助教师思维可视化的常用工具，在专题研讨中运用思维导图可以将重点、难点问题的关键词等串联起来，帮助教师系统地研讨、更清晰地思考，从而形成更有效的分析。思维导图中"导"是桥梁，重在表达，让思维过程和结果可视化，呈现思维的有序性和深刻性；"导"是转化，重在思维创新，借助画思维导图，提炼出上位主干概念，通过增加主干的分支，或产生新的分类，或思维发散产生新的联想，诱导产生新的思维，帮助思维生长。

(三) 专题研讨中充分利用资源，提升教师思维品质

1. 积极捕捉生成性资源，促进思维的灵敏性

生成性资源是在教研过程中动态生成的，如教师在研讨过程中产生的新问题、新思路、新方法、新结果等。在教研组专题研讨中，教师的思维不断得到碰撞和激发，经常会生成新的动态资源，因此要抓住契机，善于捕捉并有效利用，不断提升教师思维的灵敏性。尽管有时候有些信息是相对隐性的呈现，却能反映出教师的真实想法，体现最有价值的信息。在专题研讨中捕捉到这些有价值的信息，就可以开展针对性的反馈，从而调控教师的研讨过程，与研讨主题建立直接关联，建立阶梯式攀升的问题，达到对问题的深度理解。教师在专题研讨中，借助他人的观点与自己的认知形成对比，拓宽教师的思维路径，促进思维的灵敏性。

2. 加强信息资源的利用，拓展思维的深刻性

在教研组专题研讨中，教师提出真实的、开放的、有价值的好问题，需要合适的材料资源来支撑。具有元素丰富、对比鲜明、新奇独特的材料资源等都可能激发教师的关注或思考，帮助教师产生比较、分析、猜测、

● 刘濯源.高中思维导图高效学习模板[M].沈阳:辽宁人民出版社,2010:6-10.

质疑等各种思维活动。这就为提出好问题奠定了坚实的基础。

最后，信息资源、教学资源、课程资源、环境资源的利用，以及资源的共商、共享和共建能够拓宽教师思维的广度和深度，不断推进教研组专题研讨中教师思维向纵深发展。

四、专题研讨中教师思维品质表现的案例分析[*]

教研组专题研讨不仅强调问题导向、主题引领、工具支持和资源利用等，更加关注教师的参与水平和教研深度。通过结构化处理教研主题、设计系列化的教研活动，保持教研活动的持续性，关注教师的获得感，以此将教研活动的设计、组织、实施以及效果评估等落实做细，促进教研活动质量的提升和教师思维品质的发展。

（一）聚焦主题，用"问题链"发展教师思维的系统性和深刻性

专题研讨中研讨主题的确定决定着教研活动的品质与实效。教研主题来源于哪里？一是聚焦教学中教师迫切需要解决的问题，如深度学习如何发生，单元教学如何设计等；二是源于学生素养发展的需要，比如如何组织小组合作，如何培养高阶思维等；三是源于教研组文化建设和学校办学理念，如学校践行"慧雅教育"文化理念，在学科教研中如何体现"慧雅文化"，如何构建"慧雅课堂"等。

《义务教育课程方案（2022年版）》指出，在学科类课程标准中"设立跨学科主题学习活动，加强学科间相互关联，带动课程综合化实施，强化实践性要求"，"原则上，各门课程用不少于10%的课时设计跨学科主题学习"。[1] 在新课程方案和新课标背景下，关于跨学科学习，一线教师对10%课时还有很多疑虑与不解。例如，"10%的课时怎么排布？""如何开展跨学科主题教学？多学科联动还是某一学科主导？"等。针对教师在这些方面的困惑以及迫切需求，我校各教研组组织教师开展"跨学科主题学习"专题研讨活动，在研讨中通过设置"问题链"，提升教师思维的系统性和深

---

[*] 作者：刘娜。

[1] 中华人民共和国教育部.义务教育课程方案(2022年版)[M].北京:北京师范大学出版集团,2022:4-9.

刻性。

　　"跨学科主题学习"专题研讨的问题链设计：跨学科教学的本质是什么？各学科课标中对跨学科主题的描述是什么？跨学科学习的特点和基本形式是什么？哪些学科核心知识涉及跨学科学习？这些学科核心知识可以应用在那些情景中？哪些学科可以融合进来？

　　在研讨中，各教研组教师通过深入思考有层次性的问题，梳理问题脉络、形成"课标及教材分析—学科核心知识分析—知识应用情景分析—相关学科融合—设计跨学科主题学习的实践活动或课程"这一解决问题的思路。

　　教师根据解决思路，梳理和分享本学科和年级的内容，设计跨学科主题活动，最终在问题的解决中促进教师思维的深刻性发展。

　　（二）注重反思，用"理论⇌实践"发展教师思维的灵活性和批判性

　　教研组专题研讨中的反思，是教师在教研活动中围绕研修主题，对自己和伙伴的问题、决策以及由此产生的结果进行审视、分析和总结的过程。反思的过程本质是一种理论与实践之间的沟通，是一种高级的精神活动，是精神产品的再生产。

　　例如，将我校从2014年建校以来一直开展的以季节为大主题、多学科共同参与、引导学生认识季节的变化和人与自然的关系的"在地自然四季课程"，与2022年新课程方案中提出的"跨学科主题学习"进行对比，寻找二者的差距，成为我校教研组专题研讨的主题之一。

　　通过教研组专题研讨，分析我校"在地自然四季课程"与"跨学科主题学习"理论之间的异同，以此寻求我校校本课程在"跨学科主题学习"中的发展和创新。

　　"跨学科主题学习"与"在地自然四季课程"异同的理论分析（见表6.2）。

　　教研组专题研讨中，教师从上述理论分析出发，发现我校的"在地自然四季课程"与"跨学科主题学习"最主要的不同在于教师的站位不同，因此对主题学习活动设计的层次也产生了差距。在反思过程中，指导教师转变思路，站在整体育人角度设计课程，形成从"学科本位"向"课程本位"的课程观，才能更好地培养学生的创新精神和实践能力，使扎实的学科基础得到最大程度的发挥。

表6.2 专题研讨示例

	跨学科主题学习	在地自然四季课程
共同点	关注学生综合运用知识解决问题的能力； 引导学生运用多学科的视角、思想和方法来观察、思考、分析、解决现实问题； 在真实的情境和开放的学习环境中开展学习	
不同点	跨学科主题学习中，每一门学科的教师都能站在整体育人的角度来思考本学科的育人价值、教学方式； 在真实的情境中解决问题，综合应用多学科知识解决复杂问题克服困难，发展学生质疑、批判、创新的精神	"在地自然四季课程"中，以季节为主题，各学科融合，教师的关注点还停留在学科本身； 在真实的情境中，观察、参与和体验，感受多学科知识从不同角度解决问题的思路，引导学生认识和感受自然，从而产生保护自然的情感，逐步积累利用和保护自然的能力

从上述教研组专题研讨的案例中不难发现，我校的"在地自然四季课程"从2014年开始设计、实施，走在了10%课时的综合实践活动设计和开展的前列。每个学期也会基于该活动开展针对"活动内容设计和改进"的教研组研讨活动，但这些研讨主要停留在对实践阶段的分析。2022年新的课程方案出台以来，尤其是"跨学科主题学习"的提出，通过反思探索理论和实践的融合，重新审视"在地自然四季课程"设计的不足，求得解决疑难、处理困惑的方法。教师思维的灵活性和批判性在其中得以发展，课程的开发能力也得以提升。

在日常教学实践中，教师将大量的精力用于教学实践中，理论被束之高阁，往往形成理论与实践分离的状态。教研组专题研讨则是将教师在教育教学中的优秀做法、成功经验上升到理论阶层的良好途径，在这个过程中"知其然、知其所以然"，将自己的实践智慧和理论思考进行有效的分享与传播，促使思维灵活性和批判性的提升。

后 记

本书的作者主要由中小学优秀教师、区县教师进修学校研修员和高校教师构成。每位作者都秉持着认真、严谨、研究、负责任的态度进行文章撰写，并且进行了反复的研讨、修改和优化，使本书内容具有较高的实用性。

本书作者的详细情况如下。

第一章第一节由牛芳菊（北京教育学院石景山分院）撰写，第二节由程子妍（北京大学附属中学石景山学校）撰写，第三节由周宝善（北京市石景山区青少年活动中心）撰写。

第二章第一节由秦楠（北京市第九中学分校）、马颂潇（北京市京源学校小学部）共同撰写，第二节由张静（北京市石景山区古城第二小学分校）、李亚然（北京市石景山区实验小学）共同撰写，第三节由张磊（北京大学附属中学石景山学校）、任晓庆（北京大学附属中学石景山学校）共同撰写，第四节由兰珂（北京大学附属中学石景山学校）、师雪峰（北京大学附属中学石景山学校）共同撰写，第五节由陈忠才（北京市第九中学）、刘子姝（首都师范大学）共同撰写。

第三章第一节由裴晓林（北京市石景山区金顶街第二小学）、屈春玉（北京市石景山区古城第二小学分校）共同撰写，第二节由郭兴（北京市古城中学）、金然（北方工业大学附属学校）共同撰写。

第四章第一节由张泽宇（北京教育学院）撰写，第二节由靳伟（北京教育学院）撰写。

　　第五章第一节由邓晶（北京大学附属小学石景山学校）、李春艳（北京市石景山区苹果园第二小学）共同撰写，第二节由徐红钰（北京市石景山区爱乐实验小学）、李梦（北京市石景山区电厂路小学）共同撰写，第三节由李爱霞（北京教育学院石景山分院）、孙波（北京教育学院石景山分院）共同撰写。

　　第六章第一节由王国庆（北京市石景山区实验小学）、张曦（北京市石景山区炮厂小学）共同撰写，第二节由刘娜（北京市京源学校莲石湖分校）、柳伟哲（北京大学附属小学石景山学校）共同撰写。